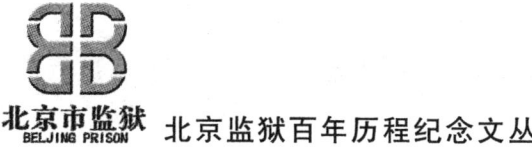 北京监狱百年历程纪念文丛

主编　刘学武

北京监狱狱政管理实务

房玉国　著

中国财政经济出版社

图书在版编目（CIP）数据

北京监狱狱政管理实务/房玉国著.—北京：中国财政经济出版社，2013.8

（北京监狱百年历程纪念文丛）

ISBN 978-7-5095-4730-4

Ⅰ.①北… Ⅱ.①房… Ⅲ.①监狱-管理-研究-北京 Ⅳ.①D927.106.7

中国版本图书馆 CIP 数据核字（2013）第184368号

责任编辑：卢关平　　　　　　责任校对：胡永立
封面设计：逸品文化　　　　　　版式设计：董生平

中国财政经济出版社 出版

URL: http: // www.cfeph.cn

E-mail: cfeph @ cfeph.cn

（版权所有　翻印必究）

社址：北京市海淀区阜成路甲28号　邮政编码：100142
营销中心电话：88190406　北京财经书店电话：64033436　84041336
北京财经印刷厂印刷　各地新华书店经销
787×1092 毫米　16开　19.75 印张　315 000 字
2013年8月第1版　2013年8月北京第1次印刷
印数：1—3 500　定价：40.00元
ISBN 978-7-5095-4730-4/D·0266
（图书出现印装问题，本社负责调换）
质量投诉电话：88190744
反盗版举报热线：88190492、88190446

《北京监狱百年历程纪念》文丛编委会

顾　　　问：孙超美　魏书良　何中栋
　　　　　　薛梅卿　马志冰
总　主　编：刘学武
编委会成员：刘学武　齐秀山　王炳东
　　　　　　罗中启　欧阳志工
　　　　　　孙彦辉　张卫东

总　　序

　　北京市监狱前身为京师模范监狱，由清政府法部于宣统元年奏请筹建，民国元年（1912年）基本完工，1912年11月10日投入使用，至今已有100年的历史。无论从设计意图还是初期运行情况看，它都是中国历史上第一座初具现代化意义的中央监狱。京师模范监狱的建立是中国历史发展的必然结果，也是中西方文化碰撞的直接产物，直观地体现了清末变革由社会到法制，由法制到刑制，由刑制到狱制的过程。北京市监狱从建设到运作的过程，具体且典型地体现了中国刑罚客体由肉体到思想的文明进程。中国现代狱制筚路蓝缕，山林由此开启。

　　作为中国历史上第一座具有现代化意义的中央监狱，建狱伊始，首任典狱长王元增结合西方狱制与中国国情制定了较为完备的管理制度，实现了监狱教育与社会国民教育序列的接轨；逐步形成个人教诲、类别教诲、集合教诲以及特别集合教诲的监狱教诲体系，传统文化教诲得到系统强化，还开创了多元化的教育教

诲载体,如创办监狱出版物、社会宗教团体介入、名人演讲、开展音乐体育活动等。这些教育理念与实际做法,凸显了中国近代新式监狱趋向人本化的法治理念,"京师狱制,始焕然一新"。自此,中国监狱"去数千年来桎梏缧拽之苦,实施教养感化之法"。作为中央模范监狱,民国北京政府时期成为全国监狱官员的法定实习场所,故而它倡导的"施以感化,导以作业"的治狱思想,在全国新式监狱传播。

新中国成立后,人民政府接管了原民国时期的北京监狱,用全新的纪律规范罪犯的改造行为,使监狱管理工作步入了新的轨道,劳动改造成绩斐然。20世纪五六十年代,监狱轻工业技术达到国内尖端水平,部分产品产值位于全市前列,如袜厂曾为全市最大的织袜企业,创立的"金双马牌"商标被评为北京市著名商标;制造的棉纤维聚氯乙烯鞋底填补了北京市塑料棉鞋底的空白,产量曾一度占全市同类产品总产量半数以上。改革开放后,随着社会经济体制的变革,尤其是《中华人民共和国监狱法》颁布后,监狱对罪犯实行"惩罚与改造相结合、教育与劳动相结合"的方针,监企逐步分离,注重发挥劳动的教育作用,注重组织管理,生产劳动成为教育改造的载体之一。

1988年,北京在全国率先开展监狱工作社会化建设——与北京市18个区县签订"帮教安置协议",开启"监狱—地方区县"社会帮教模式的探索,打造出闻名全国的"北京模式",北京市监狱是其主要"试验场"之一,特别是1994年《中华人民共和国监狱法》颁布实施后,监狱管理工作进一步朝社会化、科学化、法制化发展,1995年被评为市级现代化文明监狱,1996年被司法部命名为全国首批五个"部级现代化文明监狱"之一。进入21世纪,尤其是近几年来,北京市监狱根据时代发展要求,积极响应市局党委号召,注重狱政管理精细化建设,打造监管安全长效机制,形成了自己独特的做法,如逐步完善安全防范机制、矛盾化解机制、科学分类机制、计分考核机制、分级处遇机制、诉求解答机制等系列制度，以引导罪犯树立正确的服刑观，强化行为养成。

对改造手段的探索，北京市监狱一直努力走在前头。2005年10月监狱成立心理矫治室，将心理咨询与矫治的科学方法引入监狱，与相关院校合作开展服刑人员心理矫治研究，使监狱的心理矫治工作走在了全国同行前列。自2012年8月起，监狱在心理矫治工作中创新性地引进"内视观想"疗法，为参与活动的罪犯提供了一个"重走人生路"的机会，让参与者以成年人的眼光重新审视自己从出生到现在的人生经历，对自我进行客观全面的评价，发现并寻找科学改造的目标和方法，为提升罪犯的感恩和换位思考能力，为其在狱内安心改造起到良好的推动作用。2012年10月，司法部领导到监狱调研时对此项活动给予充分肯定，并强调要扩大罪犯的参与范围，及时总结好的经验。

"觇其监狱之实况，可测其国度之文野。"监狱的管理状况能反映一个国家或地区的文明程度，监狱的文明进步是社会文明进步的具体体现。100年来，虽然名称和隶属关系多次变更，但监狱把握潮流、争创一流的文化传承一直没有变。在北京市监狱建成100年之际，监狱组织力量编撰了这套丛书，是一件非常有意义的事情。100年来，北京市监狱积淀的厚重监狱文化，我们监狱理论和实务工作者有义务认真研究，继承下来、发展下去，提高监狱工作质量，提升法治建设水平，为中国特色社会主义法制建设作出更大贡献。

北京市监狱管理局党委书记、局长　孙超美

2013年8月

序

　　监狱担负着执行刑罚改造罪犯的职能，是服务全面建成小康社会、维护公平正义，维护最广大人民群众利益的主要力量之一。在具体的司法实践中，如何践行党的十八大报告中蕴含的"法治中国"理念，如何"运用法治思维与方式化解矛盾"，成为监狱实际工作者必须面对的问题。

　　房玉国同志是北京市监狱狱政管理科科长，北京市监狱管理局（以下简称市局）局级专家型干警，1985年4月从部队复员，参加监狱工作。曾先后在北京市监狱管理局清河分局、延庆监狱、市局狱政处、北京市监狱工作。在分监区从事管理教育工作20余年，在市局和监狱从事狱政管理工作15余年。

　　在分监区工作期间，能够潜心研究对罪犯的管理和教育，曾先后改造和转化了一批危顽犯，1992年被司法部授予"个别教育能手"称号，先后8次荣立个人三等功；在监狱狱政科工作期间仍发挥自己在管理、教育罪犯方面的经验，帮助分监区解决疑难

问题，与此同时，他还十分注重对工作经验、方法的总结、提炼，形成了狱政管理方面的许多理论，在全国各级监狱理论研究征文中获各种奖励10余项，其中2010年撰写的《北京市监狱狱情排查、分析与处置机制的实践探析》获北方九省市论文评比二等奖，2011年撰写的《狱内侦查工作的实践与思考》被中国监狱工作协会狱政管理专业委员会评为三等奖，2012年撰写的《罪犯诉求表达和解决机制的探索与实践》获中国监狱工作协会狱政管理专业委员会论文评比二等奖，2012年在中国监狱工作学会举办的"监狱理论研究十百千人才"评选中被评为监狱理论研究骨干。

当看到房玉国同志这本书的初稿时，我感到非常高兴。可以说，这本书既是玉国同志几十年工作的成果结晶，又是指导我们监狱工作的一本指南。新的形势下，给监狱工作提出了更高要求，同时也存在着如不文明执法等方面问题。文明执法、公正司法是法治建设的基础内容也是主要内容，玉国同志的这本书将监狱狱政管理的基本工作流程和制度展现给了我们，我们可以循着书中的内容，"知道"并"明晰"监狱狱政管理的基本日常工作及管理。

作为监狱狱政管理部门的主要负责人，玉国同志经常到基层分监区进行调查研究，十分注意理论与实际工作的结合，根据监狱法与上级部门规定，结合监狱实际先后在"狱情分析工作"、"罪犯劳动现场干警值班定制管理规范"、"狱内侦查工作"等日常管理方面提出了40多项新的创新做法、机制和措施。目前这些做法、措施都在实际工作得到运用，受到了市局业务部门的充分肯定的推广。

长时间以来，大墙内的监狱人民警察也是不为人熟知的一个群体。的确，我们工作的场所，远离繁华闹市；我们工作的内容，远离社会主流思潮追求。但是这并不能成为我们追求工作进步的阻碍，我们在郊区、在社会主流思潮之外，同样进行着一项伟大的事业，但是这项事业的进行需要社会监督。所以说，当看到玉

序

国同志这本书稿时，我感觉他这是在做一件"搭桥"的事业，他在搭建一座联通监狱与社会之间的桥梁，他希望社会人士了解监狱，了解我们国家的刑罚执行事业，了解监狱警察的工作。

因而，我认为这本书还具有一个重要作用，那就是读者可以通过阅读对我们工作进行监督，进而提出能够进一步改善我们狱政管理工作的合理化建议。我们深信"智慧深藏于人民群众之中"，长时间的"大墙内"工作，确实让我们监狱警察群体的视野变窄，思维单一，但是最广大人民群众的视野是无限宽广的，智慧也同样是无穷的，思想也是多元的。

此外，阅读书稿后我感觉，玉国同志书中蕴含着一条主线，那就是"从法制走向法治"这条主线，甚至可以说这是此书的终极目的。因为，"制度"相对于"执行"是静态的，而这本书的目的就是将静态转化为动态，让那些"死"的制度在具体的监狱执法中变"活"。当然，这些"活"的制度是以国家立法机关通过的各项上位法为统领，并密切结合我们北京市监狱的具体实际制定的，这是我们一向坚持的，那就是"理论与实践相结合"，玉国同志在这本书中写得很详细，非常具有操作性，非常实际。

本着"从法制走向法治"这条主线，这本书中各项狱政管理制度，一方面体现制度的依法性、严肃性、原则性，另一方面体现人本思想，将以人为本的理念贯彻其中。我认为，我们的监狱工作在既要保护社会正常秩序又要保护公民合法权利为主旨的司法改革中，一方面，要准确执行刑罚，严格管理和惩罚罪犯，彰显社会的公平正义，实现监狱威慑的功能，预防和减少犯罪；另一方面，又要充分维护罪犯的合法权益，注重罪犯改造质量的提高，发挥监狱教育、更新的作用，把原本形形色色危害社会的罪犯，通过监狱将其转换成一个能融入和谐社会的正常公民，这是监狱的价值所在，也是监狱对社会的最大贡献所在。在这个意义上，房玉国同志的这本书可以作为我们狱政管理工作的一个阶段性总结，更要成为今后工作的一个起点。

书中介绍的各项措施和做法包括两个面向：一是罪犯群体（服刑主体）；二是警察群体（行刑主体），以实现监狱内法律关系中两个主体的有机结合。因而可以说这是一本比较实际、比较全面地介绍监狱狱政管理的参阅文献。

最后，衷心祝贺房玉国同志这本书付梓出版。"从法制走向法治"，并希望成为"法治监狱"建设大潮中的一朵浪花，增添一份推力。

是为序

魏书良

2013 年 6 月 28 日

目 录

第一章 狱政管理的内容及实践方法
　　………………………………………（ 1 ）
　　一、刑务管理 ………………………（ 3 ）
　　二、分类管理 ………………………（ 25 ）
　　三、处遇管理 ………………………（ 26 ）
　　四、激励管理 ………………………（ 29 ）
　　五、现场管理 ………………………（ 31 ）
　　六、安全管理 ………………………（ 32 ）
　　七、设施管理 ………………………（ 34 ）
　　八、信息管理 ………………………（ 35 ）

第二章 罪犯日常管理 ………………（ 37 ）
　　一、新调入罪犯管理与教育 ………（ 38 ）
　　二、事务犯管理 ……………………（ 44 ）
　　三、重控罪犯管理教育转化工作
　　………………………………………（ 50 ）

　　四、分监区滞留同道罪犯的管理 …………………………………（57）
　　五、特殊劳动岗位罪犯的管理 ……………………………………（61）
　　六、"内观"罪犯管理工作 …………………………………………（64）
　　七、罪犯离监前的相关工作 ………………………………………（69）
　　八、罪犯不宜个人保管物品的管理 ………………………………（72）
　　九、罪犯便服管理 …………………………………………………（76）
　　十、罪犯狱内就医的管理 …………………………………………（81）
　　十一、罪犯在社会医院住院看押管理 ……………………………（85）
　　十二、服刑人员改造互助小组 ……………………………………（88）
　　十三、罪犯班长对班内情况定期汇报和研讨机制 ………………（95）

　第三章　事务管理 ……………………………………………………（101）
　　一、罪犯每天作息时间及每周改造活动管理 ……………………（102）
　　二、罪犯严重违纪问题现场处置工作流程 ………………………（105）
　　三、罪犯室外活动的管理 …………………………………………（108）
　　四、分监区重点部位、重点时段的管理 …………………………（111）
　　五、罪犯劳动现场定置管理 ………………………………………（115）
　　六、服刑人员诉求解决处理机制 …………………………………（130）
　　七、监狱与服刑人员家属互通情况机制 …………………………（140）
　　八、减刑、假释承诺工作机制 ……………………………………（145）
　　九、重病及疑难病罪犯病情通报机制 ……………………………（148）
　　十、危重病犯抢救工作流程 ………………………………………（157）
　　十一、分监区服刑人员班组处置突发事件预案 …………………（160）
　　十二、"维护监管安全稳定，构建和谐改造关系"工作机制……（163）
　　十三、"优胜分监区、罪犯优胜班组、服刑人员改造标兵"竞赛
　　　　　管理 ……………………………………………………………（172）
　　十四、监狱大门管理 ………………………………………………（182）

　第四章　干警工作及考核 ……………………………………………（191）
　　一、管班干警工作职责 ……………………………………………（192）
　　二、分监区干警对罪犯掌控 ………………………………………（195）
　　三、清监、搜身和物品检查 ………………………………………（209）

四、干警日讲评会、分监区周小结会 …………………… （211）
　　五、监区、分监区干警值班模式的改革 ………………… （215）
　　六、区域突发事件处置预案 ………………………………… （219）
　　七、监管安全排查工作 ……………………………………… （223）
　　八、监管安全考核工作 ……………………………………… （232）

第五章　狱侦工作管理 ………………………………………… （241）
　　一、罪犯"五知道"卡片手册 …………………………… （242）
　　二、狱内侦查工作 …………………………………………… （246）
　　三、狱情分析工作 …………………………………………… （255）
　　四、狱情报告工作 …………………………………………… （263）
　　五、罪犯互监小组管理 ……………………………………… （268）
　　六、包夹罪犯使用和管理 …………………………………… （272）

第六章　警用装备使用与管理 ………………………………… （281）
　　一、执法仪使用与管理 ……………………………………… （282）
　　二、视（音）频下执法管理工作 ………………………… （286）
　　三、警用装备的管理与使用 ………………………………… （289）
　　四、无线对讲机的使用与管理 ……………………………… （292）
　　五、警戒具使用与管理 ……………………………………… （295）

参考资料 ………………………………………………………… （297）

第一章 狱政管理的内容及实践方法

狱政管理工作涵盖了罪犯管理教育的全过程，涉及监狱工作的方方面面，是监狱一项重要的基础性工作。多年以来，基层监狱对于什么是狱政管理、狱政管理具体都包含哪些内容、哪些工作环节、如何在具体的工作中去实施，一方面是比较模糊，一方面是缺乏相应的工作规范，使干警对罪犯的管理无据可依，依法、科学、文明管理就成了空的、虚的。因此，为了将狱政管理工作系统化、规范化，需要明确其涵盖的内容、具体的操作程序和方法。笔者总结多年工作实践经验，对狱政管理工作规范化进行了大胆实践和探索，尤其对狱政管理包含的刑务管理、分类管理、处遇管理、激励管理、现场管理、设施管理以及信息管理等工作环节进行了明确，提出一套行之有效的方式、方法，并经过了多年实践工作检验，此举对于保障干警科学公正文明执法、推动狱政管理工作的发展具有现实的指导意义。

在监狱层面狱政管理包括三个方面：狱政管理、狱内侦查、刑罚执行，这三个方面相互联系，相互补充，相互作用，构成狱政管理整体；同时又细分为刑务管理、分类管理、处遇管理、激励管理、现场管理、安全管理、设施管理、信息管理等八个方面的管理内容、方法。

第一章 狱政管理的内容及实践方法

一、刑务管理

（一）收监

根据《中华人民共和国监狱法》（以下简称《监狱法》）的定义，收监①就是经人民法院判决为死刑缓期二年执行、无期徒刑、有期徒刑并交付执行的罪犯，由公安机关送到监狱，监狱相关部门履行依法收监活动的行为。

1. 收监的范围：死缓、无期、有期徒刑的犯罪分子。

2. 收监的程序。

（1）查验法律文书：主要有起诉意见书副本、一、二审刑事判决书、执行通知书、结案登记；收押外省市罪犯还应有逮捕证复印件、指纹卡、照片等；收押外国籍的罪犯还应验收护照、居留证、港澳台身份证等；还有三假罪犯：假姓名、年龄、假户籍；

（2）身体检查：一是身体外部情况、语言交流情况、而后进行医学体检；

（3）物品检查：就是从公安部门的看守所转来的随身带的生活日用品、衣服、食品、药品以及由公安部门代为保存的现金、银行卡、手机、首饰、手表、重要信件等；

（4）进行理发、洗澡、发放囚服、被褥等；

（5）收监登记：主要包括罪犯本人的基本情况、犯罪的基本情况、本人简历、亲属情况、婚姻状况、身体情况等，并制作和填写入监登记表；

（6）通知犯属：收押单位应在五个工作日内以挂号信件的方式通知罪犯亲属。

3. 入监教育。

（1）服刑改造生活指南。主要包括学习《监狱法》、司法部《服刑人员

---

① 见《中华人民共和国监狱法》（2012修正版）第三章第一节。

行为规范》、北京市监狱管理局《罪犯计分考核规定》以及惩处规定、会见、通信、亲情电话、物品采买等规定，了解日常改造生活，树立服刑意识，端正服刑思想。

（2）思想教育。主要是进行法律法规教育、认罪悔罪教育、深挖犯罪根源、揭发检举违法犯罪线索、坦白余漏罪等，同时，撰写本人的认罪悔罪书。

（3）行为养成及适应训练：主要有队列训练、内务卫生训练、学唱改造歌曲、一日作息训练、文明用语、常遇问题处理训练等，以达到养成良好言行习惯，适应狱内生活的目的。

（4）心理测试。就是运用心理学相关手段对入监罪犯进行初步的心理测试，进一步了解每一名罪犯的心理健康状况，为下一步分押和管理教育打下基础。

4. 分类分流。基本上根据男女分开、成少分开、健康与病残分开、犯罪类型与刑期的长短合理分开；外国籍、职务犯、邪教类罪犯集中关押、黑恶罪犯分别关押等原则进行分类分流。

（二）减刑

依据北京市高级人民法院《关于对监所罪犯减刑工作的规定（二）》[①]规定如下：

"根据罪犯所犯罪行、所判刑罚及服刑期间的悔改表现或立功表现、重大立功表现，结合其所获奖励及监所管理级别，遵循公开、公平、公正的原则，依法对罪犯减刑。

确有悔改表现是指同时具备以下四个方面情形：认罪悔罪；认真遵守法律法规及监规，接受教育改造；积极参加思想、文化、职业技术教育；积极参加劳动，努力完成劳动任务。

对罪犯在刑罚执行期间提出申诉的，要依法保护其申诉权利，对罪犯申诉不应不加分析地认为是不认罪悔罪。

罪犯积极执行财产刑和履行附带民事赔偿义务的，可视为有认罪悔罪表现，在减刑时可以从宽掌握；确有执行、履行能力而不执行、不履行的，在减刑时应当从严掌握。

---

① 北京市高级人民法院、北京市人民检察院、北京市公安局、北京市国家安全局、北京市司法局、北京市监狱管理局《关于对监所罪犯减刑工作的规定（二）》（京高法发［2012］374号）。

1. 罪犯具有下列情形之一的，应当认定为有'立功表现'：

阻止他人实施犯罪活动的；

检举、揭发监狱内外犯罪活动，或者提供重要的破案；

线索，经查证属实的；

协助司法机关抓捕其他犯罪嫌疑人（包括同案犯）的；

在生产、科研中进行技术革新，成绩突出的；

在抢险救灾或者排除重大事故中表现突出的；

对国家和社会有其他贡献的。

2. 罪犯具有下列情形之一的，应当认定为有'重大立功表现'：

阻止他人实施重大犯罪活动的；

检举监狱内外重大犯罪活动，经查证属实的；

协助司法机关抓捕其他重大犯罪嫌疑人（包括同案犯）的；

有发明创造或者重大技术革新，社会效益或经济效益显著的；

在日常生产、生活中舍己救人的；

在抗御自然灾害或者排除重大事故中，有特别突出表现的；

对国家和社会有其他重大贡献的。

3. 罪犯经监所考核认定确有悔改表现的，可以给予监狱（看守所）改造积极分子、监狱（看守所）嘉奖、监狱（看守所）表扬等综合奖励。对依据综合奖励减去的刑期一般不能超过考核评奖所用周期。

罪犯有重大立功表现、立功表现的，经某市监狱管理局或者市公安局批准，可以分别给予重大立功、立功等单项奖励。

4. 罪犯获得监狱（看守所）改造积极分子奖励，或者获得立功奖励的，可以减刑；获得重大立功奖励的，应当减刑。

罪犯获得监狱（看守所）嘉奖、监狱（看守所）表扬奖励的，符合下列情形之一的，可以减刑：

扣除本内容中第'6'项规定的时间，计算所余刑期，不具备获得监狱（看守所）改造积极分子时间条件的；

无期徒刑（含死刑缓期执行期满减为无期徒刑）的罪犯，服刑期满二年减为有期徒刑的。

5. 罪犯连续获得两个以上奖励的，因累计计算一次减刑的刑期超出相应的减刑幅度而未使用的奖励，可以在以后减刑时按照相应的规定累计使用。

6. 监所提请对罪犯减刑的刑期，一般预留呈报、裁定程序所需的二至三个月和出监所前教育三个月的时间。

提请对短刑犯减刑的，一般预留呈报、提请、裁定所需时间二十日。

7. 罪犯因在刑罚执行期间又犯罪或者隐瞒漏罪被判刑，或者因严重违纪受到处分，除应当减刑的重大立功奖励外，尚未使用的其他奖励无效。

8. 有期徒刑罪犯的减刑：

（1）有期徒刑罪犯减刑以后实际执行的刑期不能少于原判刑期的二分之一；判决执行以前先行羁押的，羁押一日折抵刑期一日。

（2）被判处不满五年有期徒刑的罪犯，一般自判决执行之日起一年以上方可减刑；被判处五年以上不满二十年有期徒刑的罪犯，一般自判决执行之日起一年六个月以上方可减刑；被判处二十年以上二十五年以下有期徒刑的罪犯，一般自判决执行之日起二年以上方可减刑。

被判处不满五年有期徒刑的罪犯，两次减刑之间一般应当间隔十个月以上；被判处五年以上有期徒刑的罪犯，两次减刑之间一般应当间隔一年以上；上一次减刑一年以上的，再次减刑时，间隔不能少于上次所减刑期。

获得重大立功奖励的，可以不受上述减刑起始和间隔时间的限制。

短刑犯减刑的起始时间可以不受上述期限的限制。

（3）有期徒刑罪犯获得综合奖励或者立功奖励的，一次减刑一般不超过一年；获得综合奖励并获得立功奖励的，或者获得重大立功奖励的，一次减刑一般不超过二年。

（4）有期徒刑罪犯获得奖励，符合本规定第4项规定的，在本内容第8项第（3）款规定的减刑幅度内，按照下列标准，累计计算可以减去的刑期：

获得一次监狱（看守所）改造积极分子奖励的，可以根据宽管、普管、严管级别，分别减刑不超过十二个月、十一个月、十个月。

获得一次监狱（看守所）嘉奖奖励的，可以根据宽管、普管、严管级别，分别减刑不超过九个月、八个月、七个月。

获得一次监狱（看守所）表扬奖励的，可以根据宽管、普管、严管级别，分别减刑不超过六个月、五个月、四个月。

获得一次重大立功奖励的，减刑一至二年。

获得一次立功奖励的，减刑不超过九个月。

短刑犯获得一次监狱（看守所）改造积极分子奖励、嘉奖奖励或表扬奖励的，可以减去的刑期一般分别不超过三个月、二个月、一个月，可以减去的刑期最短可以为十日；获得立功、重大立功奖励的可以减去剩余刑期。

（5）被判处不满十年有期徒刑的罪犯在刑罚执行期间又犯新罪，新罪被判处有期徒刑以下刑罚的，按照新判决决定执行刑期所对应的本内容第8项第（2）款规定的减刑起始时间，自新判决确定之日起，分别顺延六个月，方可减刑；新罪被判处无期徒刑的，自新判决确定之日起满二年六个月，方可减刑；新罪被判处死刑缓期执行的，自缓期执行期满减为无期徒刑或有期徒刑二十五年之日起满三年，方可减刑。

被判处十年以上有期徒刑的罪犯在刑罚执行期间又犯罪，新罪被判处有期徒刑以下刑罚的，按照新判决决定执行刑期所对应的本内容第8项第（2）款规定的减刑起始时间，自新判决确定之日起，分别顺延一年，方可减刑；新罪被判处无期徒刑的，自新判决确定之日起满三年，方可减刑；新罪被判处死刑缓期执行的，自缓期执行期满减为无期徒刑或有期徒刑二十五年之日起满三年六个月，方可减刑。

（6）被判处不满十年有期徒刑的罪犯隐瞒漏罪被数罪并罚，或隐瞒犯罪事实、证据被再审加重刑罚，漏罪或再审加重被判处有期徒刑以下刑罚的，自新判决确定之日起满二年，方可减刑；漏罪或再审加重判处无期徒刑的，自新判决确定之日起满二年六个月，方可减刑；新罪或再审加重判处死刑缓期执行的，自缓期执行期满减为无期徒刑或有期徒刑二十五年之日起满三年，方可减刑。

被判处十年以上有期徒刑的罪犯隐瞒漏罪被数罪并罚，或隐瞒犯罪事实、证据被再审加重刑罚，漏罪或再审加重判处有期徒刑以下刑罚的，自新判决确定之日起满二年，方可减刑；漏罪或再审加重判处无期徒刑的，自新判决确定之日起满三年，方可减刑；漏罪或再审加重判处死刑缓期执行的，自缓期执行期满减为无期徒刑或有期徒刑二十五年之日起满三年六个月，方可减刑。

9. 无期徒刑罪犯的减刑：

（1）无期徒刑罪犯减刑以后实际执行的刑期不能少于十三年，起始时间应当自无期徒刑判决确定之日起计算。

（2）无期徒刑罪犯获得综合奖励或者立功奖励的，服刑二年后，可以减为二十年以上二十二年以下有期徒刑；获得综合奖励并获得立功奖励，或者获得重大立功奖励的，服刑二年后，可以减为十五年以上二十年以下有期徒刑。

无期徒刑罪犯服刑期满五年，未获减刑的，可以减为二十二年有期徒刑。

（3）无期徒刑罪犯在减为有期徒刑前受到警告、记过、禁闭处分，其后又获得奖励的，自无期徒刑服刑二年之日起，分别顺延八个月、九个月、十个月，方可减刑；受处分两次以上的，累计计算顺延的时间。

（4）无期徒刑罪犯获得奖励首次减刑的刑期，以二十二年有期徒刑为起算点，在本内容第9项第（2）款规定的减刑幅度内，按照下列标准，累计计算可以减去的刑期：

获得一次监狱（看守所）改造积极分子奖励的，减刑不超过十一个月。

获得一次监狱（看守所）嘉奖奖励的，减刑不超过八个月。

获得一次监狱（看守所）表扬奖励的，减刑不超过五个月。

获得一次重大立功奖励的，减刑一年至二年。

获得一次立功奖励的，减刑不超过九个月。

（5）无期徒刑罪犯减为有期徒刑后再减刑，两次减刑之间一般应当间隔一年以上，且间隔不能少于上次所减刑期。

（6）无期徒刑罪犯减为有期徒刑后，符合本内容第4项规定的，所获奖励在本内容第8项第（3）款规定的减刑幅度内，按照下列标准，累计计算可以减去的刑期：

获得一次监狱（看守所）改造积极分子奖励的，可以根据宽管、普管、严管级别，分别减刑不超过十一个月、十个月、九个月。

获得一次监狱（看守所）嘉奖奖励的，可以根据宽管、普管、严管级别，分别减刑不超过八个月、七个月、六个月。

获得一次监狱（看守所）表扬奖励的，可以根据宽管、普管、严管级别，分别减刑不超过五个月、四个月、三个月。

获得一次重大立功奖励的，减刑一年至二年。

获得一次立功奖励的，减刑不超过九个月。

（7）无期徒刑罪犯在刑罚执行期间又犯新罪，新罪被判处有期徒刑以下刑罚的，按照新判决决定执行刑期所对应本规定相关规定的减刑起始时间，自新判决确定之日起，分别顺延一年，方可减刑；新罪被判处无期徒刑的，自新判决确定之日起满四年，方可减刑；新罪被判处死刑缓期执行的，自缓期执行期满减为无期徒刑或有期徒刑二十五年之日起满四年六个月，方

第一章　狱政管理的内容及实践方法

可减刑。

（8）无期徒刑罪犯隐瞒漏罪被数罪并罚，或隐瞒犯罪事实、证据被再审加重刑罚，漏罪被判处有期徒刑以下刑罚的，自新判决确定之日起满三年，方可减刑；漏罪被判处无期徒刑的，自新判决确定之日起满三年六个月，方可减刑；漏罪或再审加重判处死刑缓期执行的，自缓期执行期满减为无期徒刑或有期徒刑二十五年之日起满四年，方可减刑。

10. 死刑缓期二年执行罪犯的减刑：

（1）死刑缓期执行罪犯减刑后实际执行的刑期不能少于十五年，起始时间应当自缓期执行期满之日起计算。

（2）死刑缓期执行罪犯在缓期执行期间，如果没有故意犯罪，二年期满以后，减为无期徒刑；如果获得重大立功奖励，二年期满以后，减为二十五年有期徒刑。

（3）死刑缓期执行罪犯减为无期徒刑后，获得监狱（看守所）改造积极分子奖励或者立功奖励的，无期徒刑服刑二年后，可以减为二十五年有期徒刑；获得重大立功奖励的，无期徒刑服刑二年后，可以减为二十三年有期徒刑。

死刑缓期执行罪犯减为无期徒刑后，服刑期满六年，未获减刑的，可以减为二十五年有期徒刑。

（4）死刑缓期执行罪犯在减为有期徒刑前受到警告、记过、禁闭处分，其后又获得监狱（看守所）改造积极分子奖励或者立功奖励的，自无期徒刑服刑二年之日起，分别顺延九个月、十个月、十一个月，方可减刑；受处分两次以上的，累计计算顺延的时间。

（5）死刑缓期执行罪犯减为有期徒刑后再减刑，两次减刑之间一般应当间隔一年三个月以上；上次减刑一年三个月以上的，减刑间隔不能少于上次所减刑期。

（6）死刑缓期执行罪犯减为有期徒刑后，获得综合奖励或者立功奖励的，一次减刑一般不超过一年；获得综合奖励并获得立功奖励的，或者获得重大立功奖励的，一次减刑一般不超过一年六个月。

（7）死刑缓期执行罪犯减为有期徒刑后，符合本规定第9项第（1）款规定，所获奖励在本规定第10项第（6）款规定的减刑幅度内，按照下列标准，累计计算可以减去的刑期：

获得一次监狱（看守所）改造积极分子奖励的，可以根据宽管、普管、

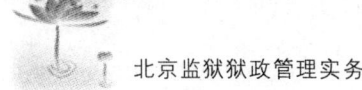

严管级别,分别减刑不超过十个月、九个月、八个月。

获得一次监狱(看守所)嘉奖奖励的,可以根据宽管、普管、严管级别,分别减刑不超过七个月、六个月、五个月。

获得一次监狱(看守所)表扬奖励的,可以根据宽管、普管、严管级别,分别减刑不超过四个月、三个月、二个月。

获得一次重大立功奖励的,减刑一年至二年。

获得一次立功奖励的,减刑不超过九个月。

(8)死刑缓期执行罪犯在缓期执行期满后又犯新罪,新罪被判处有期徒刑以下刑罚的,按照新判决决定执行刑期所对应本规定相关规定的减刑起始时间,自新判决确定之日起,分别顺延一年六个月,方可减刑;新罪被判处无期徒刑的,自新判决确定之日起满四年六个月,方可减刑;新罪被判处死刑缓期执行的,自缓期执行期满减为无期徒刑或有期徒刑二十五年之日起满五年,方可减刑。

(9)死刑缓期执行罪犯隐瞒漏罪被数罪并罚,漏罪被判处有期徒刑以下刑罚的,自缓期执行期满减为无期徒刑或有期徒刑二十五年之日起满三年,方可减刑;漏罪被判处无期徒刑的,自缓期执行期满减为无期徒刑或有期徒刑二十五年之日起满四年,方可减刑;新罪被判处死刑缓期执行的,自缓期执行期满减为无期徒刑或有期徒刑二十五年之日起满四年六个月,方可减刑。

11. 被限制减刑的死刑缓期执行罪犯的减刑:

(1)被限制减刑的死刑缓期执行罪犯,缓期执行期满后依法减为无期徒刑的,实际执行的刑期不能少于二十五年;缓期执行期满后依法减为二十五年有期徒刑的,实际执行的刑期不能少于二十年。

(2)被限制减刑的死刑缓期执行罪犯在缓期执行期间,如果没有故意犯罪,二年期满以后,减为无期徒刑;如果获得重大立功奖励,二年期满以后,减为二十五年有期徒刑。

(3)被限制减刑的死刑缓期执行罪犯减为无期徒刑后,获得监狱(看守所)改造积极分子奖励或者立功奖励的,无期徒刑服刑五年后可以减为二十五年有期徒刑;获得重大立功奖励的,无期徒刑服刑满四年后可以减为二十五年有期徒刑。

被限制减刑的死刑缓期执行罪犯减为无期徒刑后,服刑期满八年,未获减刑的,可以减为二十五年有期徒刑。

第一章 狱政管理的内容及实践方法

（4）被限制减刑的死刑缓期执行罪犯在减为有期徒刑前受到警告、记过、禁闭处分，其后又获得监狱（看守所）改造积极分子奖励或者立功奖励的，自无期徒刑服刑五年之日起，分别顺延十个月、十一个月、十二个月，方可减刑；受处分两次以上的，累计计算顺延的时间。

（5）被限制减刑的死刑缓期执行罪犯减为有期徒刑后再减刑，两次减刑之间一般应当间隔二年六个月以上。

（6）被限制减刑的死刑缓期执行罪犯减为有期徒刑后，获得综合奖励或者立功奖励的，一次减刑一般不超过六个月；获得综合奖励并获得立功奖励的，或者获得重大立功奖励的，一次减刑一般不超过一年。

（7）被限制减刑的死刑缓期执行罪犯减为有期徒刑后，符合本规定第六条规定的，所获奖励在本规定第11项第（6）款规定的减刑幅度内，按照下列标准，累计计算可以减去的刑期：

获得一次监狱（看守所）改造积极分子奖励的，减刑不超过三个月。

获得一次重大立功奖励的，减刑不超过一年。

获得一次立功奖励的，减刑不超过五个月。

（8）被限制减刑的死刑缓期执行罪犯在缓期执行期满后又犯新罪，新罪被判处有期徒刑以下刑罚的，按照新判决决定执行刑期所对应本规定相关规定的减刑起始时间，自新判决确定之日起，分别顺延二年，方可减刑；新罪被判处无期徒刑的，自新判决确定之日起满七年六个月，方可减刑；新罪被判处死刑缓期执行的，自缓期执行期满减为无期徒刑或有期徒刑二十五年之日起满八年，方可减刑。

（9）被限制减刑的死刑缓期执行罪犯隐瞒漏罪被数罪并罚，漏罪被判处有期徒刑以下刑罚的，自缓期执行期满减为无期徒刑或有期徒刑二十五年之日起满六年六个月，方可减刑；漏罪被判处无期徒刑的，自缓期执行期满减为无期徒刑或有期徒刑二十五年之日起满七年，方可减刑；新罪被判处死刑缓期执行的，自缓期执行期满减为无期徒刑或有期徒刑二十五年之日起满七年六个月，方可减刑。

12. 未成年罪犯的减刑：

（1）未成年罪犯的减刑，可以比照成年罪犯依法适当从宽。

未成年罪犯能认罪悔罪，认真遵守法律法规及监规，积极参加学习、劳动的，应视为确有悔改表现，减刑的幅度可以适当放宽，起始时间、间隔时间可以相应缩短。

（2）未成年有期徒刑罪犯，一般自判决执行之日起一年以上，方可减刑；两次减刑之间一般应当间隔八个月以上；上一次减刑一年以上不满二年的，再次减刑时，间隔一般不能少于一年；上次减刑二年以上的，再次减刑时，间隔一般不能少于一年三个月。

（3）未成年有期徒刑罪犯获得综合奖励或者立功奖励的，一次减刑一般不超过一年六个月；获得综合奖励并获得立功奖励的，或者获得重大立功奖励的，一次减刑一般不超过二年三个月。

（4）未成年有期徒刑罪犯获得奖励，符合本规定第4项规定的，在本规定第12项第（3）款规定的减刑幅度内，按照下列标准，累计计算可以减去的刑期：

获得一次监狱（看守所）改造积极分子奖励的，可以根据宽管、普管、严管级别，分别减刑不超过十四个月、十三个月、十二个月。

获得一次监狱（看守所）嘉奖奖励的，可以根据宽管、普管、严管级别，分别减刑不超过十一个月、十个月、九个月。

获得一次监狱（看守所）表扬奖励的，可以根据宽管、普管、严管级别，分别减刑不超过八个月、七个月、六个月。

获得一次重大立功奖励的，减刑一至二年。

获得一次立功奖励的，减刑不超过九个月。

（5）未成年无期徒刑罪犯获得综合奖励或者立功奖励的，服刑一年六个月后，可以减为十八年以上二十年以下有期徒刑；获得综合奖励并获得立功奖励，或者获得重大立功奖励的，可以减为十五年以上十七年以下有期徒刑。

未成年无期徒刑罪犯服刑期满三年，未获减刑的，可以减为二十年有期徒刑。

（6）未成年无期徒刑罪犯在减为有期徒刑前受到警告、记过、禁闭处分，其后又获得奖励的，自无期徒刑服刑一年六个月之日起，分别顺延四个月、五个月、六个月，方可减刑；受处分两次以上的，累计计算顺延的时间。

（7）未成年无期徒刑罪犯获得奖励首次减刑的刑期，以减为二十年有期徒刑为起算点，在本规定第12项第（5）款规定的减刑幅度内，按照下列标准，累计计算可以减去的刑期：

获得一次监狱（看守所）改造积极分子奖励的，减刑不超过十三个月。

获得一次监狱（看守所）嘉奖奖励的，减刑不超过十个月。

获得一次监狱（看守所）表扬奖励的，减刑不超过七个月。

获得一次重大立功奖励的，减刑一至二年。

获得一次立功奖励的，减刑不超过九个月。

（8）未成年无期徒刑罪犯减为有期徒刑后再减刑，两次减刑之间一般应当间隔十个月以上；上一次减刑超过一年不满二年的，再次减刑时，间隔一般不少于一年二个月；上一次减刑二年以上的，再次减刑时，间隔一般不少于一年六个月。

（9）未成年无期徒刑罪犯减为有期徒刑后，符合本规定第4项规定的，所获奖励在本规定第12项第（3）款规定的减刑幅度内，按照下列标准，累计计算可以减去的刑期：

获得一次监狱（看守所）改造积极分子奖励的，可以根据宽管、普管、严管级别，分别减刑不超过十三个月、十二个月、十一个月。

获得一次监狱（看守所）嘉奖奖励的，可以根据宽管、普管、严管级别，分别减刑不超过十个月、九个月、八个月。

获得一次监狱（看守所）表扬奖励的，可以根据宽管、普管、严管级别，分别减刑不超过七个月、六个月、五个月。

获得一次重大立功奖励的，减刑一年至二年。

获得一次立功奖励的，减刑不超过九个月。

（10）未成年罪犯在刑罚执行期间又犯新罪，新罪被判处有期徒刑以下刑罚的，按照新判决决定执行刑期所对应本章第12项第（2）、（5）规定的减刑起始时间，自新判决确定之日起，顺延六个月，方可减刑；新罪被判处无期徒刑的，自新判决确定之日起满二年六个月，方可减刑。

（11）未成年罪犯隐瞒漏罪被数罪并罚，或隐瞒犯罪事实、证据被再审加重刑罚，漏罪或再审加重判处有期徒刑以下刑罚的，按照新判决决定执行刑期所对应本规定第12项第（2）、（5）款规定的减刑起始时间，自新判决确定之日起顺延六个月，方可减刑；漏罪或再审加重判处无期徒刑的，自新判决确定之日起满二年六个月，方可减刑。

13. 老年、残疾、患严重疾病罪犯的减刑，应当主要注重悔罪的实际表现。

（1）老年、残疾、患严重疾病的罪犯，能够认罪悔罪，认真遵守法律法规及监规，接受教育，积极配合治疗的，应视为确有悔改表现。减刑的幅

度可以适当放宽，起始时间、间隔时间可以相应缩短，但限制减刑的死刑缓期执行罪犯除外。

（2）不满七十周岁的有期徒刑或无期徒刑老年罪犯（含原判死刑缓期执行减为无期徒刑的老年罪犯），同等条件下，减刑的起始时间、幅度、间隔、累计计算的标准与未成年有期徒刑或无期徒刑罪犯相同。

不满七十周岁的原判死刑缓期执行的老年罪犯，减为有期徒刑后再减刑，两次减刑之间一般应当间隔一年以上；上一次减刑超过一年不满二年的，再次减刑时，间隔一般不能少于一年四个月；上一次减刑二年以上的，再次减刑时，间隔一般不能少于一年九个月。

前款规定的罪犯减为有期徒刑后，符合本规定第4项的规定，所获奖励在本规定第8项第（3）款规定的减刑幅度内，按照下列标准，累计计算可以减去的刑期：

获得一次监狱（看守所）改造积极分子奖励的，可以根据宽管、普管、严管级别，分别减刑不超过十二个月、十一个月、十个月。

获得一次监狱（看守所）嘉奖奖励的，可以根据宽管、普管、严管级别，分别减刑不超过九个月、八个月、七个月。

获得一次监狱（看守所）表扬奖励的，可以根据宽管、普管、严管级别，分别减刑不超过六个月、五个月、四个月。

获得一次重大立功奖励的，减刑一年至二年。

获得一次立功奖励的，减刑不超过九个月。

（3）七十周岁以上或基本丧失劳动能力、生活难以自理的老年罪犯，或残疾、患严重疾病的有期徒刑（含原判死刑缓期执行或无期徒刑减为有期徒刑的）罪犯，服刑满一年，虽未获得奖励，但认真遵守法律法规及监规，接受教育，积极配合治疗，即可减刑一年；再次减刑时，间隔一般不能少于一年。

（4）七十周岁以上或基本丧失劳动能力、生活难以自理的老年罪犯，或残疾、患严重疾病的无期徒刑（含原判死刑缓期执行减为无期徒刑的）罪犯，服刑满一年六个月，虽未获得奖励，但认真遵守法律法规及监规，接受教育，积极配合治疗，即可减为二十年有期徒刑；获得重大立功奖励的，服刑一年六个月以后，可以减为十五年以上十七年以下有期徒刑。

服刑期满三年，未获减刑的，可以减为二十年有期徒刑。

（5）老年、残疾、患严重疾病的死刑缓期执行罪犯减为无期徒刑后，

服刑期满三年六个月，未获减刑的，可以减为二十五年有期徒刑。

（6）老年、残疾、患严重疾病的死刑缓期执行罪犯在减为有期徒刑前受到警告、记过、禁闭处分，其后又获得奖励的，自无期徒刑服刑满一年六个月之日起，分别顺延四个月、五个月、六个月，方可减刑；受处分两次以上的，累计计算顺延的时间。

（7）老年、残疾、患严重疾病罪犯在刑罚执行期间又犯新罪的，按照新判决决定执行刑期所对应本规定第13项第（2）、（4）、（5）、（6）款规定的减刑起始时间，自新判决确定之日起，顺延六个月，方可减刑。

（8）老年、残疾、患严重疾病罪犯隐瞒漏罪被数罪并罚，或隐瞒犯罪事实、证据被再审加重刑罚的，按照新判决决定执行刑期所对应本规定第13项第（2）、（4）、（5）、（6）款规定的减刑起始时间，自新判决确定之日起顺延六个月，方可减刑。

14. 附加剥夺政治权利罪犯的减刑。

罪犯减刑时，对附加剥夺政治权利的期限可以酌减。

（1）酌减后剥夺政治权利的实际执行刑期分别为：原判限制减刑的死刑缓期执行罪犯，不能少于五年；原判死刑缓期执行罪犯，不能少于四年；原判无期徒刑的罪犯，不能少于三年；原判有期徒刑的罪犯，不能少于一年。

（2）死刑缓期执行罪犯缓期二年执行期满以后，减为二十五年有期徒刑时，剥夺政治权利的期限可以减为七年。

（3）无期徒刑罪犯（含死刑缓期执行罪犯减为无期徒刑的）减为有期徒刑时，剥夺政治权利的期限可以减为五年。

（4）有期徒刑罪犯（含死刑缓期执行罪犯、无期徒刑罪犯减为有期徒刑的）的主刑减刑时，获得一次监狱（看守所）改造积极分子、立功奖励的，剥夺政治权利的期限可以减去一年；获得一次重大立功奖励的，剥夺政治权利的期限可以减去二年。

15. 其他规定。

（1）人民检察院对减刑工作实行监督，监所评审会前七个工作日书面通知检察院，检察院应当派员参加。

监所向人民法院提请减刑案件的同时，应将拟提请减刑的罪犯名册、提请减刑建议书副本抄送人民检察院或者派驻检察室。

人民检察院对提请减刑案件可以提出检察意见，如发现违反法律或者本规定的,应当在收到监狱提请减刑建议书十个工作日内向负责减刑的人民法院提出检察意见书。

(2)专案罪犯、重要罪犯、危害国家安全罪的罪犯、邪教组织犯罪骨干分子、犯罪集团首要分子、黑社会性质组织犯罪的首要分子、恶势力团伙犯罪的首要分子减刑的,根据相关规定办理。

(3)罪犯在看守所羁押期间,有揭发他人犯罪或者提供重要破案线索等行为,后经查证属实或得以侦破其他案件,构成立功或重大立功,未据此从轻、减轻判决或减刑的,由某市公安局审核,具函并附相关证据、法律文书,转市级刑罚执行机关依法办理。

(4)短刑犯,是指交付执行时剩余刑期不足一年的有期徒刑罪犯;未成年罪犯,是指减刑时不满十八周岁的罪犯;老年罪犯,是指提请减刑时年满六十周岁的罪犯;残疾罪犯、患有严重疾病罪犯,是指提请减刑时已经法定鉴定机构认定的身体残疾(不含自伤致残)、所患疾病程度达到基本丧失劳动能力、生活难以自理的罪犯(包括限制责任能力以上的精神病罪犯人)。

罪犯在获得奖励时未满十八周岁的,视为未成年罪犯。"

(三)假释

根据北京市高级人民法院《关于对监所罪犯假释工作的规定(二)》[①]规定如下:

"1. 根据罪犯所犯罪行、所判刑罚及服刑期间的悔改表现,没有再犯罪的危险的,遵循公开、公平、公正的原则,依法对罪犯假释。

2. '确有悔改表现'是指同时具备以下四个方面情形:认罪悔罪;认真遵守法律法规及监规,接受教育改造;积极参加思想、文化、职业技术教育;积极参加劳动,努力完成劳动任务。

罪犯积极执行财产刑和履行附带民事赔偿义务的,可视为有认罪悔罪表现,在假释时可以从宽掌握;确有执行、履行能力而不执行、不履行的,在假释时应当从严掌握。

3. 判断'没有再犯罪的危险',除符合刑法第八十一条规定的情形外,

---

① 北京市高级人民法院、北京市人民检察院、北京市公安局、北京市国家安全局、北京市司法局、北京市监狱管理局《关于对监所罪犯假释工作的规定(二)》(京高法发[2012]375号)

还应根据犯罪的具体情节、原判刑罚情况,在刑罚执行中的一贯表现,罪犯的年龄、身体状况、性格特征,假释后生活来源以及监管条件等因素综合考虑。

监所在提请假释前应运用再犯罪风险评估量表依照规定对拟假释罪犯进行再犯罪风险评估。经评估,确认较低风险以下的方可提请假释。

4. 监所罪犯假释,应当同时具备以下基本条件:

(1) 原判有期徒刑的,已实际执行原判刑期二分之一以上,原判无期徒刑的,实际执行十三年以上,原判死刑缓期二年执行的,实际执行十五年以上(不含死刑缓期执行的二年);

(2) 确有悔改表现,并获得可以提请减刑。假释奖励的;老年罪犯、残疾罪犯(不含自伤致残)、患严重疾病且积极配合治疗的罪犯,虽未获得可以提请减刑、假释的奖励,但能够认罪悔罪,认真遵守法律法规及监规,接受教育改造,假释后生活确有着落的;

(3) 符合减刑后假释的法定间隔期限要求的;

(4) 处于监所宽管或者普管级别的;

(5) 与罪犯是亲属、近邻、同村的被害人,对罪犯假释未提出异议的;

(6) 居住地的社区矫正组织有监督管理条件,且罪犯表示接受社区矫正的;

(7) 经监狱再犯罪风险评估为较低风险以下的。

对年满七十周岁的罪犯、残疾罪犯(不含自伤致残人患严重疾病的罪犯,监所可不进行再犯罪风险评估。

因与国家、社会利益有重要关系的特殊情况需要假释的,按法律规定的程序办理,可以不受上述规定的限制。

5. 原判有期徒刑的罪犯假释的,实际执行刑期的起始时间,应当自判决执行之日起计算;判决执行以前先行羁押的,羁押一日折抵刑期一日。

原判无期徒刑的罪犯减刑后假释的,实际执行的刑期自无期徒刑判决确定之日起计算。

原判死刑缓期二年执行的罪犯减刑后假释的,实际执行的刑期自死刑缓期执行期满之日起计算。

6. 罪犯减刑后又假释的间隔时间一般为一年;对一次减去一年以上有期徒刑后决定假释的,间隔时间一般不能少于上次所减刑期。

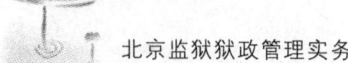

罪犯减刑后余刑不足二年决定假释的,间隔时间不得少于八个月。

不满十八周岁的罪犯减刑后假释的,间隔时间不得少于八个月。

7. 具备本规定第4项各基本条件,并符合下列情形之一的罪犯,可以假释:

(1) 原判不满五年有期徒刑,获得的奖励按照有期徒刑可以减去刑期的标准,累计达到五个月以上,且扣除该累计刑期的剩余刑期在六个月以内的;

(2) 原判五年以上不满十年有期徒刑,获得的奖励按照有期徒刑可以减去刑期的标准,累计达到八个月以上,且扣除该累计刑期的剩余刑期在一年以内的;

(3) 原判十年以上不满十五年有期徒刑,获得的奖励按照有期徒刑可以减去刑期的标准,累计达到一年以上,且扣除该累计刑期的剩余刑期在一年六个月以内的;

(4) 原判十五年以上二十五年以下有期徒刑,获得的奖励按照有期徒刑可以减去刑期的标准,累计达到一年六个月以上,且扣除该累计刑期的剩余刑期在二年以内的;

(5) 原判无期徒刑,减为有期徒刑后,获得的奖励按照对应的有期徒刑可以减去刑期的标准,累计达到二年以上,且扣除该累计刑期的剩余刑期在二年六个月以内的;

(6) 原判死刑缓期二年执行,减为有期徒刑后,获得的奖励按照对应的有期徒刑可以减去刑期的标准,累计达到三年以上,且扣除该累计刑期的剩余刑期在二年六个月以内的。

短刑犯可以不受第一款情形的限制。

8. 具备本规定第4项各项基本条件,并符合下列情形之一的罪犯,可以从宽假释:

(1) 年满六十周岁,获得综合、单项奖励,可以减刑十个月以上的;年满六十五周岁,获得综合、单项奖励,可以减刑五个月以上的;年满七十周岁,认罪悔罪,认真遵守法律法规及监规,接受教育改造的;

(2) 经法定鉴定机构依法认定基本丧失劳动能力、生活难以自理的残疾(不含自伤致残)或患严重疾病的;

(3) 患精神疾病,经法定鉴定机构依法认定为限制责任能力或无责任能力,且监护人有条件送专科医院治疗的;

（4）犯罪时系未成年人，提请假释时不满二十一周岁，获得的奖励按照对应的有期徒刑可以减去刑期的标准，累计达到五个月以上，有就读学校，且罪犯的亲属、就读学校与居住地司法所签订假释考验期间帮教协议，经区县司法局审核同意的；

（5）犯罪时系未成年人，提请假释时不满二十一周岁，获得的奖励按照对应的有期徒刑可以减去刑期的标准，累计达到八个月以上，有就业单位，且罪犯的亲属、就业单位与居住地司法所签订假释考验期间帮教协议，经区县司法局审核同意的；

（6）过失犯罪（交通肇事后逃逸的、未履行民事赔偿义务的、未全部执行财产刑的除外）、防卫过当犯罪的罪犯，或对家庭施暴人犯罪的女性罪犯，获得的奖励按照对应的有期徒刑可以减去刑期的标准，累计达到八个月以上的；

（7）罪犯的直系亲属、配偶因患病、残疾，长期生活不能自理，确需罪犯本人照顾，或者女性罪犯因丧偶或配偶正在服刑，其不满十六周岁的子女确需本人抚养，且获得的奖励按照对应的有期徒刑可以减去刑期的标准，累计达到五个月以上，经亲属向监所申请，监所致函罪犯居住地区县公安局、司法局，由罪犯居住地公安派出所、司法所出具书面证明，区县公安局、司法局书面提出建议，经监所的上级机关某市监狱管理局或者某市公安局审核的；

（8）因具有科技特殊专业技能，国家重大科研项目、国家重大生产建设需要提前释放，或系统战对象、少数民族上层人士，因统战工作需要提前释放，且获得的奖励按照对应的有期徒刑可以减去刑期的标准，累计达到五个月以上，由市级以上有关机关书面建议，经刑罚执行机关的上级机关某市监狱管理局或者某市公安局审核的。

兼具本规定第7条、第8条所列两种以上情形的，优先适用有利于罪犯的条款。

短刑犯假释的标准可以适当从宽。

9. 对下列罪犯，从严假释：

（1）连续犯罪的；

（2）黑社会性质组织犯罪或恶势力犯罪的；

（3）犯罪集团的首要分子；

（4）被数罪并罚或有前科劣迹的；

（5）因杀人、爆炸、抢劫、强奸、绑架、放火、投放危险物质或者有组织的暴力性犯罪被判处不满十年有期徒刑暴力犯罪的；

（6）因故意伤害罪被判处十五年以上有期徒刑、无期徒刑、死刑缓期二年执行的。

10. 从严假释的罪犯，具备本规定第4条各项基本条件，并符合下列情形之一的，可以假释：

（1）原判不满五年有期徒刑，获得的奖励按照对应的有期徒刑可以减去刑期的标准，累计达到五个月以上，且扣除该累计刑期的剩余刑期在三个月以内的；

（2）原判五年以上不满十年有期徒刑，获得的奖励按照对应的有期徒刑可以减去刑期的标准，累计达到八个月以上，且扣除该累计刑期的剩余刑期在六个月以内的；

（3）原判十年以上二十五年以下有期徒刑，获得的奖励按照对应的有期徒刑可以减去刑期的标准，累计达到一年以上，且扣除该累计刑期的剩余刑期在九个月以内的；

（4）原判无期徒刑或者死刑缓期二年执行，减为有期徒刑后，获得的奖励按照对应的有期徒刑可以减去刑期的标准，累计达到二年以上，且扣除该累计刑期的剩余刑期在一年以内的。

适用上述条款假释的原判无期徒刑、死刑缓期二年执行或者被数罪并罚判处十五年以上有期徒刑的罪犯，考验期一般不得超过五年。

11. 兼具从宽假释、从严假释条件和情形的罪犯，可以适用本规定第7条予以假释；如果系已年满七十周岁的罪犯、身体残疾的罪犯、患严重疾病的罪犯或系对家庭施暴人犯罪的女性罪犯，可以适用本规定第8条从宽假释。

12. 对下列罪犯，不得假释：

（1）累犯以及因故意杀人、强奸、抢劫、绑架、放火、爆炸、投放危险物质或者有组织的暴力性犯罪被判处十年以上有期徒刑、无期徒刑的；

（2）因第（1）项情形和犯罪被判处死刑缓期执行，被减为无期徒刑、有期徒刑的。

对下列罪犯，一般不适用假释：

刑罚执行期间受到处分的；

因隐瞒漏罪、又犯新罪被数罪并罚的；

第一章 狱政管理的内容及实践方法

因隐瞒犯罪事实、证据,后被再审加重刑罚的;

在缓刑、假释、暂予监外执行期间因违法犯罪或违反社区矫正监督管理规定,被撤销缓刑、撤销假释或收监执行的;

拒不提供住址,或者故意提供虚假住址,或者经核实确无固定住所的;

拒绝接受社区矫正的。

13. 重要罪犯、危害国家安全罪的罪犯、邪教组织犯罪骨干分子、犯罪集团首要分子,黑社会性质组织犯罪的首要分子、恶势力团伙犯罪的首要分子假释的,根据相关规定办理。

14. 对拟提请假释的罪犯,监所应当认真核实罪犯居住地,并提前书面委托其居住地的区县司法局,对罪犯的居所和生活来源、家庭和社会关系、服刑前的一贯表现、性格特征。犯罪行为的后果和影响、监管条件。居住地村(居)民委员会的意见等情况进行调查了解。

区县司法局应当根据监所的要求进行调查,并制作调查评估报告,自收到委托调查函十五个工作日内将调查评估报告提交监所。

15. 人民检察院对假释工作实行监督,监所评审会前七个工作日书面通知检察院,检察院应当派员参加。

监所向人民法院提请假释案件的同时,应将拟提请假释的罪犯名册、提请假释建议书副本抄送人民检察院或者派驻检察室。

人民检察院对提请假释案件可以提出检察意见,如发现违反法律或者本规定的,应当在收到监所提请假释建议书十个工作日内向负责假释的人民法院提出检察意见书。

16. 罪犯在看守所羁押期间,有揭发他人犯罪或者提供重要破案线索等行为,后经查证属实或得以侦破其他案件,构成重大立功或立功,未据此从轻、减轻判决或减刑的,由某市公安局审核,具函并附相关证据、法律文书,转市级刑罚执行机关依法办理。

17. 本规定所称综合奖励,包括经监所考核认定罪犯确有悔改表现而给予的监狱(看守所)改造积极分子、监狱(看守所)嘉奖、监狱(看守所)表扬奖励;本规定所称单项奖励,包括经某市监狱管理局或者某市公安局批准,给予的重大立功、立功奖励。

18. 本规定所称连续犯罪,包括聚众斗殴、寻衅滋事、故意伤害、盗窃、诈骗、涉毒等连续作案两起以上的故意犯罪。

19. 本规定所称老年罪犯,是指提请假释时年满六十周岁的罪犯;残疾罪犯、患有严重疾病罪犯，是指提请假释时已经法定鉴定机构认定的身体残疾（不含自伤致残）、所患疾病程度达到基本丧失劳动能力、生活难以自理的罪犯（包括限制责任能力以上的精神病罪犯）；短刑犯，是指交付执行时剩余刑期不足一年的有期徒刑罪犯。

20. 本规定所称前科，是指罪犯在判刑前曾受过的刑事处罚；劣迹，是指罪犯在判刑前曾受过的少年管教、收容教养、劳动教养、治安拘留、强制劳动、收容教育、强制戒毒等处罚。"

（四）保外就医

1. 条件。
（1）患严重疾病，符合司法部247号文件规定的范围；
（2）服刑刑期三分之一以上；
（3）危险性评估达到规定标准的；
（4）患严重疾病，近期有死亡危险的，可不受刑期限制。
2. 期限。每次审批不得超过一年，期满后再重新进行审批。
3. 罪犯本人或直系亲属提出书面申请。
4. 程序。
（1）分别由监狱医院、省某市监狱管理局医院进行病情鉴定并提出是否符合保外就医意见；
（2）具保调查：监狱应对具保人情况是否符合条件、是否同意做具保人，征求罪犯居住地居委会、司法所、派出所意见）进行调查；
（3）监狱进行危险性评估；
（4）分监区、监狱、省某市监狱管理局分别召开审批会进行审批。
（5）离监。监狱在接到省某市监狱管理局的批复后，可为罪犯办理离监手续。
5. 监督考察管理。保外就医罪犯由司法局社区矫正部门进行日常管理和教育；监狱每季度检查一次，做到五见面：罪犯本人、具保人、居委会、司法所、派出所。

罪犯违反保外就医管理规定的，由社区矫正部门提出收监意见，监狱予以收监。

（五）罪犯申诉、控告、检举

1. 申诉。罪犯对生效的法律判决认为事实不清、适用法律不当、无罪等要求法院、检察院重新审理的行为。

一般要经过向原审法院、检察院和上一级法院、检察院四次申诉再被驳回的，视为缠诉，法院或检察院自收到监狱转来之日起六个月内要回复，提出答复处理意见。

2. 控告、检举。认为司法机关工作人员在办理案件过程中有徇私枉法等违法违纪行为的可提出控告，对其他违法犯罪嫌疑人、违法犯罪线索可向司法机关检举揭发。

3. 信件转递程序。罪犯所有申诉、控告、检举信件都要先交分监区干警，除给监狱上级机关和司法机关的信件外都要经过干警的检查，进行登记后交监狱狱政科，狱政科再次进行检查登记后通过机要交换或邮局平信寄处。

4. 对于写给监狱的一般信件，转递程序是一样的，监狱狱政科根据信件反映的问题，负责转交有关部门处理，处理结果要向罪犯进行反馈。

（六）释放

某监狱管理局目前释放有两种情况：一是假释释放。就是经人民法院裁定假释的，一般在原监狱释放。二是刑满释放。就是将刑满前三个月的罪犯集中在监狱管理局指定的出监教育中心接受三个月的出监教育后释放。

释放工作程序：

1. 监狱释放罪犯，须按照分监区集体评议、刑罚执行（狱政管理）科专人负责、主管监狱长审核的程序办理，对发生下列法律事实的罪犯，应按规定期限予以释放：

执行刑罚期满；

人民法院裁定假释；

人民法院依法改判宣告释放。

2. 罪犯释放日期以人民法院的判决书、裁定书所确定的刑罚执行期满日或假释确定之日或依法改判宣告释放之日为准。监狱应在当日上午十二时前执行完毕。特殊情况，经监狱批准可推迟释放时间，但不得超逾当日二十四时。

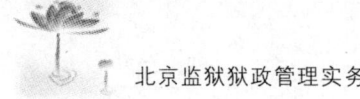

3. 罪犯释放前三个月，分监区应召开会议对罪犯的改造表现进行评议、鉴定，写出综合表现材料，填写《呈请刑满释放（假释）批示表》、《罪犯出监鉴定表》，经分监区、监区领导签署意见后报刑罚执行（狱政管理）科。

罪犯裁定减刑后余刑不足三个月的或假释的，刑罚执行（狱政管理）科收到人民法院的裁定书后，应当及时通知分监区并督促其上报释放材料。

4. 罪犯释放前一个月，刑罚执行（狱政管理）科应认真核对其释放日期，整理释放卷并填写《释放证明书》或《假释证明书》，报主管监狱长审核。罪犯裁定减刑后余刑不足一个月的或假释的，应及时予以核报。

罪犯释放卷包括以下材料：

释放证明；

《呈请刑满释放（假释）批示表》；

《罪犯出监鉴定表》；

罪犯综合表现材料；

人民法院判决书、执行通知书、历次减刑裁定书、假释裁定书（按时间先后顺序排列）；

《罪犯入监登记表》、《罪犯刑期变动情况登记表》。

5. 罪犯释放当日，分监区对罪犯本人的物品、现金列出清单，由罪犯签字后领走；应收回的被服，交生活卫生科登记处理。同时，对罪犯所带物品和人身进行严格检查，发现罪犯私藏信件、携带公物及有碍监狱安全及利益的物品应予扣留。检查和扣留情况由分监区领导和责任干警记录签名后存档。

6. 分监区干警对罪犯人身及带出物品进行检查后，将罪犯带至监狱大门处，刑罚执行（狱政管理）科当值干警核实罪犯身份，向其宣读释放证明书，罪犯本人在释放证明书存根处签字并按手印后，发给其释放证明书及副本，并明确告知被释放人，凭此证明自释放之日起三日内，到居住地公安派出所报到，随即将被释放人送出监狱。罪犯拒绝签字、按手印的，当值干警应在存根中注明情况并签字。

注销城市户口的罪犯释放时，释放证明书副本不发给其本人，在副本上注明情况后归入罪犯正档。

7. 罪犯释放后，刑罚执行（狱政管理）科应在三个工作日内，整理《罪犯出监鉴定表》、近三年内年度评审鉴定表、心理评估结果、罪犯个人总结及人民法院的判决书、裁定书等材料附《材料转递函》，通过机要交换方式发至罪犯居住地的区、县级公安机关人口管理部门，转递回执留存备查。已开展社区矫正工作的区县，还需将上述出监材料的副本发至其居住地的区、县司法行政机关安置帮教工作办公室。

8. 罪犯在呈报减刑、假释期间调监的，调出监狱应书面说明呈报时间、原执行期满日期、提请假释或减刑的幅度等情况，由调入监狱查收。法院减刑、假释裁定送达后，调出监狱应及时转送，时间紧急的应派员直接送达。

9. 临近释放的罪犯被查证确有余罪或又犯罪需加刑处理的，监狱应及时与公安、检察机关沟通，先行办理换押手续，于刑满当日对罪犯依法办理释放手续后移交公安机关处理。

10. 罪犯在被公安机关或人民检察院或人民法院解回再审期间刑满的，监狱应在刑满七日前通报解回机关，刑满日依法办理释放手续。

11. 危害国家安全罪犯释放前一个月，监狱应具函向原办案国家安全机关通报；罪犯裁定减刑后余刑不足一个月的或假释的，收到法院的裁定书后监狱应及时通报。

12. 对附加驱逐出境刑罚的外国籍罪犯，其主刑执行期满前二个月，监狱应向市局写出专报，并按规定配合公安机关执行驱逐出境；罪犯裁定减刑后余刑不足两个月的，收到法院的裁定书后监狱应及时向市局报告。

13. 罪犯在暂予监外执行期间刑满的，监狱应在刑满三日前通知其回监狱办理释放手续；病情危重本人不能办理的，经医院、派出所出具证明后，可由具保人代办。

14. 违反本规定造成错放、误放事故的，视情节给予直接责任干警行政处分；构成犯罪的，依法追究刑事责任。

二、分 类 管 理

（一）什么是分类管理

对收监的罪犯通过调查，按照一定的标准分成不同的类型，分押到不同的监狱或监区进行改造。

搞好罪犯分类应当说是科学管理、改造罪犯、实现首要标准的基础，是十分的重要、意义深远重大。

（二）传统的分类

比较粗放的传统的分类，即简单地分为男、女、少监狱，还有就是重型、轻型犯监狱，还有从类别上分暴力型、财产型、淫欲型。

（三）典型的分类

某市监狱局监狱分类就比较细了，分为：成年健康男性犯监狱（重性、轻型）、未成年犯监狱、老病残罪犯监狱、传染病犯监狱、女犯监狱、收押遣送监狱、一年以下短型犯监狱、出监教育监狱等。这也就是说的一次分类。

（四）罪犯分类趋势

一般地说，在监狱内的分监区关押罪犯的分类，也就是二次分类，目前有：特管罪犯分监区、法轮功罪犯分监区、病犯分监区、惩教罪犯分监区、精神病犯分监区等等。目前，正在探索、研究与实践按危险程度进行分类，就是在上述罪犯一次分类的基础上的二次分类，其基本思路和共识是按罪犯的危险程度和心理性格特征进行分类，有的监狱已经有了初步的方案，但仍存在难度和分歧。

三、处　遇　管　理

罪犯在服刑期间的处遇主要涉及食宿、被服、会见、通信、医疗、卫生、教育、劳动等，监狱安排和处置这些方面罪犯处遇问题的活动就是处遇管理。

第一章　狱政管理的内容及实践方法

（一）司法部的规定

中国司法部有关规定把罪犯分为三级五等：即一级宽管、二级宽管、普管、一级严管、二级严管。

（二）生活管理

生活管理是体现监狱人道主义，保障罪犯生存和健康权的重要管理活动。

1. 膳食管理。完全由国家保障，拨专门的经费，目前罪犯伙食费标准，某市罪犯每月每人210元，另有8元的零花钱；需要说明的是这210元是按实物量计算的，罪犯吃到嘴里就不一定是210元了，原则是吃饱、吃熟、吃热、吃的卫生，同时，体现民族政策，设有回民灶。

2. 被服管理。罪犯入监后一律着囚服，同时自己也可在监狱规定的范围内采买内衣、鞋袜等。监狱发放的被服主要有：单衣、单鞋、棉衣、棉鞋、棉帽、被子、被罩、床单等10余类30余种款式。做到式样、色泽、编号、制作、发放五统一，被服罪犯还是够用够穿的。

3. 住宿管理。按照《监狱法》五十三条规定："罪犯居住的监舍应当坚固、通风、透光、清洁、保暖。"本着这一规定，某市所有的监狱，应当说都符合甚至比《监狱法》规定的标准还要高。

按照规定寝室每人不少于2平方米、洗漱间0.3平方米、卫生间0.2平方米，同时对禁闭室、食堂、医院、教学楼等都有详细的规定，就连窗户的面积比都作出了规定。比如，某市监狱监舍面积目前是40平方米左右，居住10—12人。

（三）会见、亲情会见、通信、电话、短信管理

1. 会见：按《监狱法》规定，罪犯在服刑期间，可以会见亲属、监护人。

会见的时间是每月一次，每次30分钟；会见亲属的范围为三代以内旁系亲属，每次只限3人；会见一般采用电话方式，一般是不许带任何物品的，会见要受干警监听。

新入监的罪犯都要采集亲属关系信息，罪犯亲属关系要有当地公安机关或村（居）委会出具的证明，并输入罪犯会见管理系统。

还有一些特殊会见：罪犯或亲属有特殊情况的、黑恶势力罪犯会见、外国籍罪犯会见等，这类会见必须有干警现场监管、监听。

2. 亲情会见：就是罪犯与亲属在一起共同就餐形式的会见，是监狱对改造表现好的罪犯的一种奖励措施。

亲情会见同样是每月一次，每次 1 小时；亲情会见的亲属只能是直系亲属，每次 3 人；可以亲情会见的罪犯只能是宽管级和普管级中符合一定条件的罪犯，亲情会见时干警要在现场监管。

3. 通信：基本是没有条件限制，不管是次数、收发信人等；但要经干警检查，内容有碍罪犯改造、交流案情、妨碍监狱管理等是不得收发的。罪犯给监狱上级机关、司法机关的信件是不受检查的。

4. 亲情电话：即罪犯有条件地与亲属利用监狱专门设置的电话进行通话的活动。电话设在每个分监区，罪犯可在晚间及节假日休息时间拨打亲情电话，干警监听。

（1）条件。罪犯凡取得计分许可证的都可以拨打亲情电话。

（2）次数。拨打的次数按当月取得有效积分多少确定：每月获得有效积分 5、4 分的罪犯可拨打亲情电话 3 次，每月获得有效积分 3、2 分的罪犯可拨打亲情电话 2 次，每月获得有效积分 1 分的罪犯可拨打亲情电话 1 次。

（3）时间。每次拨打亲情电话的时间为 6 分钟。

（4）范围。受话人的范围为罪犯的直系亲属。

（5）管理。罪犯在入监时同样要采集受话人的电话号码，电话号码必须是本人实名电话，要有电信部门出具的购买、安装或缴费凭证予以证明，并输入监狱亲情电话管理系统，通话时干警要监听。

5. 短信：是一件新生事物，除受惩处的黑恶势力罪犯外，都可以发短信，每月发出条数每人 5 条，接收短信人的范围与会见的亲属范围一样。罪犯发和接收短信都要通过监狱短信管理终端审查，终端每天有一名干警负责审查，不可发收的短信内容与电话内容基本相同。

（四）采买物品

每月一次，可购买生活日用品和食品，日用品没有数额限制，食品每月不得超过 300 元，病犯增加 100 元。

采买前先由罪犯按规定的物品目录列出购买物品的清单，再由监狱生活卫生科集中统计，交合同单位集中采购，定期发放到罪犯。

（五）医疗管理

医疗保健作为罪犯处遇管理的一个重要内容，越来越受到罪犯、亲属和社会的关注，随着"以人为本"和"和谐改造关系"的管理理念在改造罪犯的工作中的不断深入，罪犯的健康权已成为焦点。

有入监体检、艾滋病筛查、结核病检查、正常的罪犯每年要进行一次体检；罪犯就医费用每人每年564元，每人每月47元；虽然有一定的费用，但远远不够，尽管如此，监狱从罪犯人权保障考虑有病还是要及时治疗，费用也要全额保障。

目前，每个监狱都设有医院，标准为一级甲等医院，监狱管理局设有中心医院，标准为二级甲等医院。罪犯的疾病治疗、健康体检主要在两级医院，同时对疑难疾病和局内医院设备或技术达不到的就将病犯送到社会医院治疗，有的是请三甲医院的专家来会诊或治疗。这样的医疗保障与社会上生活水平不高、经济还不太发达的地区、农村来比，已经是不错了。当然，罪犯的医疗问题还存在许多问题，需要政策、法律进行调整，以便更好地与社会医疗体系相衔接，既体现人道，又符合国情，更适合罪犯这一特殊群体的实际。

（六）离监探亲

每年在春节期间安排，人数不得超过押犯1%，期限为3天，条件是比较严格的。

四、激 励 管 理

激励管理，即监狱运用各种激励手段激发罪犯改造动机，强化罪犯改造的内驱力的管理方式。包括：正激励、负激励。主要形式和方法有：

（一）计分考核

新入监的罪犯一个月后要参加计分许可证的考试，取得计分许可证才能计分。其原则是，表现突出奖分、违反监规纪律的扣分，做到的计分、做不到的不计分。

主要是从生活规范、学习规范、劳动规范、文明礼貌规范四个方面进行考核，考核的条款有80余项；正常情况罪犯每天可得10分，月底按总分排名，其排名在前15%的计有效分5分、35%以内的计有效分4分、65%以内的计有效积分3分、85%以内的计有效积分2分、85%以下的计有效积分1分。

（二）行政奖励

1. 综合奖励：就是罪犯通过日常参加各项改造活动及认罪悔罪、遵守监规纪律等综合改造表现情况，以每天计分的形式来体现，并根据所获的一定分数给予的奖励；罪犯获得有效积分60分的可评为监狱改造积极分子，满45分的可评为监狱嘉奖，满30分可评为监狱表扬。

2. 单项奖励：就是罪犯在某一方面有突出表现而给予的奖励，主要有重大记功、记功，都有相应的条件。

（三）刑事奖励

1. 减刑。罪犯获得监狱改造积极分子，对应宽、普、严管级，分别可减刑12、11、10个月；获得监狱嘉奖对应宽、普、严管级可分别减刑9、8、7个月；获得监狱表扬对应宽、普、严管级可分别减刑6、5、4个月。上述奖励，一般情况下只有获得改造积极分子才能呈报减刑，监狱嘉奖和监狱表扬只有在余刑不足的情况下兑现减刑。

重大立功一般减一至二年，记功一般减9个月。

2. 假释：有期徒刑的罪犯实际执行二分之一以上、无期的实际执行13年以上、死缓的实际执行15年以上；1997年10月1日以后犯杀人、爆炸、抢劫、强奸、绑架等暴力犯罪中一罪被判10年以上的不得假释；60岁以上老年犯、残疾犯、未成年犯可从宽假释；连续犯罪、数罪并罚、前科劣迹、黑恶势力集团首犯等从严假释。

（四）行政处分

行政处分，就是对罪犯在监狱服刑期间严重违反监规纪律的行为给予的一种处罚措施。处分的种类有：警告、记过、禁闭3种，其中受警告处分的有9种情形、受记过处分有8种情形、受禁闭处分的有13种情形，给予处

分的罪犯分别要接受惩教4个月、6个月、8个月。在此期间进行严格的管理和训练，不得计分、不得会见、不得拨打亲情电话、采买食品。

（五）刑事处罚

有两种情况：一是在狱内又重新犯罪被加刑；二是因隐瞒在社会上的其他犯罪行为被加刑。

五、现场管理

现场管理，就是对罪犯服刑改造具体活动内容、方式、方法等方面精心组织、指挥、监督、控制等管理活动，主要指罪犯生活、劳动、学习三大现场的管理。

（一）生活现场的管理

主要包括：起床、点名、洗漱、整理卫生、就餐、午休、收看电视、服药、自由活动、班会、晚间学习、发收分监区集中保管的罪犯物品、周小节会、放风、就寝等15个环节。这些活动都有相应的管理制度，干警监督罪犯执行。

（二）劳动现场的管理

主要有以下几个方面：劳动现场种类有车间、农田、养殖、食堂、绿化、打扫卫生、文艺演出、编辑、教师等。

对劳动现场设施的要求，总体要区域相对封闭，有监控、报警、通信设施；以分监区为单元进行管理，按现场情况、生产劳动项目、罪犯人数等设置干警执勤岗位、配备干警数量；要制定现场管理等制度。

劳动现场管理的主要内容：出工、收工管理、劳动区域控制和定位管理、生产工具管理、对外来人员车辆管理、危险物品和要害岗位管理、劳动作息和劳动间歇的管理、劳动安全管理等。

(三) 学习现场的管理

就目前而言，学习现场的管理还不是很规范，也比较复杂。学习现场主要有：课堂教学现场、罪犯集体教育会场现场、收看新闻及录像现场、图书室现场、监舍自学现场等。

其管理应包括：学习现场的设置、警力的配备、时间安排、学习的组织、现场的管控等。

六、安 全 管 理

安全管理是狱政管理的重要内容。

（一）安全检查

安全检查的主要内容：干警履行职责落实各项制度的情况、罪犯遵规守纪情况、警戒设施设备运行管理情况、危险品违禁品管理、重点部位管理、外来人员车辆管理等。

安全检查的方法：安全排查、清监、搜身、监控、安检（安检门、金属探测器）等。

安全检查的形式：干警、分监区根据情况随时都可以对上述检查内容进行安全检查。清监对分监区的要求每月两次，监狱管教部门不定时地突击清监；对罪犯的搜身要求：普通搜身检查（只要罪犯出入分监区都要进行搜身，不做净身检查）、严格搜身检查（离监、亲情会见、惩教住院等，要净身检查）；罪犯进出分监区、外来人员进入监狱都要经过安检门安检，重点还要用金属探测器检查；狱政、行政、武警每周要对围墙、电网、照明、大门等进行检查，狱政、生活卫生、生产、监察等主要职能部门每天都要进行安全检查，监狱领导每周组织主要科室和监区长的安全排查并组织主要节日、重大活动的专项安全排查。

（二）安全防范

1. 对狱情的掌握。所谓狱情就是有碍监管安全与稳定的各种问题、隐患、动向和发展态势。是监管安全和管理教育工作的基础，十分重要；狱情主要涵盖概括在四个方面：干警、罪犯、设施、制度等。

2. 狱情摸排的主要途径：干警日常的了解和观察、积极力量汇报、罪犯亲属了解汇报、监听监控、信访等渠道搜集，在新入监罪犯、临近释放罪犯中了解。

3. 狱情分析。分监区每周召开狱情分析会，参加人员是分监区全体干警；监狱每月召开狱情分析会，参加人员是监狱领导、监狱各单位主要领导、各分监区狱侦干警、驻监狱武警部队领导、驻监狱监察室领导、监狱管理局管教部门领导等；监狱管理局每季度召开狱情分析会，参加人员是监狱管理局领导、局属各部门各单位主要领导、各监狱分管管教、生产、政工领导、狱侦科长；押犯整体情况分析，动态、趋势分析，突出问题、重点罪犯的分析，监管事故分析等。

五大矛盾分析：罪犯与干警、罪犯与监狱、罪犯与罪犯、罪犯与家庭、罪犯与社会。

4. 狱情处理。根据狱情情况研究对策和措施，确定责任部门和责任领导，同时对有危险的重点罪犯采取包夹控制外，根据不同问题及时解决和化解。

（三）安全控制

安全控制主要措施有：对有十分危险的罪犯单独关押、比较危险的罪犯列为重控罪犯分别由罪犯积极力量和责任干警管控和包夹、日常管控中罪犯建立互监小组互相监督、利用积极力量重点盯防、建立由干警组成的攻坚管控教育小组、罪犯中建立互助组等措施。

（四）应急处置

1. 监狱制定罪犯脱逃、行凶闹事、非正常死亡等突发事件应急预案，目前，各种预案有 14 个。

2. 处置突发事件小分队。监狱建立了监狱干警、住监武警、驻地消防队组成的处突小分队，配备专门的装备，开展经常性的演练。

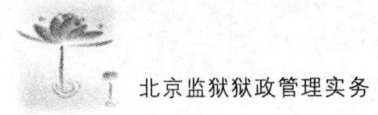

七、设 施 管 理

狱政设施的意义和作用还是十分明显的。是国家机器和强制力的具体体现、是刑事政策的具体体现、是改造罪犯所必要的空间环境和实施条件、是现代化文明监狱标志。

（一）设施种类

1. 建筑设施。有监舍、围墙、食堂、禁闭室、教学楼、医院等。

2. 防护隔离设施。有围墙上的电网、监舍内和车间的门窗防护栏、监门、围墙内外的防护网、专用同道等。

3. 警戒设施。监控、报警、通讯、照明、安检等。

4. 警戒具。有手铐、脚镣、电警棍、橡胶棍、警笛、瓦斯喷雾器、强光手电、手持金属探测器、防刺防弹背心、防割手套、头盔、盾牌等；还有一些专门用的车底检查镜、防爆阻燃毯、安全网、抓捕器等。

5. 武器。有手枪、阻击步枪、防爆枪、震荡弹、催泪弹等。

（二）管理

分部门管理维护：狱政、行政、装备部门。管理、维护、使用、检查等有相应的制度。

（三）检查

监狱建立了日常检查、周检查、月检查、专项检查、应急措施等保障机制。

第一章 狱政管理的内容及实践方法

八、信 息 管 理

1. 狱政信息：监狱在执行刑罚改造罪犯的过程中所产生和需要处理的各种资料、情报、数据、消息、法律文书等。

2. 狱政信息的作用。是维系监狱最终系统的灵魂、是经营管理决策的依据、是有效管理的前提和基础。

3. 狱政信息的种类。罪犯档案、监管改造系统、各种法律文书、各种文件、材料、资料等。

4. 坚持实行罪犯入出监登记簿制度，做到专人保管、分年编册、每名罪犯来去登记无误，登记簿每年年底向本单位办公室档案室移交，并永久保存。

5. 监狱负责刑罚执行工作的干警应在罪犯入监、出监当日按所列项目填写登记。出监登记簿按执行期满、假释、局内调动、死亡（含解回再审执行死刑）等分类隔页填写登记。某市外地罪犯遣送监狱对某市籍、外省籍罪犯应分别建立登记簿。

6. 罪犯执行期满或死亡后，监狱负责刑罚执行工作的干警按下列九类57项及某市监狱管理局印发的罪犯档案卷内目录顺序进行排列、编页、整理，并按规定时间向某市监狱管理局办公室档案科移交罪犯档案。

罪犯档案移交时间为季度移交，即：每季度产生的罪犯档案于下一季度第一个月前向某市监狱管理局办公室档案科移交。移交罪犯档案情况将作为工作完成情况向各单位予以反馈。

（1）法律文书材料（4项）：刑事判决书；起诉书副本；执行通知书；结案登记表。

（2）罪犯出监材料（6项）：罪犯释放（假释）证明书存根；呈请释放（假释）批示表；罪犯出监鉴定表；综合表现材料；罪犯出监心理评估表；接受社区矫正保证书。

（3）罪犯刑期变动材料（8项）：减刑裁定；呈请批示表；综合表现材料；加刑判决书；起诉意见书；执行通知书；结案登记表（多次加、减刑的按时间顺序）；刑期变动表。

（4）罪犯入监材料（5项）：入监登记表；入监通知书；身体健康检查登记表；照片、底片、指纹；重要罪犯登记表。

（5）罪犯奖惩材料（9项）：罪犯奖励审批表；罪犯奖励通知书；罪犯改造积极分子审批表及通知书；罪犯惩处审批表；罪犯惩处通知书；使用警戒具审批表；禁闭审批表；罪犯离监探亲审批表；罪犯离监探亲证明书。

（6）罪犯暂予监外执行材料（8项）：暂予监外执行审批表；罪犯病残鉴定表；暂予监外执行通知书；暂予监外执行保证书；暂予监外执行证明书；暂予监外执行收监执行决定书；暂予监外执行期间不计入刑期审批表；暂予监外执行期间不计入刑期决定书。

（7）罪犯死亡材料（3项）：罪犯死因鉴定书；罪犯病危通知书；罪犯死亡通知书。

（8）罪犯亲笔材料（3项）：认罪悔罪书；历次减刑的改造总结；出监总结。

（9）其他材料（11项）：罪犯评审鉴定表；罪犯的文化、技术培训等级证书；计分许可证；上岗证；执行剩余劳教期审批表；解回再审材料；申诉材料；罪犯物品保管收据；罪犯脱逃通知书；脱逃罪犯逮回登记表；有保存价值的其他材料。

7. 假释罪犯的档案在假释考验期内由原监狱保存，假释期满后按上述要求整理并向某市监狱管理局办公室档案科移交。

8. 对于罪犯的申诉材料，分监区负责刑罚执行工作的干警应当知道罪犯按规定的内容、格式书写整理，经监狱刑罚执行部门审核符合规定的可以出具公函通过机要寄发。

第二章

罪犯日常管理

一、新调入罪犯管理与教育

对于新调入罪犯基本信息、基本情况的掌握，新入监罪犯的界定，新入监罪犯的管理、教育工作是为今后开展各项管理教育工作的基础，在这方面我们的工作还是很缺乏的，也经常由此发生管理问题，如开展教育缺乏针对性、假释、保外就医、释放等工作问题，对确保监狱的安全稳定、提高罪犯改造质量、严格文明执法都带来影响。笔者结合监狱实际和存在的这些问题，比较系统地总结出了新调入罪犯当天、一周、一个月、半年内管理教育工作系统的工作方法，并将新调入罪犯入监半年内作为观察期，重点加强管理教育，还就新入监罪犯的信息采集、登记、体检、个人物品等方面的工作进行了规范。对存在各类危险倾向的罪犯，要采取临时管控措施，尤其是对罪犯入监的体检、谈话教育提出明确方法和措施，在这项工作中笔者大胆创新提出了很多可操作又符合规则实际的新方法，对及时准确掌握新入监罪犯各方面的信息、对干警日后开展针对性管理教育、确保安全都有很强的指导作用。

新调入罪犯管理与教育工作主要包括摸排和掌握罪犯的基本情况和信息，搞清罪犯重点情况，在罪犯调入的当日、一个月、半年等各个阶段采取具体的、有针对性的规范措施等。

（一）新调入罪犯界定

新调入罪犯界定应包括省（市）内其他监狱、外省市监狱转入罪犯。

（二）罪犯调入当日的工作

1. 身体物品检查工作。

（1）罪犯入监当日，狱政科要在现场通过走步、跑步、点名、报姓名等检查罪犯身体是否基本正常。

（2）分监区应对新入监罪犯进行身体、物品检查，具体应包括：是否有伤残、是否有纹身、是否做过较大手术等进行详细询问和检查，对有以上特征的，分监区要使用执法记录仪进行记录，影像资料要刻录成光盘作为档案材料妥善保存，具体情况还要在入监登记表上详细记录；同时对罪犯所带日常生活物品进行检查，对不符合带入、使用的一律收缴、销毁或限期带回。

2. 档案的接收工作。

（1）狱政科负责查收罪犯正档，按照《北京市监狱罪犯私人物品管理规定》对罪犯个人贵重物品做查收、登记、保存。

（2）生活卫生科负责罪犯消费卡及现金的接收。

（3）心理矫治室负责罪犯心理档案的接收。

（4）由生活卫生科负责协调监狱医院负责罪犯健康档案的接收。

（5）分监区负责罪犯副档、教育档案的查收。

3. 对所有新调入罪犯，当日必须完成第一次谈话教育和情况摸排工作。

（1）谈话的具体内容包括：

①是否认罪服判；

②有无疾病，目前状况如何；

③直系亲属及关系；

④在看守所、遣送处或在其他羁押服刑单位关押时有无历史遗留问题，具体情况如何；

⑤通过观察和相互沟通，初步判断罪犯的精神、心理、智力及情绪是否正常等。

（2）谈话工作由分监区主管管教或狱侦工作的副分监区长、狱侦干警负责。

（3）按上述谈话内容逐一做好记录，如果了解到有异常情况，当日要电话向狱侦科汇报，书面材料于次日下班前经一把手签字报狱侦科。

异常情况包括：不认罪、不服法院判决或有异议的；身体有较严重疾病、慢性疾病、传染性疾病或身体残疾的；单亲、离异、没有直系亲属或与直系亲属关系紧张的；财产有纠纷的；对看守所、遣送处执法、管理有异议的，有过自伤自残和严重违纪行为的、与同监号有矛盾的；精神异常、与人沟通困难的。

（三）罪犯调入一周内的工作

1. 由生活卫生科负责协调监狱医院应在罪犯入监后3日内对罪犯进行常规体检，体检情况要向分监区反馈，有异常情况医院应作为狱情向狱政科汇报。

2. 对存在各类危险倾向的罪犯，要采取临时管控措施，符合北京市监狱管理局（以下简称市局）《重控罪犯管理规定》中所列情形的，应及时确定为重控罪犯进行管控和教育转化，并在一周内将相关材料报狱侦科。

（四）罪犯入监一个月内的工作

1. 监狱在新入监罪犯入监后的二周内统一安排第一次会见，召开罪犯亲属座谈会了解和沟通情况。

（1）会见由狱政科负责组织、安排、登记，十分监区负责将罪犯家属带入监区，会见范围只限直系亲属。

（2）会见前，由狱政科干警向罪犯亲属介绍监狱的执法、管理的基本情况和会见、亲情会见、亲情电话、通信、物品采买等办理程序。

（3）组织罪犯亲属参观监狱。

（4）分监区负责管教或狱侦工作的领导和狱侦干警与罪犯家属进行座谈，向家属了解罪犯在狱外的成长经历、人际关系和社交情况、身体、精神和心理健康情况、与家人关系情况以及在其他监狱、看守所的情况；干警应将罪犯入监以来了解到情况及表现情况向家属通报或进一步核实罪犯亲属关系。

（5）安排罪犯与家属会见，分监区干警要全程监听，并做好记录，进一步了解和掌握情况。

2. 一个月内对新调入罪犯在当日谈话的基础上，由分监区负责管教或狱侦工作的领导和分管干警对新入监罪犯再进行一次详细的谈话，谈话过程要全程录像，分监区要将视频资料刻录成光盘作为档案资料进行留存。

谈话的主要内容为：

（1）按照罪犯入监基本情况登记表的内容详细了解情况进行谈话。

（2）针对罪犯在日常改造生活中暴露出的问题和观察了解到的各种思想波动，进一步了解情况，进行针对性的谈话教育，疏导思想，稳定情绪。

（3）对干警的执法、管理、监狱的规章制度等的意见、建议及其他诉求。

（4）发现新的重要情况要及时上报并采取有效管控措施。

（5）对已被确定为重控罪犯的按照市局《重控罪犯管理规定》的要求进行管控和教育转化。

3. 填写《罪犯入监基本情况登记表》。

（1）分监区凡接收新调入监狱的罪犯，都要在一月内将《罪犯入监基本情况登记表》填写完毕，一份放入罪犯副档，一份上交狱政科备份，并将电子版通过监狱邮箱上报狱政科，狱政科做好备份。

（2）具体填写要求：

①罪犯姓名、别名、性别、民族、出生日期、文化程度、捕前职业、身份证号、户口所在地、家庭住址、罪名、刑期、刑期起止日、附加刑、曾受何种惩处以刑事判决书、起诉书为准。

②罪犯婚姻状况一栏，要根据罪犯判决书以及罪犯口述，填未婚、已婚、离婚、死亡，并将已婚、离婚或再婚具体时间填写清楚，关系是否融洽。

③罪犯特长一栏指：文艺、体育特长，驾驶员、电工、医生、电焊工、各种车床等专长，并注明是否有国家等级证书，获证时间。

④罪犯身体健康状况一栏指：是否有慢性疾病、较重疾病、伤残、纹身等情况，时间、伤残原因等，是否有医院的证明，时间，伤残的要说明原因，现在身体状况如何。

⑤罪犯本人简历一栏，要从上学开始填，以及在社会从业情况，要写清单位名称及所任职务、包括自营职业，履历变化要具体到年、月，不能出现时间衔接不上的问题。

⑥罪犯主要犯罪事实一栏，以刑事判决书为准，要写清时间、地点、同犯、犯罪手段、形式、具体事实等主要内容。

⑦罪犯家庭成员及主要社会关系一栏，以罪犯口述、查档案、亲属提供为准翔实填写，家庭成员主要包括：祖父母、父母、岳父母、妻子、子女、直系兄弟姐妹，子女包括（未婚子女、抚养权是否属于本人的子女、养子女）；亲属主要指三代以内亲属每名成员的姓名、与罪犯的关系、出生日期、所在单位、住址及联系电

话都要真实详尽,如罪犯家庭成员没有工作单位,也要写清目前从事什么,务农也要写清在哪务农等,直系亲属、配偶的健康状况、有无死亡、死亡原因、死亡时间等。

⑧受何惩处指:刑事处罚、行政拘留。具体指判刑包括缓刑;教养、拘留等次数、受处罚时间,具体期限。

⑨是否认罪服判,如有异议具体情况如何?

⑩与原羁押、关押单位有无问题,具体指对原羁押、关押单位的执法管理有无问题;是否存在自伤自残等严重违纪行为。

(3)以上内容,干警要通过认真、细致谈话、查阅档案及相关材料,与罪犯亲属核对等形式和方法,将《罪犯入监基本情况登记表》填写清楚、准确、全面,确保内容的真实有效。

4. 组织罪犯重新书写"认罪悔罪书"。

(1)新调入罪犯都要在两周内重新书写认罪悔罪书。罪犯书写完毕后,要将新的认罪悔罪书复印一份交狱政科留存,原件放入罪犯副档。

(2)具体书写内容:

①罪犯个人基本情况。

②主要犯罪事实。

③是否服从人民法院的判决,是否认罪。

④对自己所犯罪行的认识,包括对国家、受害者、家人所造成的伤害及损失,伤害要写明身体和精神伤害,损失要算经济账。

⑤对自己所犯罪行深刻认识后如何认罪服刑,如何积极地投身到监狱对其进行的教育改造中。

5. 心理测试。监狱心理矫治室,应在一个月内对新调入罪犯进行心理测试,对心理有严重疾病的,向分监区反馈,根据实际情况组织新入监罪犯参加"内观"体验,有异常情况还应及时向狱政科反馈。

6. 入监教育。新调入罪犯入监后,应接受一个月的入监教育。由教育科按照北京市监狱(以下简称监狱)《罪犯入监教育工作管理规定》的要求安排学习教育时间,制定具体的学习教育计划、学习教育内容等;由九分监区负责具体的实施和管理;新入监罪犯完成满一个月入监学习教育后,在一周内教育科负责"计分许可证"、生产科负责"安全生产合格证"的考核和发证工作。

(五)开展"三无"人员的摸排统计工作

罪犯入监满3个月后,分监区要认真地开展摸排统计新调入罪犯是否属于"三无"人员。

1. 释放后无家可归（没有属于自己的住房或居所的）；

2. 无亲可投（没有直系亲属或监护人也没有其他亲属的）；

3. 无生活来源的（本人没有任何财产，无法解决半年内吃、穿、住的基本保障，无业可就的）。分监区在统计结束后，填写"三无"人员情况登记表，报狱政科，罪犯在服刑期间发生上述变故的应及时摸排统计报狱政科。

（六）罪犯入监半年内的工作

1. 新调入罪犯入监半年内作为观察期，仍应作为新犯进行重点管理教育。

2. 互监小组应安排两名表现较好且能了解反映情况的罪犯作为同一小组成员，互监小组组长每半月向管班干警汇报一次新调入罪犯情况，发现异常情况时及时制止并汇报。

3. 出工劳动的，应安排在安全系数较高，便于干警监控的劳动岗位，不得安排打扫卫生、打饭、打水、伙房、卫生员及班长、事务犯、互监组长、安全员、编辑、教师等重点岗位。

4. 加强谈话教育，每月进行不少于1次的谈话教育工作，进一步全面、细致摸排情况，进一步帮助适应改造环境、干警管理，端正服刑改造态度。

5. 加强情况沟通和情况分析。分监区周狱情会应把新调入罪犯列入重点分析对象，有异常情况的通过每周的狱情分析会进行汇报。

6. 半年期满，没有异常情况，罪犯应从认罪悔罪、对监狱管理、环境适应情况、今后的改造方向及目标等方面写出入监后改造总结，存入副档，投入正常改造。

（七）相关工作要求

1. 各分监区要按通知要求认真学习，抓好落实；对新入监罪犯做到及时、准确、全面地掌握情况，有针对性地开展管理教育工作，确保这部分罪犯的安全稳定和投入正常改造。

2. 上述各项工作要做好相关工作记录、材料和视频资料的存档工作。

3. 对此项工作监狱将加强监督、检查和指导，对不按要求落实或因此出现问题的，要按照《北京市监狱监管安全工作考核办法（试行）》和《北京市监狱干职绩效奖金扣罚办法（试行）》等规定予以处理。

二、事务犯管理

事务犯是罪犯当中表现较好、能够协助干警完成事务性工作的罪犯，例如打扫囚道、罪犯生活区卫生、协助维护囚道秩序等。长期以来，监狱一直使用事务犯管理制度，随着监管形势的变化，事务犯在维护监管安全和减轻干警工作方面起到了一定的作用，尤其是在及时发现罪犯自杀倾向、预谋脱逃等方面更有独特的作用；但是，任何事物都是矛盾的，由于这些事务犯与干警接触比较密切，长此以往容易放松思想改造，行为松散，甚至出现欺上瞒下、违反监管纪律的问题。

从多年管理工作经验看，总体上，事务犯发挥的作用是主流的，受到监狱干警的普遍认可，作用远大于存在的问题。但是，事务犯选用没有统一规范的标准、管理教育不规范、奖惩不明确是出现问题的根本原因。

因此，笔者在总结狱政管理工作经验教训的基础上，结合新形势下监管安全实际，对事务犯管理工作进行了规范，重点是对事务犯的选用标准、教育管理、奖惩等方面进行了规范，不仅使干警管理有据，也使事务犯的职责任务更加明确，为此项工作在制度层面上有效运行发挥了重要作用。

（一）事务犯的涵义

事务犯是监管场所根据管教、生产工作的需要在干警直接管理指挥下，从事特殊岗位劳作的罪犯。例如，负责分监区同道值班、打扫生活区公共卫生等的罪犯。

事务犯的管理主要包括事务犯选用条件、岗位定员及职责任务、纪律要求、奖惩、管理教育及撤换等内容。

（二）事务犯选用条件

1. 入监以来，一贯表现较好，能自觉遵守监规纪律，服从管理。

2. 能积极主动地向干警反映罪犯中的真实情况，敢于同违法违纪以及违反监规纪律行为作斗争。

3. 认真负责，办事公正，在罪犯中有一定威信和组织能力。

4. 原判死缓、无期徒刑的罪犯需减为有期徒刑；原判有期徒刑的罪犯需入监一年以上。

5. 近三年内未受到处分的，且在服刑期间累计处分次数不得超过三次；近五年未受到刑事处罚的。

6. 黑恶势力罪犯、危害国家安全的罪犯以及其他不适合担任事务犯的罪犯，不得作为事务犯使用。

7. 特殊情况报监狱审批方可使用。

（三）事务犯的岗位定员及职责任务

1. 监狱每个分监区的事务犯不得超过 8 名。

2. 事务犯主要负责协助分监区值班干警对其他罪犯的改造情况进行监督，及时发现、报告异常情况；打扫公共区域卫生，打水、打饭等任务。

3. 同道值班的事务犯每班 1—3 人，事务犯值班期间要穿监狱统一配发的马甲，巡视的具体要求是：

（1）每天 8:30—12:00、13:00—16:30 负责巡视的事务犯为 1 名，期间休息的时间段要重点对水房、厕所进行巡视；

（2）每天 18:30—19:30 负责巡视的事务犯为 2 名，固定位置在距同道^①两端第二个监舍处，并定期进行巡视；

（3）每天 6:30—8:30、12:00—13:00、16:30—18:30、19:30—21:30 负责巡视的事务犯为 3 名，厕所、水房门口 1 名，另外 2 名负责对同道及监舍的巡视；

（4）每天 21:30—6:30 负责巡视的事务犯为 2 名，固定位置在距同道两端第二个监舍处，1 名定期到监舍内巡视，1 名在同道巡视；

（5）开物品库时在库房一侧巡视的事务犯要在库房内巡视；这里的"库房"是指罪犯存放日用品和晾晒衣物的地方，罪犯监舍内不能放置过多日用品，且食品和日用品不能混放，多余的物品要统一放置在监舍同道内的一个房间，每天定时开关，以收放多余物品和晾晒衣服等。

（6）节假日 7:00—8:00、9:10—9:40、15:00—15:40、19:30—21:20 同道内巡视的事务犯为 3 名，1 名主要负责水房、厕所或物品库房开放时的巡视，其他 2 人对同道、监舍巡视；

（7）遇重大、重要活动需临时加强同道值班的，分监区可结合实际情况增加值班力量，监狱在有必要的情况下也可统一安排；

（8）值班的事务犯在本条第二款第 3、6 项重点时段值班的，应做到不间断地在同道来回巡视，在本条第二款第 1、2、4 项时间段值班的每十分钟交叉巡视一次，在本条第二款第 5 项夜间值班的每半小时到监舍内巡视一次；

（9）在就餐时间事务犯要轮流就餐，不能出现脱岗，确保能够有效地协助好干警对同道的掌控及维护好同道内的良好秩序。

4. 在巡视过程中，重点观察分监区干警要求重点观察的罪犯和有关情况，发现异常情况立即向值班干警汇报。

5. 值班期间对单独活动的罪犯（如：罪犯上厕所、搞卫生、集中管理期间单独进入监舍取物品等情况）进行包夹，避免罪犯出现单独活动的现象，因为按照监狱规定，罪犯活动不能"落单"，即任何时间内，罪犯活动必须两人及以上，做到互相监督。

6. 对罪犯违反监规纪律情节轻微的要及时提醒、劝告并告知罪犯班长，不听者及时报告干警。

7. 对于有可能造成伤害或正在实施严重违纪的，在制止的同时向干警

---

① 罪犯生活区。

报告，并注意观察了解现场人员、参与人、引发起因、违纪具体情节等相关情况。

8. 协助干警做好打饭、打水及分发饭菜等工作，并负责罪犯打水、打饭现场秩序的维护。

9. 事务犯值班情况要建立值班记录，主要记录夜间巡视情况、发现并报告干警的异常情况、其他罪犯违规违纪情况、干警要求监管的重点人及问题情况、干警布置的其他临时性工作等情况；记录要做到及时、准确、字迹清楚，记录将作为对事务犯履职尽责的考核依据。

（四）事务犯的纪律要求

1. 服从干警管理、听从指挥，带头严格遵守各项监规纪律。

2. 认真履行事务犯职责，积极完成干警交给的任务，不准弄虚作假，阳奉阴违、欺骗他人。

3. 不准利用职权打骂、体罚、侮辱、欺压他犯，不准索要他犯财物，不准让他犯提供服务，不搞特殊化。

4. 不准知情不举，包庇、拉拢、诬陷、打击报复他犯。

5. 不准阻拦罪犯找干警谈话或者探听罪犯向干警反映问题的内容。

6. 值班期间不得坐、靠、睡觉，不得与其他罪犯闲聊，不得擅自离开值班区域，不得无故进入监舍及其他房间；着装整齐，行为规范，用语文明。

（五）奖惩

1. 事务犯在值班期间发现、劝阻、汇报、制止他犯严重违纪问题的，按北京市监狱管理局《罪犯计分考核规定》有关条款给予奖分。

2. 事务犯在值班期间发现、劝阻、汇报、制止他犯自杀、行凶以及其他重大犯罪活动的，按北京市监狱《监狱提请减刑假释依据奖励规定》给予嘉奖或记功奖励。

3. 事务犯在岗值班期间因未尽职尽责，致他犯发生一般违纪行为未及时发现、劝阻、汇报、制止的，当班事务犯不计当日劳动分。

4. 事务犯有违反纪律的行为，按《罪犯计分考核规定》中相应条款进行扣分。

5. 发生罪犯自杀、自伤自残、打架使用违禁品等严重违纪行为未及时

发现、劝阻、汇报、制止的，事务犯本人因违反监规纪律受处分的，有严重违反事务犯职责和纪律等情况的要予以撤换，被撤后3年内不得作为事务犯及罪犯班长使用。

（六）管理教育

1. 值班干警对事务犯履职尽责情况要经常进行监督检查，发现问题要及时纠正、批评和处理。

2. 分监区要在平时加强对事务犯指导教育，以便提高事务犯的值班和处理事务的能力，更好地发挥事务犯的积极作用。

3. 管班干警每半个月要对事务犯进行一次教育，总结事务犯在岗期间的履职尽责情况，指出存在的问题，进行指导、帮助和教育。

4. 分监区每季度要对事务犯进行一次教育培训，具体由管教副分监区长和管班干警负责，教育活动要有具体的内容、形式、时间，不得走过场。

5. 监狱每年要开展一次全监事务犯的集中教育培训。

6. 事务犯每月要写出履行职责、完成任务及自身表现总结。

7. 管班干警要建立工作记录，记录事务犯表现情况以及干警每半个月、分监区每季度对事务犯的教育培训情况等。

（七）撤换

事务犯的使用与撤换要经分监区全体干警集体研究决定，花名册要报监狱狱政科备案，有撤换情况的要及时在花名册中调整并重新备案。

附件2-1

某监狱"五结合"规范事务犯管理

某监狱采取"撤、定、训、测、打"五结合，进一步规范勤杂事务岗位类罪犯管理，维护正常改造秩序，确保监管场所安全稳定。

撤：要求各押犯分监区认真对照《勤杂事务岗位类罪犯管理规定》相关要求，对现行使用的勤杂事务岗位类罪犯进行了全面摸排，认真梳理，对不符合条件的、现实改造表现不好的、不能认真履职的罪犯坚决予以撤换。

定：严格按照规定要求对勤杂事务岗位类罪犯进行科学合理的定岗定编，坚持"按需设置，总量控制，严格标准，严格管理"的原则，严把定员关，控制数量。

训：押犯分监区按照监狱要求科学组织对勤杂事务岗位类罪犯的教育培训，开展集中学习，着力增强其认罪服法意识和遵规守纪意识，进一步要求勤杂事务岗位类罪犯要严格遵守改造纪律，明确岗位职责和活动范围，提高履职尽责能力。

测：组织开展对勤杂事务岗位类罪犯的测评考核，每名勤杂事务犯向全体罪犯进行述职，并就下一步如何履职作出相应的承诺，接受全体罪犯的监督。监狱干警通过仔细查看测评记录，查看相关档案，深入了解勤杂事务岗位类罪犯思想状况和现实表现，对勤杂事务犯的测评结果严格依据相关规定及时进行处理，同时积极加强个别谈话教育。

打：严厉打击勤杂事务岗位类罪犯违规违纪行为，分监区深入组织发动罪犯开展检举揭发勤杂事务岗位类罪犯违规违纪行为专项整顿活动，重点打击敲诈勒索行为、牢头狱霸行为，活动开展期间，对有违规违纪行为的勤杂事务犯按照相关规定给予了从严从重处理。

三、重控罪犯管理教育转化工作

重控罪犯是指：重控罪犯作为我们排查出的重点罪犯，是各类事故和问题的高发群体，因其具有高度的危险性、顽固性和反复性，不但是我们管理教育工作中的一个重点和难点，而且能否对这部分罪犯有效控制和成功转化，也是检验我们工作能力和水平的重要标准。笔者参加工作以来，一直在监管一线，直接参与管理转化重控罪犯近百名，可以说积累了较为丰富的管理和转化工作经验，并结合实际确定了以"摸排准"、"控制住"和"转化好"为目标的工作思路。2007年以前，监狱对重控罪犯管理教育转化工作，也十分重视，基层干警也做了大量的工作，但在成效方面应当说还不是很好，这部分重控罪犯给监狱安全和管理带来了巨大压力，如何使这部分罪犯得到有效转化，就需要创新和研究工作方法，笔者积极与政工部门及基层干警一起进行研究与探索，提出了整合监狱干警中的优势资源的建议，根据不同类型重控罪犯，组合攻坚转化小组，明确任务和目标，签订责任书，加大奖惩力度等措施，自2009年以来，重控罪犯管理教育转化工作每年都有新的突破，实现了确保监管安全、提高改造质量、锻炼干警队伍的综合效益。

重控罪犯管理教育转化工作是复杂的，需要从工作目标和日常管理、管理教育转化小组及成员的构成和职责、包夹罪犯的确定和职责任务、检查考核奖惩、工作认领及总结表彰等五个方面对重控罪犯管理教育转化工作进行规范。

(一) 工作目标和日常管理

1．工作目标。为了有利于管理教育和工作开展，细化目标任务，监狱重控罪犯考核评审小组根据重控罪犯的错误思想顽固程度、现实危险程度和确定时间长短等具体情况，将其划分为二类，一类是危险程度较高、转化难度较大；另一类是危险程度一般、转化难度相对较低。同时，明确教育转化小组、责任干警、责任领导、专家型干警及包夹罪犯的职责，并制定具体工作目标，即：

一般目标：经过教育转化，使罪犯思想情绪基本稳定，对存在的问题或错误有一定转变和认识，能够遵守监规纪律，基本能参加正常的改造活动，年内没有发生监管安全事故和严重违纪问题。

较高目标：经过教育转化，使罪犯在完成基本目标的基础上，年度内没有出现大的反复，对存在的问题或错误能够正确认识，积极参加各项改造活动，思想转变明显，教育效果显著。

2．日常管理。

(1) 分监区根据重控罪犯的实际思想状况，可以安排出工劳动，但必须安排到有利于干警管控、有利于罪犯包夹的劳动场所和岗位，不得接触危险工具、危险物品；不得安排库房管理员、安全员等主要岗位。

(2) 重控罪犯出现较大思想波动时，不得安排生产劳动，应在同道集中管理，开展针对性教育，值班干警要时刻掌握重控罪犯的动向。

(3) 年度内新确定的重控罪犯，应及时成立管理教育转化小组，并签订北京市监狱《重控罪犯管理教育转化目标责任书》，明确责任干警、责任领导和教育转化小组的成员、职责及工作目标。年度内重控罪犯经教育转化撤销的，分监区责任干警和责任领导负责整理管理教育转化工作总结，并将总结和相关材料报狱政科统一装订存档。

(4) 重控罪犯因故调出分监区的，原分监区应将所有专档材料随罪犯转出，调入分监区应按上述程序建立管理教育转化小组，并履行职责任务。

(5) 重控罪犯就医、离监探视、亲情会见、会见、通讯等方面的管理严格按照《重控罪犯管理规定》执行。

（二）管理教育转化小组及成员的构成和职责

1. 成立管理教育转化小组。每一名重控罪犯都应由监狱组织成立管理教育转化小组，全面负责对重控罪犯日常管理、教育转化工作。

（1）小组人员组成。

①危险程度较高，转化难度较大重控罪犯的管理教育转化小组人员包括：分监区责任干警、专家型干警或狱政科、教育科、心理咨询科的一名领导、分监区狱侦干警或个别教育能手，责任领导即组长为分监区长或监区长。

②危险程度一般，转化难度相对较低重控罪犯的管理教育转化小组人员包括：分监区责任干警、专家型干警、分监区狱侦干警或个别教育能手，责任领导即组长由副分监区长担任。

（2）小组人员的调整。管理教育转化小组成员因外出学习、培训、病假等原因临时离岗的，责任干警由分监区狱侦干警或个别教育能手负责；责任领导由分监区长安排其他领导负责；专家型干警或管教科室领导由科长安排其他领导或干警负责；离岗时间超过一个季度或罪犯发生严重问题等情况，对小组人员要适当进行调整，具体调整情况要报狱政科审批。

2. 教育转化小组职责任务。

（1）每月定期召开一次专题分析会，对重控罪犯一个月内的表现情况进行分析，根据分析结果，研究制定下一步的管控和教育转化措施。

（2）重控罪犯出现严重违纪问题或大的思想波动时，及时召开专题分析会，分析罪犯发生问题的原因，制定有针对性的管控和教育转化工作措施。

（3）年终，将一年来工作开展情况和取得的成绩及经验整理形成文字材料，上报监狱考核评审小组。

3. 责任干警职责任务。责任干警应为重控罪犯的管班干警，要选拔政治思想过硬、工作能力强、管教经验丰富、认真负责、热爱监管工作的干警担任。具体工作职责任务为：

（1）每周与重控罪犯谈话1次以上，掌握其思想变化情况，开展针对性的教育转化工作，谈话情况要记入罪犯个别教育专档；重控罪犯是顽危罪犯的，还要把谈话情况记入北京市监狱管理局制定的《顽危罪犯控制考察表》。

（2）负责重控罪犯来往信件检查、会见、亲情电话监听、短信的审查，

并做好记录。

(3) 每周检查包夹罪犯任务落实情况，并通过包夹罪犯和班组长、耳目、互监员等其他罪犯了解重控罪犯情况。

(4) 每周在分监区的狱情分析会上，汇报重控罪犯的一周改造表现、思想、情绪变化等情况，并进行初步分析研判，提出下一步管控、教育转化工作意见。了解到重要情况时，要及时向分监区领导汇报。

(5) 在北京市监狱《重控罪犯工作记录本》中详细记录每月教育转化小组专题分析会内容和重控罪犯出现异常情况时的详细经过、教育转化小组的分析、判断、研究制定的对策和落实情况及效果等。

4. 责任领导即小组长的职责任务。

(1) 负责组织转化小组干警共同研究制定管理教育转化方案。

(2) 每月对重控罪犯谈话教育不少于1次，掌握其思想变化情况，开展针对性的教育转化工作；发生较大问题后及时进行谈话教育，谈话情况做好记录。

(3) 每周根据管班干警及其他干警汇报重控罪犯的表现情况和分析判断，明确下一步具体开展的工作。

(4) 每月组织小组全体干警召开一次专题分析会，重控罪犯出现严重违纪问题或大的思想波动时，在及时向狱政科汇报的同时，还要向教育转化小组干警通报，使全体小组成员准确掌握情况，并及时召开专题分析会。

(5) 挑选、确定重控罪犯的包夹罪犯，包夹罪犯不能履行职责时，安排临时包夹罪犯。

(6) 检查、督促、指导责任干警和其他干警对重控罪犯的管控、教育转化工作和各种材料的收集、记载。

(7) 负责小组人员临时性安排和人员调整意见。

5. 专家型干警、管教科室领导职责任务。

(1) 每名专家型干警在监狱规定的重控罪犯中认领1名，原则上在分监区工作的专家型干警从本监区内认领，在科室工作的专家型干警根据自身特长，经相互间协商，由监狱协调认领。

(2) 按时参加小组工作例会，了解分监区重控罪犯管理、教育工作的开展情况，并提出下一步工作意见。

(3) 有针对性地开展教育转化工作，对重控罪犯谈话教育每季度不得少于2次。

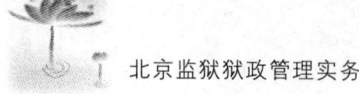

（4）指导、协助分监区对重控罪犯的管理教育工作。

（5）年终和重控罪犯被教育转化后，要指导分监区完成重控罪犯教育转化工作报告，总结教育转化工作中的经验教训。

6. 个别教育能手或狱侦干警的职责任务。

（1）发挥自身特长，参与管理教育转化工作。

（2）帮助责任干警完成日常工作，责任干警不在岗时，代行职责。

（三）包夹罪犯的确定和职责任务

1. 包夹罪犯的确定。对每一名重控罪犯应根据实际情况安排 2—4 名包夹罪犯，要确保包夹罪犯相对固定，包夹任务相对稳定，无特殊情况不得随意调整变更；包夹罪犯因干警指派或参加其他改造活动，不能履行包夹职责时，应安排临时包夹罪犯；对危险程度高，随时可能出现问题的重控罪犯，要实行 24 小时包夹监控。

2. 包夹罪犯选用条件。

（1）认罪服法，遵规守纪，表现较好，能够如实汇报情况。

（2）身体健康，能够正常履行包夹职责，制止重控罪犯各种违法违纪行为。

（3）精神、心理正常，认真负责，无不良嗜好，与周围罪犯关系较融洽。

3. 包夹罪犯职责任务和纪律要求。

（1）在完成日常自身改造活动的同时，严格按照干警要求监视重控罪犯的一言一行，重控罪犯因洗漱、上厕所、发短信等原因离开原位置时，包夹罪犯应一同前往，不得无故脱离监控视线。

（2）及时发现、制止和汇报重控罪犯脱逃、行凶、闹事、自杀、自伤自残、打架斗殴等违法违纪行为。

（3）时刻注意被监控人的言行，每周向干警书面汇报一次；重要情况及时汇报。

（4）认真履行包夹职责，注意保密，不得私自向被包夹人或其他罪犯泄露包夹任务，如实向干警汇报情况，严禁与被包夹罪犯相互勾结，隐瞒问题、欺骗干警。

（5）严禁利用干警安排的包夹任务，排挤、欺辱重控罪犯。

（6）不按照要求履行包夹职责，发生较严重问题的和造成重控罪犯出现违法违纪问题的，依据北京市监狱管理局《罪犯计分考核规定》及《对破坏监管秩序罪犯惩处的规定》的相关条款进行处罚，构成犯罪的依法追究刑事责任。

（7）包夹罪犯认真履行职责，任务完成突出的，计分应适当有所侧重；在确保重控罪犯安全稳定中发挥作用明显且积极改造，未出现较严重违纪问题的或有制止重控罪犯违法犯罪、严重违纪行为的包夹罪犯，监狱研究后，呈报奖分或行政奖励，年底将优先作为"改造标兵"的推荐人选。

（四）检查考核奖惩

1. 成立检查考核评审小组。监狱成立由政治处、狱政科、教育科、心理咨询室的领导和相关干警组成的检查考核评审小组，每季度由狱政科牵头，对教育转化小组干警工作开展情况进行检查考核。年终，对管理教育转化小组工作目标完成情况进行评审，提出奖惩意见。

2. 检查考核内容。

（1）教育转化小组干警是否按照要求履行职责，是否掌握重控罪犯现实表现情况、制定的工作措施和落实情况。

（2）包夹监控是否落实到位。

（3）相关材料是否齐全，内容是否准确、详细、完整。

（4）评议重控罪犯转化情况及表现。

（5）评议管理教育转化小组年终管理、教育转化工作经验总结。

3. 奖惩。

（1）奖励。对成绩突出的转化小组和干警，给予相应的奖励，具体奖励办法另行确定。同时，作为干警年终考核评优、评选优秀分监区长、优秀管教员、优秀狱侦干警、优秀个别教育能手，向上级推荐先进的重要依据。

（2）处罚。管理教育转化对象发生一般监管安全事故、严重违纪及因工作措施方法不当，履职不到位发生反复和问题的，视情节，按照《北京市监狱监管安全工作考核办法（试行）》和《北京市监狱干职绩效奖金扣罚办法（试行)》和相关规定进行处罚。

（五）工作认领及总结表彰

监狱每年召开重控罪犯管理教育转化工作总结表彰和重控罪犯管理教育转化目标责任签订即攻坚转化任务认领大会，会上对上一年度在教育转化重控罪犯工作中成绩突出的管理教育转化小组和干警进行表彰，并与各教育转化小组签订下一年度北京市监狱《重控罪犯管理教育转化目标责任书》，明

确责任干警、责任领导和教育转化小组的成员、职责及工作目标。

案例 2-1

一、基本情况

罪犯李某，1957年1月29日出生，原北京市城乡建设集团有限公司副总经理、恒万实业有限公司董事长、党委书记，县团级干部，因贪污、受贿、挪用公款罪，于2003年4月3日被判处无期徒刑、剥夺政治权利终身，并处没收个人全部财产。

二、案例事实

李某，自2003年10月13日入监以来，坚持认为自己是被冤枉的"好人"，先后向中纪委、最高法、最高检和北京市纪委、政法委等部门申诉或信访，向监狱递交申诉材料达50余封。该犯对自己的"罪犯"身份十分排斥，长期不参加监狱规定的学习和劳动，多次称"病"住院以规避正常的教育管理。由于拒不认罪，入狱7年该犯的刑期仍不能从无期徒刑减为有期徒刑。对此，监狱责成七分监区实行"集体攻坚，专人负责"，并成立了由分监区长为组长、2名专家型干警及2名责任干警组成的5人攻坚小组，开始了漫长的攻坚转化之路，在转化过程中充分发挥专家型干警攻坚克难作用，通过全面的预案分析，设计出"三步诀"——"诚"以待之；"情"以感之；"理"以教之。一是"诚"以待之，解决合理诉求，缓解悲观情绪；二是"情"以感之，发挥亲情感召，唤醒内心情感；三是"理"以教之，鼓励学习知识，增强法律意识。通过干警不懈的努力和耐心的教导，终于，李犯写出了自法院判决以来唯一一封《认罪悔罪书》。他说："分监区的领导和干警对我的执迷不悟进行了入情入理的帮助、转化，使我重新审视了自己的所作所为。以前我不懂法、不知法，把国有公司当成自己的私人公司，触犯了法律。在干警的教育帮助下，我认识到了自己的错误。为此，我真心悔过认罪服判，承认法院对我认定的犯罪事实，接受法院的判决，我将用实际行动悔过自新，扎扎实实走好改造路。"

四、分监区滞留同道罪犯的管理

　　分监区滞留同道罪犯包括身体有疾病的、临近出监的、有现实问题的、重点管理的等，构成情况比较复杂、人数较多，这些罪犯不能正常参加劳动改造等活动，全部滞留分监区监舍内。这部分罪犯因情况各异，自我约束较差，给分监区正常的管理活动带来了影响，也在管理上给分监区造成了一定的难度，影响了其他罪犯的改造。这也成为管理工作的一项难题。

　　为了解决这一问题，维护监狱的正常改造秩序，笔者经过调研和分析，结合各分监区和这部分罪犯具体的实际情况，就进一步如何加强对各分监区长期滞留同道罪犯管理的问题，提出了具体的管理措施，进一步规范了滞留同道罪犯的日常改造活动，达到了打击消极改造、维护正常改造罪犯的正当权益、确保分监区良好改造秩序的目的。

滞留同道罪犯，主要指罪犯因身体有疾病、临近出监、有现实问题、重点管理等原因，不能正常参加劳动改造等活动，在其他罪犯出同道参加劳动或学习时，他们却需要留在分监区监舍内，监狱实务部门把这类罪犯统一称为"滞留同道罪犯"。

对分监区滞留同道罪犯的管理主要从确定滞留同道罪犯类型分类管理、集中统一管理、预防机制、制度化管理、出具承诺书机制以及奖惩措施、通报机制等方面做出了阐述。

（一）分类管理

对滞留同道的罪犯，根据不同的情况采取分类管理。

如：涉黑、涉恶的、身体有疾病的、已经够分等待减刑假释的、刑期较短不需要减刑的等，采取不同的管理方法，对有能力参加劳动改造的罪犯，原则上必须参加劳动改造。

（二）集中统一管理

分监区针对实际情况，对滞留在同道的罪犯必须集中统一管理。

如将这部分罪犯集中在分监区活动大厅、活动室或一个监舍内管理，严格落实集中管理的学习时间和学习内容及管理要求。有条件的分监区也可以在车间集中管理，适当安排队列训练等改造内容。

（三）预防机制

分监区要做到超前防范、科学地分析研究、提前预测。

分监区对于所管罪犯中刑期在五年以下的要列出名单，要根据其刑期、处遇级别、现实表现等，科学计算、预测减刑假释情况，尽可能地避免罪犯在减刑后剩余时间过长现象发生。

处遇级别：即分级处遇制度，是指监狱将罪犯划分为不同的级别，并施以不同的待遇的管理方式。其目的在于运用区别对待的政策，发挥管理的引导作用和激励作用。监狱可以根据罪犯改造表现分押管理，实施不同处遇。具体分为三个大级（从严管理、普通管理、从宽管理），五个小级（一级严管、二级严管、普管、二级宽管、一级宽管），此外，还会针对危险性不同的罪犯，实行区别对待。

（四）制度化管理

干警认真学习对罪犯的惩处规定、计分考核等规章制度，充分发挥制度的作用，要用好用足制度，严厉打击投机改造、虚假改造、扰乱改造秩序等行为。

依法管理，即是按照相关法律和规章制度实行程序化管理，既依法保障罪犯未被剥夺的各项权利，又要严格落实各项法律对罪犯的各种约束。

（五）出具承诺书机制

对于已经获奖罪犯在呈报减刑、假释前，尤其是最后一次呈报减刑、假释的，罪犯都要写出保证书，分监区要召开全体罪犯大会，上述罪犯要在大会上进行公开承诺，保证书要在分监区同道公示一个月。

保证书的内容，主要涉及其在服刑后期的行为表现，因个别罪犯最后一次减刑或面临假释，改造行为会放松，因为没有"奋斗目标"而"混刑度日"，这就对监区的改造秩序造成不良影响，因而，要求这部分罪犯出具相关保证书，以约束其服刑后期的行为，保证监区的日常监管改造秩序。

（六）奖惩措施

1. 严格落实北京市监狱管理局《罪犯会见亲属或监护人的规定》，对于现实表现不好，不能自觉遵守监规纪律、不能积极改造的罪犯，当月被扣分、无故不参加正常改造活动，当月未取得有效积分的罪犯，一律取消其亲情会见的资格。

亲情会见，是监狱对改造表现较好的罪犯给予的一种奖励，按照罪犯日常劳动、学习等改造表现的得分，监狱会定期安排该名罪犯与其直系三代内家属一起共同进餐的会见方式。

2. 对于已经获奖罪犯，在呈报减刑、假释前因违反监规纪律被扣分的（指：①近一年内被扣分二次以上的；②近三个月内被扣分的；③近一年内有一次性被扣30分以上的；④近一年内有一个月累计被扣30以分上的）、无故不参加正常改造活动的罪犯，一律延期呈报一至三个月，被延期的罪犯分监区要从严管理，每周写出思想汇报。根据延期后的现实表现，再决定什么时间呈报减刑假释。

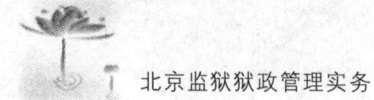

（七）通报机制

监狱每月对因违反监规纪律被扣分的罪犯，在监狱内部报刊中通报，同时在各分监区同道中公示通报，以警示教育全体罪犯。

五、特殊劳动岗位罪犯的管理

多年以来，因为监狱改造工作的需要，狱内设有罪犯特殊劳动岗位，例如罪犯文艺班、电视台、小报编辑部等特殊劳动岗位，这些岗位的罪犯存在劳动比较特殊、岗位不集中、管理相对比较松散、不易监管等特点，个别罪犯还经常被发现持有、使用烟酒等违禁品、利用电脑收看黄色及不健康的视频、图片等问题，有些监狱不得不取消这些岗位，甚至在个别外省监狱曾发生罪犯利用文艺班脱逃等严重的监管安全事件。这部分罪犯既是改造工作的需要，也成为监狱安全隐患的重点。针对这种情况，为了规范对监狱文艺班及编辑部等特殊劳动岗位罪犯的监控和管理，笔者从罪犯选用、罪犯的职责任务、设施设备的管理、干警的日常管理、尤其是电子产品的管理等方面提出明确具体工作措施和管理要求。这为监狱特殊劳动岗位罪犯的管理提供了可借鉴的有益做法。

监狱罪犯文艺班、电视台、小报编辑部劳动罪犯的管理主要包括罪犯所在分监区职责、教育科职责以及相关要求等内容。

（一）罪犯文艺班的管理

罪犯文艺班主要是由一些具有歌曲、舞蹈、乐器演奏等文艺特长的罪犯组成的罪犯改造岗位。

1．罪犯所在分监区职责：

（1）负责对礼堂内水、暖、电、空调、门窗、护栏等设施的管理维护并经常进行检查，发现问题及时向相关部门反映。

（2）负责礼堂内的灯光、音响、道具、演出服、演出器材和各类工具等设备的管理，要分类入库入柜存放，并建立台账。各种设备登记造册、账物相符，由干警直接管理，设备损坏或不能正常使用的要及时向教育科提出维修更换建议。遇有监狱新购置的设备待与教育科交接完毕后由分监区全权负责管理，没有处置权。

（3）根据教育科下达的排练任务，具体负责组织罪犯进行文艺排练，每天根据排练需要组织有关罪犯到礼堂。

（4）礼堂按罪犯劳动现场进行管理，罪犯在排练过程中不准私自到舞台后及屋内活动，确需的，要经干警批准随行监控，现场内罪犯活动要保持相对集中，要确保在干警监控范围内。

（5）文艺班罪犯由分监区干警带进带出，并负责搜身、现场监管和考核、奖惩，并定期对礼堂范围内进行清监检查。

（6）文艺班罪犯如出现严重违纪或不适宜在文艺班的，分监区应及时向教育科提出更换人员的建议。

（7）遇有大型文体活动时，要根据出工罪犯人数及活动范围合理安排警力，确保干警监管到位、管理到位。

（8）文艺班罪犯要按监狱要求参加教育、学习等改造活动，在没有排练任务时，必须参加分监区同意安排的劳动或学习。

（9）分监区应加强文艺班罪犯的日常管理和教育，责任干警要熟练掌握所管罪犯的"五知道"情况，定期对所管罪犯进行谈话教育，及时发现问题并予以解决。

2．教育科职责：

（1）遇有某市监狱管理局及监狱组织的大型文艺活动，负责制定具体的实施方案，明确活动内容、时间、参加活动人员、职责分工、活动的具体组织等。

（2）根据某市监狱管理局和监狱安排，研究制定文艺节目编排及训练计划，向分监区下达排练任务，同时根据节目对分监区的排练情况进行技术指导和监督。

（3）根据节目的需求负责外请艺术指导和外借设备的联系工作。同时负责外请的艺术指导、外借设备的工作人员带入带出监区、现场管理等工作，严禁外来人员单独接触罪犯，做到责任到人、管理到位。

（4）根据活动及节目的需求以及设备使用情况，负责维护、维修和更新。

（5）负责组织协调大型排练、演出活动外单位、外来人员进出监区的带领和现场的组织与管理。

（6）根据活动及节目的需要以及罪犯的表现，对文艺班罪犯提出调整建议。

（二）监狱电视台、小报编辑部的管理

监狱电视台、小报编辑部罪犯主要负责狱内各类改造活动的新闻宣传报道、编辑制作、稿件收集整理等劳动改造岗位。

1. 罪犯所在分监区职责：

（1）负责对监狱电视台、小报编辑部罪犯在分监区时的日常管理和教育。

（2）具体负责监狱电视台、小报编辑部罪犯的考核、奖惩工作。

（3）要熟练掌握所管罪犯的"五知道"情况，定期对所管罪犯进行谈话教育，及时发现问题并予以解决。

2. 监狱教育科职责：

（1）负责确定在监狱电视台、小报编辑部劳动的罪犯。

（2）负责监狱电视台、小报编辑部劳动罪犯的接送并履行交接手续。

（3）对电视台、小报编辑部罪犯出工劳动时间的现场监管和考核奖惩。

（4）负责定期对电视台、小报编辑部罪犯劳动地点的清监及设施检查。

（5）负责对电视台、小报编辑部内各类办公设备、移动存储设备、音像设备、一类工具进行登记造册、上账管理，做到专人专管、账物相符。未经干警批准罪犯严禁持有或使用上述设备及工具。

（6）干警要熟练掌握所管罪犯的"五知道"情况，定期对所管罪犯进行谈话教育，及时发现问题并予以解决。

六、"内观"罪犯管理工作

"内视观想"或"内观"疗法也称"观察自我法"或"洞察自我法",是由日本学者在1953年提出并于60年间在世界范围内得到广泛发展的一种心理疗法,其本质与中国传统文化的"君子曰三省吾身"相似。"内观"即为"了解自己,凝视内心的自我","内视观想"体验活动的参与者在心理咨询师的指导下,在独立密闭的空间内对人生经历中重要他人的关系进行系统回忆和反思,在细致回顾人生的过程中获得对自己的心理、性格、人际等多方面的洞察,经由这种深入的自我观察,进而调整心境,唤起"省"与"悟"的念头,最终以自觉的意识来净化内心。

"内观"疗法的特点首先在于易学易用、通俗易懂,实施者不需要特别深厚的心理学知识基础也可以进行操作,便于在监狱内广泛开展;其次,这种方法能够促使参与者在内心中客观认识自己并主动产生改变的愿望,克服了传统意义上的说教容易产生的抵触和逆反心理,激起参与者内心向善的意愿;最后,"内观"

的程序设置会使参与者在过程中感到心灵的冲击和震撼，体会到前所未有的心理体验，对于服刑人员感恩之情、同情心的激发和自我审视能够起到显著的效果。这是为服刑人员提供了一个重新审视自我、感悟人生的机会，是一种新型的罪犯教育管理措施，为提升服刑人员的心理健康、促进其在狱内安心改造起到了良好的推动作用。如何保障此项工作规范运行，笔者结合活动情况，从罪犯的人员批次、作息时间、计分考核等方面进行细化，而且进一步明确了干警职责分工以及对罪犯携带物品的管理情况，为维护罪犯正常的改造秩序，防止出现监管安全问题提供了保障。"内视观想"体验活动是监狱心理矫治室充分发挥主观能动性，围绕着"首要标准"和"三化，即狱政管理精细化、教育改造系统化、劳动改造教育化"建设在方式方法上的创新之举，对于服刑人员在自我认识、理解他人等方面起到了明显的效果。

"内观"罪犯管理工作主要包括组织分工、人员安排、活动组织、日常管理等十五个方面的内容。

1. 为进一步加强"内观"罪犯管理工作,确保罪犯"内观"活动的有序开展,结合监狱实际情况制定本规定。

2. 参加"内观"活动罪犯每批6名,时间为7天,地点在九分监区。

3. 参加"内观"活动罪犯实行集中封闭式管理,在"内观"活动期间未经监狱批准,不得参与其他任何活动,也不得随意回原分监区。

4. "内观"活动由心理矫治室具体负责组织实施,活动前心理矫治室在1—8分监区通道内张贴海报,介绍"内观"活动内容,分监区罪犯自愿报名。

5. 分监区根据报名人员情况研究确定参加"内观"活动的罪犯,同时,由参加"内观"罪犯本人签订"知情同意书";分监区提前3天将本批次参加"内观"的罪犯花名册报狱政科,并由狱政科通知分监区,由分监区负责将参加"内观"的罪犯送到九分监区。

6. 九分监区干警要严格遵守监管规定和"内观"工作要求,除"内观"罪犯违反监规纪律、生病等情况外,九分监区干警不得随意找"内观"罪犯。

7. 对参加"内观"的罪犯,原分监区及九分监区干警都要严格按照高度戒备搜身检查要求进行身体和物品检查,并做好记录。

8. 携带物品:

(1) 罪犯副档,由分监区干警当日交心理矫治室内观师管理。

(2) 参加"内观"罪犯可以携带的物品有:被褥1套、洗漱用品1套、剃须刀1个、秋衣秋裤1套、内衣裤2套、袜子2双、拖鞋1双、餐具一套、必备的药品,其他物品一律不准携带。

9. 剃须刀、药品由九分监区干警集中保管,定时发放;洗漱用品和餐具统一放到内观室外的通道内摆放整齐,由九分监区干警负责集中管理,统一发放收回,其他物品按要求放在内观室。

10. 作息时间按监狱有关规定执行。

11. 日常管理:

(1) 九分监区干警负责全天监控工作。

(2) 9:00—16:30"内观"罪犯的一切活动由内观师负责组织,其他时间由九分监区干警负责。

(3) 洗漱、放茅由干警组织逐个进行,"内观"罪犯的用餐由干警发到每个内观室内,用餐完毕后统一将餐具放在内观室门外左侧,由负责打扫卫生的事务犯刷洗。

12. 心理矫治室要建立参加"内观"罪犯完成任务、配合、表现情况记录，九分监区要建立"内观"罪犯接受管理情况、遵规守纪情况记录。心理矫治室还要将"内观"活动的主要内容、基本要求等悬挂在同道和值班室，以便于九分监区干警在日常管理中参照。

13. 日常计分考核：

（1）参加"内观"活动罪犯计分分为三个等级，对参加"内观"活动积极配合听从"内观"师指导、认识良好、遵规守纪、接受管理以及在原分监区一贯表现好，积极参加各项改造活动的，按一级岗位计分，次之按二级岗位计分，表现一般的按三级岗位计分。

（2）参加"内观"罪犯的日常计分考核由原分监区负责，每天下午16:30前心理矫治室的"内观"师要将参加"内观"罪犯一天的活动表现情况以书面形式交九分监区作为评分依据，九分监区依据内观师给出的表现情况结合参加"内观"罪犯一天内服从管理、遵规守纪等情况进行综合评定，根据每日评定结果评出改造活动分，于当日下班前反馈给原分监区。

（3）对于参加"内观"活动不配合及违反监规纪律的，九分监区要将情况详细记录，提出扣罚意见，并反馈到原分监区，由原分监区按市局《罪犯计分考核规定》予以扣分。

14. "内观"活动结束后，由九分监区和原分监区干警共同进行严格搜身检查后，由原分监区将罪犯带回。

15. 监狱为九分监区配备6名事务犯，主要负责协助值班干警对"内观"罪犯活动情况进行监督，并及时发现、报告异常情况；打扫公共区域卫生，打水、打饭等任务；具体管理要求如下：

（1）负责值班巡视的事务犯为4名，打扫公共区域卫生的事务犯为2名，严格遵守"内观"活动的有关规定。

（2）16:30至次日8:40负责在同道内的巡视检查，每班2名，位置在同道两端并定期来回交叉巡视。

（3）事务犯值班情况要建立值班记录，主要记录值班情况、发现并报告干警的异常情况，记录要做到及时、准确、字迹清楚，记录将作为对事务犯履职尽责的考核依据。

（4）事务犯的计分标准原则上按一、二级劳动岗位计分，由原分监区负责，九分监区汇总完成任务情况、遵规守纪情况，做出综合评定并于当日

下班前书面反馈到原分监区，原分监区根据九分监区的评定进行计分。

（5）对于完不成任务、违反监规纪律等其他违纪行为的事务犯，九分监区要将情况详细记录，提出扣罚意见，并反馈到原分监区，由原分监区按市局《罪犯计分考核规定》予以扣分。

七、罪犯离监前的相关工作

随着监管改造形势的变化，罪犯的法律意识、维护权力意识也在不断增强，应当说这是法治的进步、是我们改造教育的成果，但同时对我们的执法和管理水平也带来了新的挑战和压力。笔者觉得客观需要提高广大干警的能力和素质，与此同时，采取一些针对性措施，防止和避免由于我们工作的不到位和存在漏洞导致监管安全问题的出现。近些年来，罪犯在狱内服刑期间因怕受到打击报复、怕影响奖励、减刑、假释、怕受到不公正的待遇，对一些问题不敢说，不敢反映，就采取出监后、转监后再通过信访、网络等渠道反映在狱内服刑期间各类问题，不仅问题越来越复杂，而且也加大了处理的难度，有些甚至给监狱带来不良影响。为此，笔者在总结经验与教训的基础上，在2012年组织研究制订了罪犯出监前做好谈话、问题的搜集、证据留存及处理等相关工作机制，确保罪犯在服刑期间所遗留各类问题在罪犯出监前得到及时解决，有效化解各类矛盾，维护监狱形象。

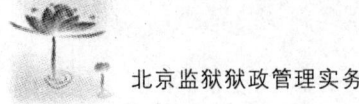

罪犯离监前的相关工作主要包括罪犯离监情况范围、离监谈话记录、录像、离监谈话时间、责任人、重点罪犯相关工作、谈话的主要内容以及谈话要求和工作要求等八个方面内容。

（一）罪犯离监情况范围

罪犯离监情况指：转监、假释、保外、刑满释放的罪犯。

（二）离监谈话记录、录像

各分监区要对离监罪犯进行离监前谈话，制作谈话记录，同时对谈话过程要全程录音录像，并制作光盘。

（三）离监谈话时间

罪犯离监前谈话时间：分监区要在罪犯离监前一周内完成离监谈话工作。

（四）责任人

罪犯离监前的谈话工作由分监区负责管教的副分监区长和狱侦干警或管班干警具体负责。

（五）重点罪犯相关工作

监狱重要、重点罪犯、问题突出的罪犯狱政科或狱侦科要派人参加罪犯离监前的谈话工作。

（六）谈话的主要内容

1. 在服刑期间对监狱干警的管理和执法是否存在异议。
2. 在服刑期间对监狱的奖励、处分是否存在异议。
3. 在服刑期间与其他罪犯之间有无未解决的问题。
4. 在服刑期间对疾病的治疗，是否存在异议。
5. 在监狱服刑期间是否受过工伤，对监狱的处理是否存在异议。
6. 在服刑期间罪犯对其个人物品、采买卡金额、监狱下发的零花钱、劳动报酬、短息卡结余退款等是否存在异议。
7. 在服刑期间其他方面是否存在异议。

（七）谈话要求

干警在对罪犯进行谈话时，要注重方式方法，避免刺激罪犯，确保谈话真实有效。询问笔录要按制作要求字迹清楚，实事求是。

1. 管教副分监区长负责谈话，狱侦干警或管班干警负责记录。

2. 谈话记录要以讯问笔录的形式制作，制作完的笔录要有罪犯的签字确认，同时按手印。

3. 谈话过程中分监区要使用监狱统一配发的执法记录仪对罪犯谈话进行录音录像。

（八）工作要求

1. 分监区要从依法、严格、文明管理的高度重视此项工作，及时组织分监区全体干警认真学习，认真落实。

2. 分监区要将对离监前罪犯的谈话记录、谈话过程中的视频音频资料进行拷贝，并制作出光盘，作为专档在罪犯离监后5日内上报狱政科。

3. 在对离监前罪犯谈话时，如罪犯反映的问题干警无法立即答复或解决的，要在谈话当日向狱政科或相关部门反馈。

4. 有关部门在接到问题的反馈后，应立即组织相关人员开展工作。

八、罪犯不宜个人保管物品的管理

不宜罪犯个人保管的物品，例如剃须刀、缝衣针等物品，这些物品是罪犯日常改造生活中不可或缺的，但是这些物品又存在安全隐患，这就带来罪犯改造需求与干警管理之间的矛盾。从近年来监狱发生的各类监管安全问题或罪犯违法、违纪问题的分析来看，罪犯利用运动器械、文娱用品、日常用品等进行违纪、违法行为或制作各类危险工具等问题给监管安全带来了较大隐患，为了进一步规范罪犯不宜个人保管物品的管理，消除监管安全隐患，笔者在相关规定的基础上，结合监狱实际，重点从不宜罪犯个人保管物品种类、使用时间以及购买、销毁、日常管理等方面提出了规范和细化建议，在充分满足罪犯日常改造生活需要的同时，为监管安全稳定增添了保障。

第二章 罪犯日常管理

罪犯不宜个人保管物品的管理重点在于对物品的规格、数量、来源、保管以及购置和销毁等方面进行规范。

(一) 原则

以规范罪犯不宜个人保管物品的使用与管理工作，消除监管安全隐患为基本出发点。

(二) 罪犯不宜个人保管物品种类

1. 运动器具：乒乓球拍、羽毛球拍、篮球等。
2. 乐器：吉他、电子琴、手风琴、笛子等。
3. 文娱用品：收音机、象棋、围棋、扑克等。
4. 日常用品：理发工具、剃须刀、指甲刀、缝衣针、电池等。
5. 学习用品：复读机、外语磁带等。

(三) 罪犯不宜保管物品的数量及规格

1. 运动器具每名罪犯只能有1件。
2. 乐器每名罪犯只能有1件。
3. 收音机每名罪犯只准有1台，收音机的规格为：长5—12cm、宽3—8cm、厚0.5—2cm，配有耳机。
4. 棋类每班每种不能超过2副，扑克每个班不能超过3副；棋类，其棋盘应为软塑料制品，棋子应为塑料材质，棋子直径不能超过2cm。
5. 剃须刀、指甲刀每名罪犯只能各有1件。
6. 理发工具每个分监区不能超过3套，缝衣针每个分监区不能超过15根。
7. 各种型号电池每名罪犯不能超过10节。
8. 复读机每名罪犯只准有1台，复读机应尽量购买体积较小的品牌，外语磁带不能超过10盒。

(四) 罪犯不宜保管物品的来源

1. 运动器具、乐器、外语磁带由本人向分监区写出申请，分监区审核后报狱政科审批，通过监狱采买购置或亲属带入，特殊情况需报管教监狱领导审批。

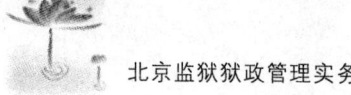

2. 日常用品、文娱用品、复读机等只能通过监狱采买购置。

3. 日常用品中理发工具、缝衣针分监区根据实际需求书面请示报狱政科审批，由生活卫生科采购，罪犯个人不得购买或带入。

4. 罪犯严禁私自制作上述物品，任何人严禁为罪犯私自购买、带入上述物品。

（五）罪犯不宜保管物品的使用时间

1. 运动器具、乐器、文娱用品、学习用品只准在节假日、晚间自由活动或分监区集体组织的活动时使用；节假日使用时间为：8:00—21:00，晚间自由活动使用的时间为：17:00—21:00。

2. 剃须刀每2—3天发放一次，每次不超过半小时；指甲刀每周发放二次，每次不得超过半小时；缝衣针、理发工具只准在节假日期间使用，时间为8:00—18:00。

3. 罪犯只有在上述时间内的个人自由活动时间方可使用。

（六）罪犯不宜保管物品的保管

1. 分监区应设立专门的物品库房（物品柜），集中分类存放、建立台账，做到账物相符，记录清楚，并由干警专人管理，每月进行一次检查、盘点。

2. 运动器材和大件乐器（如：吉他、电子琴等）集中在分监区图书室进行管理，若分监区没有图书室，可在活动大厅专柜内集中管理；小件乐器（如：口琴、笛子、箫等）、文娱用品、日常用品、学习用品分监区应在活动大厅内设立专柜进行管理；棋类物品可由罪犯自行保管，统一放置在书柜内，摆放整齐。

3. 使用中的电池随收音机、复读机、剃须刀等一同集中保管，剩余的电池分监区应按人造册登记，进行集中管理。

4. 罪犯应在收音机、复读机的明显部位粘贴自己的姓名进行区分，罪犯不得持有未标注姓名的收音机和复读机；罪犯不得私自改变收音机和复读机的外观、式样及功能，不得相互转借。

5. 复读机必须是用来学习外语使用。

（七）罪犯不宜保管物品的购置和销毁

1. 运动器具、乐器、文娱用品、日常用品、学习用品损坏或破旧不能使用的，实行交旧购新的原则，并按原数量购买或带入，损坏的旧物品由亲属带回或由分监区带出监区集中销毁。

2. 罪犯严禁转赠或擅自销毁、处理不宜个人保管的物品。

（八）罪犯在狱内调整分监区的，调出、调入分监区应及时将罪犯的上述物品在台账中进行核销或登记

（九）罪犯因为刑满释放、保外就医、假释、转监或个人原因不愿将属于个人不宜保管的物品留在分监区的，由罪犯本人签字后带走，台账中应核销，罪犯不带走的，由分监区进行处理

（十）罪犯在服刑期间死亡的，由其亲属或监护人凭有效证件将不宜个人保管物品和其他物品一同领回，并在物品清单上签字

九、罪犯便服管理

罪犯便服是因改造活动需要允许罪犯穿着的内衣、劳动保护服、运动服等监狱未予统一配发的服装，虽然满足了日常改造活动的需求，但是增加了监管安全隐患。近年来从各省市监狱发生的罪犯脱逃、越狱案件的通报和分析看，几乎每起案件发生前罪犯为了能够更好地掩人耳目、乔装打扮，都会事前准备便服或伺机获取警服，以达到成功脱逃的目的。此前，对罪犯便服管理监狱并没有统一的管理制度，为了加强对罪犯便服的管理，清除安全隐患，笔者总结工作经验，根据罪犯便服的种类和用途，从持有数量、登记发放、新旧更替等方面进行了明确和细化，进一步规范罪犯便服的购置、使用、保管工作，为罪犯改造、确保各项监管改造工作的开展与监管安全提供了保障。

罪犯便服管理工作主要对便服范围进行了确定,便服的购买、使用途径、持有数量以及保管等方面进行了统一规范。

(一)罪犯便服范围

罪犯便服是指除了由监狱配发给罪犯的有统一款式、颜色、标志的囚服以外的服装,而且是因改造活动需要允许穿着的服装、鞋等。具体包括:内衣、文艺表演用的演出服、体育比赛用的运动服、生产劳动的劳保服、病犯穿着的病号服、鞋类等。

(二)罪犯内衣

1. 内衣。具体包括:背心、内裤、秋衣、秋裤、绒衣、绒裤、袜子、鞋等。

2. 背心。款式为无领、无袖;颜色必须是单色、无图案,能够在上面打印标识;每名罪犯不能超过3件。

3. 内裤。款式应为三角裤或平角裤,每名罪犯内裤不能超过4件。

4. 秋衣、秋裤。秋衣的款式为无领、无兜、无扣、无拉链;颜色应为单色、无图案,能够在上面打印标识;每名罪犯不能超过3套。

5. 保暖内衣、绒衣、绒裤。款式为无领、无扣、无拉链;颜色应为单色、无图案,能够在上面打印标识;每名罪犯保暖内衣或绒衣绒裤只能有2套。

6. 袜子,每名罪犯不能超过5双。

7. 鞋。罪犯只能穿布鞋、棉布鞋、拖鞋和简易球鞋。每名罪犯单布鞋不能超过3双、棉布鞋不能超过2双、拖鞋不能超过2双,简易球鞋1双,款式由生活卫生科规定。

8. 内衣的来源方式。上述规定允许罪犯穿着的内衣,罪犯一律通过监狱采买购置,特殊情况需经监狱批准。

9. 内衣的穿着、保管、更换、处置。

(1)罪犯内衣除内裤、鞋、袜子外,一律由分监区打印监狱统一规定的标识后才能发放给罪犯穿着,严禁罪犯将内衣作为外衣穿着。

(2)罪犯内衣需要更新的,实行交旧购新的原则,购置后的内衣不能超出规定的数量;对于破损、不能穿着的内衣,罪犯一律上交分监区或由家属带回;分监区将罪犯上交的破损、不能穿的内衣统一进行销毁,销毁时应将其剪成长度不能超过30厘米、宽度不能超过20厘米的碎片。

（三）罪犯演出服

1. 演出服具体包括：演出用的帽子、长袖衣、短袖衣、长裤、短裤、鞋等。

2. 演出服款式、颜色、数量根据演出的实际需要由教育科负责定制或购置。

3. 需用演出服时，由教育科写出请示，请示要明确事由、用途、数量、种类、款式以及时间等，报监狱分管领导批准后购入，请示同时报狱政科备案。

4. 购入的演出服教育科要在台账和发放名册上进行详细登记，由专人负责保管。

5. 演出服只准在监狱批准的罪犯文艺队队员在文艺节目排练、演出时穿用，其他罪犯、场合和时间一律不得穿着。

6. 因演出服破旧、不用或者不能使用的，由教育科统一带出监区外处理，同时应在台账中详细记录处理情况。

（四）罪犯运动服

1. 运动服具体包括：背心、短裤、运动鞋等。

2. 背心款式应为无领、无袖；背心、短裤每人不能超过 1 套，鞋 1 双。

3. 参加市局统一组织的各种体育比赛需要运动服的，由教育科写出请示，请示中应明确用途、款式、数量、种类等，报监狱分管领导批准后购入，请示同时报狱政科备案。

4. 参加监狱统一组织的各种体育比赛需要运动服的，由分监区根据监狱比赛方案和要求写出请示，请示中应明确用途、款式、数量、种类等，报教育科审核，监狱分管领导批准后购入；请示同时报狱政科备案。

5. 罪犯的运动服只能是在参加市局和监狱统一组织的各种运动比赛中穿着，与比赛无关的罪犯、其他场合、非正式比赛期间罪犯一律不得穿着运动服。

6. 教育科、分监区购入的运动服，都要在台账和发放名册上进行详细登记，并由专人负责保管、发放。

7. 在比赛结束后，由教育科购置的运动服由教育科统一存放在指定的库房保管；由分监区统一购置的运动服，在比赛结束后由罪犯家属带回，不带回的由分监区带出监区处理；运动服带出监区后，责任单位要在台账上详

细记录运动服带出监区情况。

（五）罪犯劳保服装

1. 劳保服装具体包括：电工服、焊工服、车工服、特种工服、绝缘鞋、安全帽、手套等。

2. 劳保服装的款式、颜色、数量由生产科根据罪犯生产劳动保护的实际需求购置。在购置时，生产科需写出请示，请示应明确数量、种类、款式、颜色、时间等报监狱分管领导批准后购入，请示要报狱政科备案。

3. 劳保服装只准由分监区批准的从事特种劳动的罪犯穿着，罪犯不能穿着与自己劳动岗位无关的安全保护类服装，不同工种的劳保服不能混穿，且只能在劳动场所劳动或劳动技能比赛期间穿用。

4. 劳保服装下发到各分监区后，分监区要在台账和发放名册上进行详细登记，并由专人、专库或专柜保管。

5. 劳保服装一律实行交旧购新的原则，不得无故增加发放和使用范围；劳保服装破旧、不用或者不能使用的，分监区应集中交生产科带出监区统一处理或销毁，分监区要在台账上详细记录销毁情况。

（六）罪犯病号服

1. 病号服具体包括：上衣、裤子。

2. 病号服的款式、颜色、数量由市局中心医院统一定制配发，每名病犯一套。

3. 病号服只能是在病犯分监区经监狱批准住院治疗的罪犯穿着，不能转借或挪作它用，其他罪犯严禁穿用。

4. 病犯分监区对配发给病犯的病号服要在台账和发放名册上进行详细登记，并由专人负责保管。

5. 病号服一律实行交旧换新的原则。对于破旧、不能穿用的病号服由病犯分监区交监狱医院统一带出监区销毁处理，同时需在台账上详细记录销毁情况。

（七）食堂罪犯穿的胶鞋

1. 胶鞋由生活卫生科统一定购；每名罪犯胶鞋不能超过 2 双。

2. 需要胶鞋时，由生活卫生科写出请示，明确理由、数量、种类等报监狱分管领导批准后购入，同时报狱政科备案。

3. 胶鞋只能是在罪犯食堂从事烹饪操作的罪犯在操作期间穿着，其他场合、时间以及其他罪犯不能穿着使用。

4. 生活卫生科购入胶鞋发放给食堂分监区后，分监区要在台账和发放名册进行详细登记，并由专人保管。

5. 胶鞋一律实行交旧换新的原则，对于破旧、不能穿用的胶鞋，食堂分监区收缴后上交生活卫生科带出监区进行统一销毁处理，同时分监区需在台账上详细记录销毁情况。

（八）其他便服

除罪犯内衣、病号服外的其他便服当日发放使用的，必须当日或活动完毕后由干警及时收回，按规定保管，严禁罪犯带回监舍存放。

（九）监狱狱政科、应急督察分队、教育科、生活卫生科和生产科要按照本规定加强对罪犯便服使用和管理情况的监督检查，并认真履行职能部门的责任

（十）其他便服罪犯一律不得穿用；罪犯违反本规定的，监狱将按照北京市监狱管理局《罪犯计分考核规定》、《对破坏监管秩序罪犯惩处的规定》等制度进行处理

（十一）干警、单位违反本规定、由此发生监管安全问题、事故的，监狱将依据《北京市监狱监管安全工作考核办法细则》、《北京市监狱干职绩效奖金扣罚办法（试行）》等规定追究相关责任人的责任

第二章 罪犯日常管理

十、罪犯狱内就医的管理

　　罪犯疾病的治疗是维护和确保罪犯健康权的重要标志，不仅是监狱文明执法的重要内容，更是受到社会的关注，而且，罪犯及其亲属的期望和要求越来越高，由此带来的医患矛盾、警囚矛盾也是越来越突出。另外，由于罪犯患病时间的不确定性、监狱医疗条件及医疗水平所限等，都给罪犯就医工作带来许多困难和问题，就医与安全时常发生矛盾。解决这些问题，确保罪犯就医工作管理的规范，就成为我们管理的紧迫任务。尽管北京市监狱管理局对罪犯就医有相关规定，但整体而言，罪犯在狱内就医的规定较少；根据这种现状和监管形势的变化，笔者在2009年和2012年分别就罪犯在狱内就医问题进行了深入的研究，提出了一系列工作措施，这对进一步规范罪犯就医工作，解决现实问题、消除安全隐患、化解罪犯就医矛盾，都具有十分重要的意义。

罪犯狱内就医，即监狱对患病罪犯的基本医疗过程。其主要包括医生巡诊、罪犯白天就医、夜间就医、候诊纪律、干警职责以及要求等六个方面内容。

（一）医生巡诊

1.为了及时准确掌握、诊治罪犯病情，监狱医院医生要加强到分监区巡诊。

医院实行医生在医院坐诊与到分监区巡诊相结合的工作方式，每个分监区配备专门的主管医生。当天没有门诊的情况下医生要到所负责的分监区进行巡诊。

2.巡诊医生每天8:30分到分监区巡诊，每周每个分监区巡诊次数不得少于两次，每次巡诊间隔不得超过二天。具体时间由巡诊医生与所负责的分监区主管领导协商确定。巡诊前要通知分监区做好准备，医生巡诊时坚持能在分监区诊治的就在分监区诊治的原则，以减少罪犯到医院就医。

主管医生因故当日不能巡诊的，应提前通知分监区主管领导。

3.分管分监区罪犯就医的医生，每天留一名在医院值班坐诊，其余医生到所负责的分监区巡诊。

巡诊医生根据病犯病情开具处方、化验单、透视单等，分监区干警凭医生开具的处方、化验单、透视单等带病犯到医院处置。遇有罪犯急诊或特殊病情时，分监区应及时将病犯带到医院门诊就诊。

（二）罪犯白天就医

1.监狱每周安排每个分监区罪犯到医院集中就医两次。

在规定的就医时间内，每次最多只安排两个分监区罪犯同时到监狱医院就医，具体时间及顺序安排由监狱医院电话通知分监区。

实行电话通知制度，即由医院电话通知某分监区某时间段带罪犯到监狱医院看病，主要防止各分监区罪犯在医院内私下交流，出现监管死角。

2.就医时间安排：

（1）每周一、二、四、五上午，按照医院电话通知分监区名称，相关分监区带罪犯到医院就医。

周五就医时间可安排在分监区狱情分析会后或下午。

（2）每周三上午为各类化验时间，按照化验人数，各分监区依次组织罪犯到医院进行化验，具体时间安排由监狱医院临时电话通知。

3. 每周监狱统一安排罪犯到市局中心医院就医，具体时间另行通知。

4. 遇有急诊或罪犯病重等紧急状况需就医时不受上述时间限制。

（三）罪犯夜间就医

1. 晚上时间是指：10月1日至3月31日，18:30—次日6:30；4月1日至9月30日19:30—次日6:30。

2. 罪犯夜间发病需就诊的，首先应由分监区干警和罪犯卫生员询问及进行初步检查，包括血压、心率及体温等，值班干警及时将病犯病情电话通知值班医生，对于可以在分监区处置的，值班医生根据病情携带相应药品到分监区诊治。

3. 对于体温超过38.5℃需打退烧针或输液的、心慌胸闷需做心电图、吸氧的、外伤需要清创缝合等情况，不能在分监区处置的分监区干警应根据值班医生的意见，将病犯直接带到医院进行诊治。

4. 每名干警最多带2名罪犯去医院就医，就医罪犯一律加戴手铐，如遇2名罪犯同时就医的，可将2名罪犯铐在一起，干警距离罪犯后3—5米押解；如遇有3名以上罪犯到医院同时就医的，分监区要和总值班室联系，由总值班室增派一名警力。

5. 干警夜间带罪犯到医院就医，去和返回前都要用对讲机向狱政科汇报，同时总监控室值班干警听到分监区对讲机汇报后，要对干警带罪犯在就医途中的全过程进行监控。

6. 分监区干警带罪犯到医院后，要用对讲机向分监区值班干警汇报情况。

7. 夜间带罪犯就医，分监区干警只能带患病罪犯，如有重病犯需要其他罪犯陪同的，要在向狱政科报告时说明情况，罪犯人数3人以上的仍需与总值班室联系，加派警力。

8. 惩教分监区罪犯发病需就诊的，原则上由医生到分监区诊治，夜间如因病情需要确需到监狱医院进行处置的，2名（含2名）以下罪犯分监区需派2名干警押解罪犯前往，如同时有3名（含3名）或以上罪犯需要到监狱医院就医，则增派其他分监区值班干警援助，同惩教分监区干警一起押解罪犯到监狱医院就医。

惩教分监区，是专门收押管理违纪罪犯（受处分期间）的分监区。

（四）候诊纪律

各分监区罪犯就医时需自带塑料凳，候诊时如同时有两个分监区的罪犯，则分别坐在同道两侧，并依次按照医生要求就诊，未就诊或就诊完毕的罪犯要按规定坐好，不准随意走动，不准私自与其他分监区罪犯和无关人员接触、攀谈、串换物品，不准在候诊区大声喧哗。

（五）干警职责以及要求

1. 带罪犯就医的干警要按规定佩戴警用装备，并在指定的现场、区域对罪犯进行监控，不能让罪犯脱离干警的视线，不准扎堆聊天、无故逗留。

2. 带罪犯就医干警要按规定认真对就医罪犯进行搜身检查。

3. 带罪犯就医的干警要了解病犯的主要病情及诊治情况，并及时向分监区领导汇报，对有较重病情或对诊治有异议等情况要作为狱情处理，将相关情况在每周狱情汇报会上汇报并详细记录。

记录内容主要包括：干警姓名、就医时间、罪犯姓名、主要病情及诊治情况。

4. 对于急、重病犯，分监区干警必须边送医院边向监狱报告，确保罪犯得到及时救治，依法保障罪犯生命健康安全。

首诊医生应马上通知监狱医院值班院长进行会诊，对于监狱医院无条件处置的病犯，值班院长应及时通知值班监狱长与狱政科，到北京市监狱管理局中心医院就诊或社会医院就诊。

5. 带罪犯就医的干警要严格管理就医罪犯，严防罪犯间串换违禁物品、信件等，罪犯应在指定地点等候，不得乱走乱窜，确保就医现场秩序良好。

6. 就医结束干警应及时带罪犯返回分监区，对因输液等原因需要在医院就医30分钟以上的罪犯，带队干警要通知分监区将其他就医完毕的罪犯带回，不得在医院等候。

7. 分监区带队干警在罪犯就医时要认真负责，必须在同道内巡视检查、监控或到医务室内监督罪犯就诊情况；分监区要严格按照北京市监狱《分监区值班干警工作规范》的要求合理安排警力带罪犯就医。

十一、罪犯在社会医院住院看押管理

由于监狱医院医疗设施条件限制和罪犯病情的需要,需要将个别罪犯送至社会医院进行治疗,为确保罪犯在社会医院住院治疗期间的监管安全,规范看押警力配置、看押以及后勤保障工作,笔者结合监狱实际,对罪犯在社会医院住院看押管理工作进行了明确和规范。

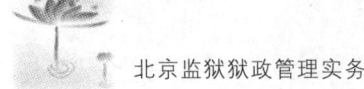

看押工作主要包括干警警力安排、组织要求、看押看管、后勤保障等内容。

1. 罪犯需要到社会医院住院的，看押干警从机关科室、无押犯的分监区抽调，并担任看押任务。

2. 具体值班警力安排。每批3个组9名干警负责看押任务，每组3名干警其中1名为组长，每组看押一天，依次轮换。

3. 狱属各科室或非押犯分监区抽调1名干警、病犯所在分监区每批抽调2名干警，其中1人为分监区领导。

4. 每批干警看押任务的时间为10天，超出10天的由政治处安排下一批干警接替，下一批看押干警按分组顺序安排。

5. 遇有罪犯需在社会医院住院治疗时，由狱政科通知政治处，政治处依照本规定进行警力配置，政治处和狱政科共同负责组织看押的干警召开预备会，明确有关任务和要求。

6. 各单位在接到外出执行看押任务的通知后，应按照本规定及时选派干警到位，并将人员名单报政治处。

7. 负责看押的干警在看押期间如因特殊情况，不能继续执行看押任务的，由干警所在部门领导自行调换，并报政治处备案。

8. 车辆安排。由行政科根据看押任务和时间要求安排车辆接送看押干警。

9. 餐饮。可参照北京市监狱管理局制定的《市监狱管理局差旅费管理实施细则》的规定执行，具体由财务科负责；同时，每批要确定一名干警具体负责各项费用的领取、使用、报销等管理事宜。

10. 在执行看押任务期间，值班干警应认真、及时在值班记录上记录罪犯当天的治疗和看押情况，同时在每天8:30和17:30向监狱狱政科进行报告，狱政科于每天15:30前向市局汇报看押情况。

11. 认真做好交接班。每天接班时间为上午8:30在监狱集体乘车前往医院接班，每组由组长负责召集组员按时到指定地点集体乘车，按时进行交接；上一班干警应将一天情况向下一班干警进行详细汇报。

12. 警用装备的配备。执行看押任务的警用装备由罪犯所在分监区携带，具体有：2根警用伸缩警棍、2部对讲机、2副手铐、1副脚镣、1部执法仪，警用装备要妥善保管，严防丢失。

13. 警用装备的使用。罪犯除在进行仪器、设备检查时有特殊要求外，必须加戴手铐，夜间还应将手铐与床进行连接，脚镣要视罪犯身体、有无危险性、环境等情况加戴；使用戒具的干警要勤检查，防止出现问题，执法仪在罪犯发生异常情况、治疗检查及会见等情况时使用。

14. 在罪犯住院治疗期间，未经监狱批准不得安排罪犯与家属会见，如医院需与罪犯及家属商量治疗方案及亲属提出探视的，需当班组长向监狱狱政科请示汇报，批准后方可安排。

15. 执行看押任务的干警移动电话必须24小时保持畅通，并将个人移动电话号码报狱政科备案。

16. 看押干警的着装。每组3名看押干警有2人着警服，1人着便服，干警需随身携带警官证，并应严格遵守人民警察着装规定，仪表、言谈、举止要确保良好形象。

17. 临时性押解任务。正常工作日有外出押解任务的，由政治处从各科室和没有押犯的分监区男干警中抽调；节假日和晚间有临时押解任务的，从当日机关值班干警中抽调，带班科长负责安排；执行临时押解任务的干警应按规定着装和佩戴警用装备。

18. 干警在担负住院罪犯看押任务时，要时刻注意病犯病情，遇有异常情况，要及时报告大夫救治，防止出现问题。

19. 干警在执行看押任务时，严禁脱管失控、饮酒、不得做与看押无关的事项，现场看押干警如因特殊情况确需离开看押现场的，由组长向狱政科领导请示汇报，由监狱进行协调解决。

20. 担负押解和看押任务的干警应时刻保持高度警惕，认真履行岗位职责，严格遵守工作纪律和押解、看押相关规定，确保绝对安全。

21. 遇有特殊情况的，监狱可临时决定警力安排。

十二、服刑人员改造互助小组

新的形势下,需要监狱管理工作者在理念上有所创新,不断用改革和发展的思想提高认识、开展工作。就干警管理和罪犯改造而言,我们就需要跳出原有的思维;监管安全、罪犯改造质量的提高固然要靠围墙、电网、要靠干警的监管,但我们往往忽视了被改造者作用的发挥,多年以来,我们的干警疲于应付、一天到晚如履薄冰、战战兢兢,试想罪犯积极改造、自觉遵规守纪了,我们的安全才是真正的安全,改造质量才是真正的提高。因此,笔者经过深入思考与研究,结合自己二十多年的工作经验,提出要充分激发服刑人员自我改造的内驱力,实现服刑人员在服刑期间自我改造、自我管理、自我监督、互帮互教、互相监督积极作用,以达到提高罪犯的服刑意识和遵规守纪意识,从而不断提升罪犯改造质量的目的;具体就是在服刑人员中尝试建立服刑人员改造互助小组的管理模式,由服刑人员自己推荐选举产生服刑人员互助小组,制定"服刑人员改造互助小组章程",规范互助小组工作的运行方式等。此

第二章 罪犯日常管理

举在北京市监狱系统是首创,经过在一个分监区试点运行并不断完善后,在全监进行推广,实践效果良好,不仅弥补了一些干警难以发挥的工作环节,对于稳定良好的狱内改造秩序、调动服刑人员改造的积极性都发挥了积极作用。

服刑人员改造互助小组包括互助小组的建立及职责、改造互助组活动原则、活动内容及方式、纪律及要求、奖惩以及评比等六个方面的内容。

（一）小组的建立及职责

分监区成立领导小组，负责组织、指导、监督服刑人员改造互助小组开展活动并进行考核奖惩工作。分监区长为组长，管教副分监区长为副组长，成员由狱侦干警、内勤干警和负责计分考核工作及其他干警组成。

服刑人员改造互助小组设立组长1名，副组长2名，成员4名，共7人；成员中班长、互监员不得超过70%。职责主要四方面：一是开展活动前由组长负责向干警汇报，并具体负责组织实施；二是副组长协助组长工作，对组员开展工作情况进行监督；三是按改造互助小组活动内容及要求，认真落实，确保活动取得实效；四是每月组织召开一次改造互助小组例会，总结小组活动的开展情况，研究、制定下月活动计划，在改造互助小组例会记录本上记录后报分监区领导小组审核。

互助组成员的选拔条件主要有七个方面：

入监时间在二年以上，认罪服法，积极改造，模范遵守监规纪律；为人诚实守信，处事办事公道；责任心强，对干警交办的事认真负责；有正义感，敢于同违规违纪行为作斗争；有一定组织、领导和沟通、协调能力；真诚悔罪，有爱心；积极参加各项改造活动，一贯表现较好（近三年内未受到行政处分的）。

选拔使用程序：

由干警提名或服刑人员自愿申请，分监区干警研究确立超过互助小组50%的人员为候选人；由服刑人员采取不记名投票的方式，对候选人进行民主评议；根据民主评议的情况，由分监区领导小组确定7名改造互助小组成员，由互助小组成员选举产生组长、副组长人选；将服刑人员民主评议情况及确定的7名改造互助小组成员在分监区公示三天。

（二）改造互助小组活动原则

主要有五个原则，即：在严格遵守各项法律、法规和监管制度的条件下开展活动的原则；服刑人员积极主动开展活动与干警监督相结合的原则；改造互助小组活动与分监区干警组织开展的改造活动相结合的原则；改造互助小组活动坚持客观、公正、透明，实事求是的原则；互相监督、互帮互教的原则。

改造互助小组是在干警监督指导下能够协助分监区干警积极开展各项改造活动的服刑人员组织,开展活动期间其他服刑人员应积极配合和支持,不得排挤、辱骂、殴打或用其他方式打击报复改造互助小组成员,破坏、干扰、影响互助小组开展工作。其他服刑人员对改造互助小组成员开展活动具有监督、检举权,对改造互助小组成员不按规定开展活动或以权谋私等情况,其他服刑人员应及时向干警反映。

(三) 活动内容及方式

1. 协助干警开展生活卫生、定置管理的监督、检查和评比。对分监区服刑人员班组内的室内卫生、个人卫生及同道内环境卫生的整理和保持情况进行监督,发现不符合卫生标准或随地吐痰、乱扔纸屑、乱倒残羹剩饭等故意破坏卫生的情况要及时制止,并做好记录。根据服刑人员生活卫生定置管理的相关要求,对分监区监舍的室内卫生(门窗、地面、桌子、碗橱、背包、铺面)、个人卫生(头发、胡须、指甲)、同道内环境卫生(水房、厕所、同道、分监区负责的卫生区)等情况进行检查。

每周在干警的监督下由改造互助小组自行完成一次检查,对检查出的问题要逐一核实责任人。改造互助小组要向班长反馈检查情况,提出整改意见,并做好记录,整理汇总后交干警审核。

2. 协助干警组织开展文体活动、兴趣小组活动,向分监区提出这方面的意见及建议。对分监区服刑人员文体特长和兴趣爱好,以走访的形式进行调研并征求服刑人员的意见,根据调研结果及服刑人员的报名情况进行分组,由分监区确定兴趣小组。在节假日、业余时间协助干警组织文体等活动。

3. 对家庭特困、长期身患疾病及老年服刑人员,开展互帮互助活动。对分监区服刑人员的家庭情况、身体情况以走访的形式进行调研,并将调研结果如实向分监区领导小组反馈,由分监区领导小组根据实际及干警掌握的情况,确定需要被帮扶对象。对长期患病和老年服刑人员,每月组织分监区服刑人员开展一次帮扶活动,内容主要是:帮助洗衣服、组织理发、缝补衣物等。同时,根据情况需要,利用板报、墙报、宣传栏和倡议书等方式提出倡议,在服刑人员中组织献爱心活动,对象是无家无亲属或长期无人探视的服刑人员,每季度开展一次(形式由服刑人员自愿捐助生活用品、食品或钱物、重大节日慰问品等)。

4. 及时收集服刑人员对饮食、卫生、就医、干警管理、监规制度等方面的意见和反映,并在干警的组织下进行座谈讨论,提出合理化建议。每二

月在监舍或活动室组织一次（具体时间分监区自行安排）或根据情况随时组织，各班的服刑人员代表对饮食、卫生、就医、干警管理、监规制度等方面进行一次座谈，每名服刑人员要有发言记录，反映的问题要客观、内容要具体，并针对问题提出意见或建议，做好记录并及时向干警汇报。

5. 协助干警处理或化解服刑人员中出现的一般的矛盾纠纷。及时发现并制止服刑人员在日常改造生活中出现的一般性矛盾纠纷。要深入服刑人员中搜集和了解出现一般性矛盾纠纷的原因，并及时向干警汇报，在干警的指导下通过谈心等形式协调并化解矛盾，对于一时不能化解的要及时向干警反馈。调节或处理服刑人员中的一般性矛盾纠纷，必须经干警批准后由二名以上改造互助小组成员完成。

一般性矛盾纠纷指：服刑人员在日常改造生活中因洗漱、劳动、打水、打饭、就医等琐事或对干警管理、扣分、劳动岗位安排等原因引发的口角、摩擦或不满。

6. 发现或了解服刑人员因家庭变故、家庭矛盾、个人原因或其他原因导致的思想波动或不稳定情绪，组织开展谈心活动。

（1）利用日常生活中聊天、接触观察的机会，搜集和了解服刑人员中存在的隐形矛盾，如：服刑前有恩怨、服刑中产生的矛盾和利益冲突以及因家庭变故、财产纠纷、身患疾病等原因引发较大的思想波动等情形，要做好记录并及时向干警汇报。

（2）组织开展谈心活动。根据实际情况，向干警报告后，在监舍或阅览室，改造互助小组成员根据谈心对象选择合适人选，由改造互助小组自行完成。谈心时，既要了解谈心对象的真实想法和思想波动情况，又要使谈心活动取得实际效果，化解谈心对象的悲观情绪。

7. 及时发现并制止服刑人员中出现的一般或严重违规违纪行为，并向干警汇报；对服刑人员中出现的严重违规违纪行为要组织开展评议和讨论。通过日常了解、观察、接触及时注意发现服刑人员中有可能出现的自杀、自伤自残、脱逃、行凶或闹事等情况信息并及时向干警汇报，及时制止服刑人员中出现的一般或严重违规违纪行为。当分监区发生严重违纪或案件时，改造互助小组成员要积极协助干警搜集相关情报信息，配合干警的调查取证。事后经小组提议、报告分监区同意后，在服刑人员中组织开展对严重违纪和突出问题的评议、讨论活动。讨论内容主要是对近期监狱或分监区发生的严重违纪或服刑人员关注、议论的问题，分析原因，查找教训、谈体会以及如

何避免等。讨论形式可以在监舍、活动室以班为单位或组织一定规模的服刑人员参加。同时，利用板报、墙报、宣传栏等方式宣传服刑人员中的好人好事，对违纪问题以及不正确的言行开展讨论、评议、教育等，每二个月至少一期。

（四）纪律及要求

1. 六条纪律：尊重干警，服从管理，不搞阳奉阴违，不搞特殊化；认真完成干警交办的任务和事项，不准弄虚作假、欺骗干警；不准对服刑人员中的违规违纪行为不闻不问，知情不举，或包庇、拉拢、打击报复；不准与违反监规纪律的服刑人员同流合污、沆瀣一气；不准借此拉帮结伙，打击异己、诬陷其他服刑人员；做人做事公道、正派，处理问题公平、正义，不得假公济私，公报私仇。

2. 要求。改造互助小组开展的各项活动前必须提前向分监区领导小组报告，在干警的指导或监督下进行；按照职责分工开展各项活动，并建立专门的活动记录本、改造互助小组例会记录本、各项活动开展情况记录本，每次例会、活动情况要详细记录，如时间、地点、形式内容、人员、相关数字事实等。记录本由改造互助小组保存，分监区领导小组每月检查；改造互助小组对在活动开展过程中遇到或发现的问题，没有私自处理权；活动结束后要向分监区领导小组汇报情况，有特殊情况的应及时向干警汇报；分监区领导小组要加强对改造互助小组的领导和引导，每季度要对改造互助小组人员进行教育、指导，并对小组活动进行总结。确保活动有效落实，并取得实效。

（五）奖惩

分监区领导小组及区务会对服刑人员改造互助小组成员及活动开展情况每季度评议、总结一次，对在改造互助小组岗位上积极发挥作用的，分监区在班组长选用、劳动及特殊岗位安排上予以优先考虑并给予适当物质奖励，可优先作为改造标兵人选。改造互助小组成员在开展活动及日常改造生活中汇报、检举或制止服刑人员行凶、脱逃、自杀、自伤自残和私藏违禁品等违法违纪行为，经查证属实的，依据相关规定给予记功、嘉奖或奖分等奖励。对违反改造互助小组纪律或不能发挥改造互助小组作用的小组成员分监区应及时予以撤换，触犯法律、法规或监规纪律的，除撤销其改造互助小组成员外，要按相关规定处理。

（六）评比

为充分激发罪犯自我改造的内驱力，实现服刑人员在服刑期间自我改造、自我管理、自我监督、互帮互教、互相监督，营造和谐的改造氛围，提高罪犯的服刑意识和遵规守纪意识，根据北京市监狱管理局《罪犯计分考核规定》，以年度为单位，对全监各分监区改造互助小组进行竞赛评比。

评比内容主要七个方面：认罪服罪、服从管理；自觉遵规守纪，严格遵守司法部《服刑人员行为规范》；积极参加学习、教育、劳动等改造活动；积极协助干警工作，维护良好秩序；起良好带头作用，敢于向干警反映他犯违法、违纪行为；按照互监小组章程，积极开展各项活动，互助小组作用突出、成效显著；服刑人员对互助小组工作认可、评价积极。

评选范围：一至八分监区，一至七分监区小组成员7人、八分监区小组成员5人。

评选基本条件四个方面：罪犯已取得《计分许可证》；年度内罪犯必须在分监区互助小组工作满8个月以上的；年度内未出现一次性扣30分的情形；分监区出现罪犯重大违纪问题与互助小组成员有直接联系的不予参评。

评选方式：年终以分监区互助小组汇报全年开展工作的方式进行评比，汇报全年的活动开展情况及典型的维护监管安全突出事迹；活动评委由一至八分监区管教副分监区长及狱政科两人组成

评选奖励：活动设一、二等奖各一名，每等奖励以小组为单位，分别按照计分考核的相关规定对罪犯互助小组成员奖励有效计分3分、2分。

案例2-2

> 2013年春节前罪犯孙某（28岁，故意伤害，无期）在春节前的一两天才从某市监狱管理局医院出院归队，该犯住院时没有赶上市局中心医院的食品采购，出院后监狱的食品采购也已结束，因只是食品问题，该犯又不好意思和干警说，但心里又很想过节期间能够多吃点好的，情绪低落。服刑人员互助小组成员在日常聊天时发现这一问题后，经干警同意，及时自发为孙犯捐助了部分食品和日用品，该犯十分感动，不仅过了一个愉快的春节，而且在日后的改造中明显比以前更加积极。

第二章 罪犯日常管理

十三、罪犯班长对班内情况定期汇报和研讨机制

"监管安全重在防范",监狱的安全稳定很大程度上取决于防控水平和质量的高低,而狱情排查、分析与处置又是做好防控工作的基础和前提,近年来随着押犯结构的不断变化和复杂,狱情的搜集、排查工作就显得尤为重要,日常工作中,我们在运用亲情电话、会见监听、日常谈话、查阅档案等常规手段搜集狱情的同时,为了进一步拓宽狱情搜集摸排的渠道,有效发挥罪犯班长在维护正常改造秩序中的积极性和主动性,便于干警全面、真实掌握分监区总体狱情动态,制定更加有效、针对性强的管理、教育、防范措施是十分必要的,也是十分重要的;笔者经过研究提出了"罪犯班长对班内情况定期汇报和研讨机制"的工作方法,取得了较好效果。

这一工作方法的提出就是最大限度地发挥罪犯中积极力量的作用,我们知道罪犯管理的最小单元是班,这一个班的罪犯朝夕相处无所不知,班长既是我们使用的积极力量,又对班内情况最熟悉,应当说是我们了解掌握狱情的

重要渠道，同时也是对班长改造情况的检验和考核，他们是不是真心改造、认真履职尽责通过这一措施就能实现我们工作的目的，也达到了全面收集狱情、考核罪犯班长、提高改造质量的多重效应。

罪犯班长对班内情况定期汇报和研讨的管理办法主要包括定期汇报和研讨的内容及要求、听取定期汇报和研讨情况的形式以及相关工作要求等。

(一) 罪犯班长定期汇报的内容及要求

1. 罪犯班长定期汇报的具体内容。

(1) 班内罪犯基本情况。包括截至汇报时本班罪犯人数、调入、调出情况。

(2) 班内成员近半个月的议论和关注的焦点,如计分、奖惩、干警日常管理、生产劳动以及日常改造等方面的问题。

(3) 班内重点关注罪犯情况汇报。包括现实表现情况,有无异常言行,认识自身问题上有无变化。

(4) 班内个别罪犯日常改造中的异常情况。包括:个别罪犯情绪、言行异常、改造表现明显变化、罪犯间发生的矛盾、身体疾病等方面的情况。

(5) 班内个别罪犯家庭方面发生的情况。包括个别罪犯亲属病重、去世、离异、债务纠纷、家庭困难和矛盾等情况。

2. 罪犯班长定期汇报的形式。

(1) 罪犯班长每半月以书面形式汇报一次班内情况(遇有紧急情况应随时汇报),于每月中及月底将汇报材料上交给分管班责任干警。

(2) 汇报标题为×分监区×班情况汇报,标题下应标注:×月×日至×月×日及罪犯×××。

3. 罪犯班长定期汇报的要求。

(1) 罪犯班长对规定的汇报内容在日常改造生活中要主动观察、了解,按时汇报。

(2) 汇报的内容要做到具体、详细、准确,对汇报的内容要从了解的途径和时间,问题的轻重程度、具体言行、采取的措施、现状情况等方面进行汇报,同时要有初步分析。

(3) 罪犯班长在定期汇报中不得有意排挤或打击报复班内罪犯,对班内的情况不得故意瞒报、虚构、歪曲事实。

(4) 分监区各分管班责任干警要对分管班班长汇报材料按时收集、认真审阅,将汇报中反映出的普遍问题或突出问题在当周的干警个人周狱情材料中反映,并在分监区狱情分析会中进行通报、分析和研究,会后将班长汇报材料及干警个人周狱情材料一并交狱侦干警保存备查;专兼职狱侦干警

（分监区内负责狱情收集、侦查、分析、汇总等的警察）要对各分管班责任干警汇报上来的情况进一步提炼、整理，将有价值狱情在周狱情动态中向监狱反映，并于下月初将班长汇报材料装订成册，统一保存。

（二）罪犯班长定期研讨的内容及要求

1. 罪犯班长定期研讨的内容。

（1）分监区押犯在计分、奖惩、学习、生活等方面反映出的问题。

（2）班内押犯议论关注的焦点、热点问题，如对干警的管理、法律、法规、规章方面的意见、建议。

（3）罪犯间易发生矛盾、产生纠纷以及不利于或影响改造的问题。

2. 罪犯班长定期研讨的形式。由分监区负责管教或狱侦工作的领导组织并主持，于每月月底前，利用周一或周四晚罪犯的班会、学习时间，也可以在周五开完狱情分析会后（每周五上午为各分监区整体狱情分析会，讨论分析本周分监区各类情况）或其他时间，组织全体罪犯班长召开一次班长座谈研讨会，狱侦干警参加并负责记录。

3. 罪犯班长定期研讨的要求。

（1）分监区干警要针对押犯近期存在的普遍问题、突出问题及日常观察、了解到罪犯较为关心、关注的有关罪犯切身利益等问题，研究确定一至二个题目，于会前两日布置给罪犯班长。

（2）罪犯班长要在接到研讨题目后，结合分监区和所在班情况认真准备，也可与班内成员一起研究座谈。在座谈研讨时，罪犯班长应积极参与，主动献言献策，研讨发言中不但要有原因分析，还要有建议性的意见、措施。

（3）研讨结束后由主持人根据上月布置任务的落实情况、本月的汇报内容、讨论发言情况进行总结和点评。同时，针对存在的问题提出要求，并布置下一阶段的重点工作。

（4）罪犯班长定期研讨应建立专门的记录本，由狱侦干警详细记录，并对讨论发言的内容进行归纳汇总和分析提炼，对研讨中发现的问题和好的建议要在分监区周狱情分析会中进行通报，同时在周狱情动态（周狱情动态，是监狱制定的用于了解各分监区当周情况的汇报形式，每个分监区，周五狱情分析会后，要总结本周分监区内整体的狱情情况，例如本周罪犯的扣分违纪情况、重控罪犯的一周表现等等，并按时向监狱狱政或狱侦部门反馈）中向监狱反映，为分监区的下一步管理、教育及狱情分析等工作提供参考。

（三）抽查

对罪犯班长的定期汇报和研讨情况，监狱将采取检查文字材料和现场听取研讨会的形式，每月抽查一至二个分监区。

（四）此项工作任务可作为对罪犯班长考核、奖励和使用的重要依据

1. 对罪犯班长在定期汇报中能够如实汇报班内情况，座谈讨论时积极参与、主动献计献策，一贯认真履行班长职责的，将作为评选罪犯改造标兵时的参考依据。

2. 罪犯班长连续三个月在定期汇报或研讨中无实质内容，或当月所属班内出现应汇报情况未汇报的，分监区将视为没有认真履行班长职责，经分监区集体研究通过后，依据《罪犯计分考核规定》可以取消当月 0.5 分的班长有效积分奖励，并扣除相应分数。按照《罪犯计分考核规定》，如果当月班内无违纪等相关事项发生，该班班长可奖励 0.5 分的有效积分，有效积分是监狱减刑假释的主要参考标准，例如，按照监狱呈报减刑的相关标准，1 个有效积分意味着减刑 6 天。

3. 存在下列情况，可撤销班长职务。

（1）罪犯班长在汇报或研讨中，故意打击报复、诬陷他犯的；

（2）罪犯班长在汇报或研讨中，故意瞒报、虚构、歪曲事实的；

（3）罪犯班长在汇报或研讨中，消极抵触、松懈怠慢、阳奉阴违的；

（4）半年以上不认真、不如实汇报班内情况的。

如触犯法律、法规或监规纪律，按相关规定予以处理。

（五）意义

罪犯班长是我们使用的罪犯中的积极力量、改造骨干，他们有义务、有责任完成上述工作任务，也是衡量他们真心悔过、积极改造的重要方面。因此，干警要严格要求、认真组织，确实发挥出他们应有的作用。

第三章 事务管理

一、罪犯每天作息时间及每周改造活动管理

多年以来,尽管我们对罪犯采取半军事化的管理,沿袭和习惯了每天的作息、每周组织罪犯开展劳动、学习等基本的改造活动,但始终没有谁也没有哪项规定来规范这些活动,使这些日常管理活动形成制度化,哪一天个别人或某个单位不这么做了,都说不清他是对还是错,或是违反了什么,无章可循。笔者多年以来一直从事狱政管理工作,不仅觉得十分不了解,更是感到我们的日常管理是规范背后的口头管理、人为的管理,就是这么一个最基础、最经常化的管理恐怕难有人说得清是从何而来、依据的是什么。所以也就经常会出现管理的异同,甚至有时的各自为政。我们都知道监狱是刑罚执行机关,那么我们的每一项管理工作都应该是依法依规进行的,没法没规又谈何严格管理呢?要使我们的管理有法可依、有章可循,要不断规范我们的管理,维护罪犯的合法权益,确保各项监管改造活动有序开展;维护正常和良好改造秩序,就应当从最基础的管理环节抓起,就应当从我们监狱最基层的管理者做起。罪犯的每天作息时间和每周的改造活动,笔者是在依据相关法规和基层工作实际的基础上总结出来的,不一定完善,仅供借鉴。

罪犯每天作息时间及每周改造活动管理主要包括每天作息时间安排、每周改造活动安排等内容。

(一) 每天作息时间安排

每天正常作息时间：

1. 早起床 6:40 分；

2. 早点名 6:50—7:00；

3. 开库房存放个人物品 7:00—7:10；

4. 整理个人卫生 7:10—7:30；

5. 早饭 7:30—8:00；

6. 检查卫生 8:00—8:30；

7. 改造活动 8:30—12:00；

8. 午饭 12:00—12:30；

9. 午休 12:30—13:00；

10. 改造活动 13:00—16:30；

11. 晚饭 16:45—17:15；

12. 自由活动 17:15—18:30；

13. 收看新闻 18:30—19:30；

14. 自由活动 19:30—21:00；

15. 开库房取个人物品 21:00—21:10；

16. 晚点名 21:10—21:20；

17. 就寝 21:30。

特殊情况规定：

1. 遇国家法定假日包括与假日一起倒休时间，早晨起床时间为 7:00；就餐每天三餐改为二餐，时间分别为上午 9:30 和下午 15:30；

2. 为有利于暑期罪犯休息，每年 6 月 15 日至 9 月 15 日晚就寝时间为 22:00；

3. 分监区如需调整作息时间要向监狱报告，由监狱审批，分监区不得擅自更改作息时间；

4. 因生产劳动需要延时、补时或加班的按相关规定审批；

5. 因特殊情况临时调整的，监狱临时做出通知。

（二）每周改造活动安排

每周正常活动安排：

周一，白天：劳动及其他改造活动；
　　　　晚间：19:40—20:20 罪犯班会；
　　　　　　　20:40—21:00 分监区周小结会；
周二，白天：劳动及其他改造活动；
　　　　晚间：收看新闻及自由活动；
周三，白天：劳动及其他改造活动；
　　　　晚间：收看新闻及自由活动；
周四，白天：劳动及其他改造活动；
　　　　晚间：收看新闻，19:40—20:40 监狱或分监区安排学习教育活动；
周五，白天：劳动及其他改造活动；
　　　　晚间：收看新闻及自由活动；
周六，白天：监狱开展各种教育活动；
　　　　晚间：收看新闻及自由活动；
周日，白天：休息及自由活动；
　　　　晚间：收看新闻及自由活动。

特殊情况安排：

1. 遇国家法定节日按周日执行；
2. 占用或调整正常安排的，要按相关规定审批后，组织执行；
3. 临时性调整的，监狱将做出统一调整安排，通知分监区和相关部门执行；
4. 各单位未经监狱批准，不得私自做出调整。

二、罪犯严重违纪问题现场处置工作流程

从近年来监狱发生的罪犯严重违纪问题的处理、分析来看，干警处理罪犯违纪问题中存在随意性，大多采用凭经验、看心情的处理方式，由于现场管控、处置不当，经常导致罪犯二次违纪、相关证据丢失、罪犯反映干警处理不公等问题，不仅使监管工作处于被动、造成不良后果，还给监狱公平、公正执法和后续管理带来极坏的影响，应当说这一问题具有相当的普遍性。针对这种情况，笔者认真分析了出现问题的原因、特点，通过研究、梳理，将实际情况和工作经验有机地结合，从程序、具体方法等方面提出了详尽的规范建议，解决了多年来在罪犯严重违纪的现场处置这一问题上干警无据可依、工作随意等问题，提升了分监区干警处理此类问题的意识和能力，推进了狱政管理精细化建设。此制度的出台，对确保监狱的安全稳定，减少问题的发生，规范干警的管理都发挥了积极作用，深受一线干警好评。

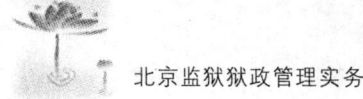

罪犯严重违纪问题现场处置工作流程：重点是对分监区罪犯违纪现场及人员控制、违纪问题上报、违纪现场证据的搜集、留存、违纪问题的调查及处理等五个方面的内容。

（一）违纪现场及人员控制

1. 干警通过监控发现或罪犯汇报得知分监区发生罪犯严重违纪问题后，应及时向分监区领导汇报，分监区应安排一名干警在同道门口观察、巡视，并指挥罪犯互监员将无关罪犯清回监舍，并锁好监舍门，同时安排罪犯互监员在同道内巡视，确保同道内秩序良好，防止其他罪犯借机闹事；一名干警携带相关警戒具迅速进入现场，对正在实施违纪行为的罪犯进行制止和控制。

2. 违纪行为制止和控制后，干警应立即将当事罪犯带出同道，对不服从管理、存在行凶、闹事等危险的罪犯应加戴戒具控制后带出同道，防止罪犯自伤自残或行凶闹事。

3. 当事罪犯带出同道后，将当事罪犯分开进行隔离控制，要有至少一名干警现场管控，防止罪犯串供、传递物品、与他犯接触或出现二次违纪等问题，并可安排互监员或班长协助干警包夹控制，对存在行凶、闹事、自伤自残等危险的罪犯应加戴戒具控制。

4. 对发生在罪犯劳动、学习、放风等场所的严重违纪问题，干警应在控制现场后，将当事罪犯控制到空旷便于监控的场所，通知分监区后，由至少两名干警将当时罪犯加戴戒具后押解回分监区大厅控制；如违纪造成罪犯受伤的，分监区应及时带罪犯到医务室救治，伤情过重或不易移动的，分监区应立即通知医院，由医院派人员到现场采取救治措施，需要外出就医的，由医院部门的值班领导负责联系和办理，并向狱政科及当日值班监狱领导报告。

（二）违纪问题上报

当事罪犯控制后，由分监区值班领导立即电话向狱政科汇报，汇报内容包括：违纪问题发生的时间、地点、涉及罪犯人数、违纪的类别和性质等情况，同时，对问题、性质严重的违纪问题，狱政科干警需到现场进行调查和处理。

(三) 违纪现场证据的搜集、留存

要做好现场证据的搜集、固定和留存工作，包括对违纪现场、罪犯伤情等痕迹的拍照固定，对违纪工具、物品等物证的采集留存，同时要对当事罪犯相关物品、区域进行严格检查，搜集与违纪有关的证据材料。

(四) 违纪问题的调查

1. 分监区领导要带领一名干警，在谈话室内分别对当事罪犯进行讯问，查清违纪问题事情的时间、地点、起因、经过、具体言行等情况，并制作讯问笔录。

2. 安排所有事发时在场的其他罪犯写出事情经过，包括事发前后罪犯的言行、对话以及实施违纪时的动作、手段、言行等具体细节。

3. 完成当事罪犯的讯问和其他证据材料的收集整理后，分监区干警要及时调取、保存事发现场监控录像并进行查看，如有与监控录像反映不一致的情节，要进一步做好调查、核实工作。

(五) 违纪问题的处理

1. 违纪问题调查、核实基本清楚后，分监区要按照北京市监狱管理局《对破坏监管秩序罪犯惩处的规定》相关条款和要求，填写相应的处罚审批表，并由分监区、监区签署意见后报狱政科审核。

2. 分监区在向监狱请示后，将当事罪犯送至惩教分监区关押控制，押解途中要加戴戒具，押解干警不少于 2 名，如违纪问题发生在夜间或节假日的，分监区应及时向监狱总值班室汇报，由总值班室安排一名干警协助分监区将罪犯押解至惩教分监区，确保安全。

三、罪犯室外活动的管理

适时组织罪犯室外文体娱乐活动，不但有利于罪犯身心健康，也是罪犯释放不良情绪、逐步适应由社会自由人到被剥夺人身自由投入监狱服刑后的服刑人，同时，也为干警更好地观察了解罪犯以及罪犯之间融洽相处提供了平台；但实际工作中，由于干警管理不到位、场地、设备设施等实际情况的限制，经常出现罪犯打架、相互传递违禁品、发生伤残等监管问题，确保罪犯室外活动的有序开展和安全就显得尤为重要。为此，笔者在2005年结合监狱实际，经过反复调研，从室外活动区域、活动时间、活动要求、干警监管、请示报告等方面对这一改造活动提出了较全面的规范建议措施，为进一步规范罪犯的室外活动，确保活动安全、有序，防止各类事故的发生提供了保障。

第三章 事务管理

本工作方法主要是以北京市监狱①为例,从室外活动的场地、范围、时间,干警的职责要求、罪犯的纪律、现场的管理、事前事后的请示汇报等进行了规范,方法实用、措施具体。

1. 室外活动的地点:北监区为监区内的足球场、篮球场、监舍楼前两块空地;南监区为监区西院的监舍楼前空地,东院的为两楼之间的空地、篮球场。

2. 北监区共四块室外活动场地,南监区共三块室外活动场地,每块室外场地每次只限一个分监区组织罪犯活动。北监区各分监区在足球场或篮球场活动每周不超过两次;在各自分监区楼前空地活动每周不超过两次。南监区西院分监区在分监区楼前空地活动每周不超过三次;南监区东院各分监区在监舍楼中间篮球场和两楼之间的空地每周活动不超过三次。

3. 室外活动的总体时间要求是:每周二至周五 17:00—18:30,节假日 9:30—11:30 和 16:30—18:30。每个分监区每天组织罪犯室外活动不得超过一次,每次不得超过一小时,恶劣天气不得组织罪犯室外活动。

4. 两个分监区在同一时间相邻场地活动时,必须分开单独组织进行,罪犯间不得交叉活动;两个分监区间设定出隔离带,必须有干警监管和控制。

5. 分监区在组织罪犯室外活动前,应向狱政科进行电话汇报,汇报的内容包括:罪犯人数、组织干警姓名及人数、活动内容、地点及活动的时间。

6. 狱政科在接到分监区的请示后,应根据情况,及时做出准许或不同意的答复,并说明理由,同时要认真做好登记。

7. 分监区在组织罪犯室外活动前后,干警对罪犯都要进行安检,并进行严格的搜身检查。

8. 分监区安排罪犯室外活动的,应以室外活动现场作为监管重点,必须确保监管安全;分监区要由两名以上干警组织管理,干警要按规定着装,佩带警用装备,确保通讯畅通。

9. 分监区在组织罪犯活动时,要按规定的区域和时间,确保相对集中,

---

① 本书中"北京市监狱"初名为京师模范监狱,由清法部于宣统元年闰二月初十(1909 年 3 月 31 日)奏请筹建。始建于宣统二年(公元 1910 年)四月,到民国元年(1912 年)基本完工,于 1912 年 11 月 10 日投入使用。1994 年监狱停用,迁出市区,以位于大兴区黄村地区团河农场的北京市收容所为基础,改建为新的北京市监狱。

有序活动。未经现场干警批准，罪犯不得擅自离开规定的活动区域，不得与其他分监区罪犯接触。

10. 罪犯在活动时，要严格服从干警的管理，严格遵守监规纪律和室外活动规定，未按上述要求做的，视情节给予批评教育、暂停6个月以下室外活动或按相关规定予以处罚。

11. 罪犯在活动时，要讲究公德、讲究卫生，爱护公共设施，爱护花草树木；严禁在场地周围大小便，乱扔废弃物。

12. 罪犯在活动时，要注意文明礼貌，不得打闹、躺卧、赤背、光身。

13. 罪犯在活动时，要注意安全，不得无故使用粗野动作，防止摔伤、踢伤、扭伤等身体伤害事故发生。

14. 在组织罪犯室外活动时，如发生罪犯严重违纪和受伤事故，要立即向狱政科汇报，并将罪犯收回分监区；对违纪的罪犯要严格控制，带回分监区处理；对受伤罪犯应及时送医务所救治；与此同时，狱政科要向值班监狱领导报告，并到现场调查处理。

15. 组织室外活动的干警必须坚守岗位，认真履行监管职责，不得与罪犯一起活动或做与监管无关的事。

16. 干警应位于活动场便于监控的位置，确保罪犯的一切活动都能纳入干警的视线之内。

17. 分监区对罪犯活动用的运动服、运动鞋和器具要由分监区集中统一保管，并由干警专人负责。

18. 管教部门、警务督察队对分监区组织罪犯室外活动情况要加强检查，对违反上述规定的，要及时纠正，问题严重的要通报批评，并按监狱有关规定对责任干警进行处罚。

四、分监区重点部位、重点时段的管理

笔者通过总结以往发生的罪犯严重违纪问题和监管安全事故的原因发现，这些问题大都发生在警力相对薄弱的非正常工作时间和水房、厕所、库房等部位，而且在这样的时间段、在这些部位又都是罪犯活动最为集中最为频繁，恰恰相反的是在这些时间段、这些部位正是干警警力最为薄弱，分监区只有值班干警，在罪犯洗漱、上厕所、到库房存取物品等时，很难做到干警直接管控，特别是对罪犯至监员在此时段如何协助干警维护秩序也没有明确规定，是造成在重点时段、重点部位罪犯违纪问题多发的主要原因。笔者在观察这些管理问题的同时，积极开展调查研究，认真梳理分析问题的症结和原因，找寻规律，建立起分监区重点部位、重点时段管理工作的具体措施；措施明确了重点部位、重点时段的范围、干警及罪犯至监员的职责与任务、违反规定的奖惩等，可以说较好地解决了这一难点问题；为规范分监区的管理工作、减少问题的发生发挥了积极作用，同时，也推动了管理工作的规范化。

分监区重点部位、重点时段管理主要包括分监区重点部位的管理、分监区重点时间段的管理两个方面的内容。

（一）分监区重点部位的管理

分监区的重点部位是指：水房、厕所、活动室、库房、谈话室、图书室、同道。对以上重点部位在重点时间段内，分监区监控干警应重点实施监控。

1. 罪犯水房的管理。具体开放时间：

周一至周六正常开放时间：6：30—8：30、11：30—13：30、16：30—18：30、19：30—21：30

周日开放时间：6：30—10：30、11：30—12：30、14：30—18：30、19：30—21：30

元旦、春节、五一、十一放假期间开放时间：7：00—11：00、14：30—17：00、19：30—21：30

夏季中午和晚上可延长半小时。实行上锁管理、定时开放。

水房开放时，水房门口要固定一名罪犯互监员值班，维护秩序，分监区监控干警应对水房进行重点监控，及时发现问题。

2. 罪犯厕所的管理。具体开放时间：

周一至周六正常开放时间：6：30—8：30、11：30—13：30、16：30—18：30、19：30—21：30

节假日开放时间：6：30—18：30、19：30—21：30

实行上锁管理、定时开放。在正常时间每天上下午，分监区根据各自实际情况定时组织罪犯集中上厕所，但间隔不得少于一小时。在开放以外时间上厕所的，罪犯应先按门铃，由监控值班干警负责开门，并对厕所罪犯进行重点监控。厕所在定时开放时间，同道值班的罪犯要有一名固定在门口值班。

3. 罪犯库房的管理。为便于干警监控，西监舍楼分监区罪犯库房一律固定在同道北侧最西端第一间监舍，东监舍楼一律固定在同道北侧最东端第二间监舍。

具体开放时间：每天 6：40—7：00、11：30—11：40、12：50—13：00、21：00—21：20，伙房早晨出工的罪犯开放时间为 4：50—5：00。

实行上锁管理、定时开放。在库房开放时，要有一名干警在库房门口重点监控和组织，及时发现问题，库房内安排一名互监员进行巡视，库房使用完毕后，干警进入库房确认无人后及时上锁。罪犯每人一个储物柜，必须及

时上锁，钥匙罪犯个人一把，分监区保存一把；分监区要确保库房有序和整洁，储物柜外不得随意存放物品。

4. 分监区罪犯活动室的管理。活动室是罪犯收看电视、召开罪犯大会、组织罪犯集中学习、教育、点名、罪犯集中开展娱乐活动的场所。分监区组织罪犯开展上述活动，必须由干警组织、现场管理，罪犯不得私自在活动室活动。组织罪犯收看电视，开展娱乐活动必须在规定的时间内进行，组织上述活动必须确保秩序良好。

5. 谈话室、图书室的管理。谈话室、图书室要专室专用，罪犯不得私自进入活动。两室内不得存放危险品、违禁品和各种工具等不宜存放的物品，要确保室内整洁、有序。使用两室时，监控值班干警应重点监控。两室不用时，门应及时上锁。

（二）分监区重点时间段的管理

重点时段包括：每天6:30—8:30、11:30—13:30、17:00—21:30；节假日休息时间，指每周的星期天和元旦、春节、五一、十一的放假时间及其他休息时间。

1. 每天晚间的管理：每天18:30—19:30按监狱要求统一组织罪犯收看新闻节目，全体罪犯必须参加，现场至少要有一名干警管理。周一晚间各分监区统一组织罪犯召开班会，时间为：19:45—20:30，全体罪犯必须参加，干警至少要进同道巡视一次。周四晚间各分监区统一组织罪犯进行学习、教育，时间为：19:45—20:30，全体罪犯必须参加，干警至少要进同道巡视一次。周二、三、五、六、日晚间为组织罪犯开展娱乐活动的时间，其间干警进同道巡视不得少于一次，监控干警要加强监控。

2. 早上和午间段的管理：在这两个时间段内的点名、洗漱、就餐等罪犯活动，干警进同道巡视各不得少于一次。监控干警应重点对重点部位进行监控。正常工作时间每天早晨6:30，节假日休息时间每天7:00，分监区值班干警必须全部起床对罪犯活动进行巡视检查和组织。

3. 节假日休息时间的管理。节假日分监区应安排或组织罪犯开展娱乐活动、室外放风等集体活动，也可按监狱安排开展活动，减少罪犯自由活动时间。监控干警应加强监控，其他干警每两小时进同道或到现场进行巡视、检查不得少于一次。

(三) 节假日以及非正常工作时间罪犯出入分监区的管理

非正常工作时间是指：周一至周六每天16：30—次日8：30、节假日和其他休息时间。以上时间分监区需带罪犯出分监区的，要提前将事由、罪犯人数、时间、带队干警报狱政科，返回后要再向狱政科报告，狱政科要进行登记和检查，分监区不得擅自带罪犯出分监区。

第三章 事务管理

五、罪犯劳动现场定置管理

罪犯参加劳动是罪犯改造的一项重要内容，而劳动现场的管理不管是时间、空间、参与的人员，还是管理的复杂性以及安全等方面都在管理工作中占据着重要位置。

目前而言，由于罪犯劳动现场的复杂性、多样性，劳动项目的不确定性和不稳定性，使劳动现场的管理一直处于不规范的状态，更没有较完善的管理制度，以致成为监管安全事故、生产事故等频发之地和管理难点。针对这种现状，笔者在2007年和2008年近两年的时间里，通过学习上级单位相关规定和外省市一些监狱的经验、做法，研究、分析了监狱的现状和实际，从软硬件两个方面进行了相关规范，为强化罪犯劳动现场的管理，确保劳动现场良好秩序，防止各类事故的发生，发挥了积极的作用。

（一）定置管理释义

1. 来源。定置管理也称定置科学或定置工程学，起源于日本，由日本青木能率（工业工程）研究所的艾明生产创导者青木龟男先生始创。他从20世纪50年代开始，根据日本企业生产现场管理实践，经过潜心钻研，提出了定置管理这一新的概念，后来，又由日本企业管理专家清水千里先生在应用的基础上，发展了定置管理，把定置管理总结和提炼成为一种科学的管理方法，并于1982年出版了《定置管理入门》一书。之后，这一科学方法在日本许多公司得到推广应用，都取得了明显的效果。

定置管理是对生产现场中的人、物、场所三者之间的关系科学地进行分析研究，使之达到最佳结合状态的一门科学管理方法。

2. 人、物、场所三者之间的关系。以物在场所的科学定置为前提，以完整的信息系统为媒介，以实现人和物的有效结合为目的，通过对生产现场的整理、整顿，把生产中不需要的物品清除掉，把需要的物品放在规定位置上，使其随手可得，促进生产现场管理文明化、科学化，达到高效生产、优质生产、安全生产。

人、物、场所三者之间的关系：

（1）人与物的关系。在工厂生产活动中，构成生产工序的要素有5个，即原材料、机械、工作者、操作方法、环境条件。其中最重要的是人与物的关系，只有人与物相结合才能进行工作。

①人与物的结合方式。人与物的结合方式有两种，即直接结合与间接结合。直接结合又称有效结合，是指工作者在工作中需要某种物品时能够立即得到，高效率地利用时间。间接结合是指人与物呈分离状态。为使其达到最佳结合，需要通过一定信息媒介或某种活动来完成。

②与物的结合状态。生产活动中，主要是人与物的结合。但是人与物是否有效地结合取决于物的特有状态，即A、B、C三种状态。A状态是物与人处于有效结合状态，物与人结合立即能进行生产活动。B状态是物与人处于间接结合状态，也称物与人处于寻找状态或物存在一定缺陷，经过某种媒介或某种活动后才能进行有效生产活动的状态；C状态是物与现场生产活动无关，也可说是多余物。

（2）场所与物的关系。在工厂的生产活动中，人与物的结合状态是生产有效程度的决定因素。但人与物的结合都是在一定的场所里进行的。因

第三章 事务管理

此,实现人与物的有效结合,必须处理好场所与物的关系,也就是说场所与物的有效结合是人与物有效结合的基础。从而产生了对象物在场所中的放置科学——"定置"。

①定置。定置与随意放置不同,定置即是对生产现场、人、物进行作业分析和动作研究,使对象物按生产需要、工艺要求而科学地固定在场所的特定位置上,以达到物与场所有效地结合,缩短人取物的时间,消除人的重复动作,促进人与物的有效结合。

②场所的三种状态,即:状态、-状态、"状态。状态是良好状态。即场所具有良好的工作环境、作业面积、通风设施、恒温设施、光照、噪音、粉尘等符合人的生理状况与生产需要,整个场所达到安全生产的要求。-状态是改善状态。即场所需要不断改善工作环境,场所的布局不尽合理或只满足人的生理要求或只满足生产要求、或两者都未能完全满足。"状态是需要彻底改造状态。即场所需要彻底改造,场所既不能满足生产要求、安全要求又不能满足人的生理要求。

③场所的划分。在生产过程中,根据对象物流运动的规律性,便于人与物的结合和充分利用场所的原则,科学地确定对象物在场所的位置。第一,固定位置:即场所固定、物品存放位置固定、物品的信息媒介固定。用三固定的技法来实现人、物、场所一体化。此种定置方法适用于对象物在物流运动中进行周期性重复运动,即物品用后回归原地,仍固定在场所某特定位置。第二,自由位置:即是物品在一定范围内自由放置,并以完善信息、媒介和信息处理的方法来实现人与物的结合。这种方法应用于物流系统中不回归、不重复的对象物,可提高场所的利用率。

(3)人、物、场所与信息的关系。生产现场中众多的对象物不可能都同人处于直接结合状态,而绝大多数的物同人处于间接结合状态。为实现人与物的有效结合,必须借助于信息媒介的指引、控制与确认。因此,信息媒介的准确可靠程度直接影响人、物、场所的有效结合。信息媒介又分确认信息媒介和引导信息媒介两类,每类信息媒介又各有两种媒介物。

①引导信息媒介物。即是人们通过信息媒介物,被引导到目的场所,如位置台账、平面布置图等。

②确认信息媒介物。人们通过信息媒介物确认出物品和场所。如场所标志、物品名称(代号)等。

3.涵义。定置管理中的"定置"不是一般意义上字面理解的"把物品固定地放置"，它的特定含义是：根据生产活动的目的，考虑生产活动的效率、质量等制约条件和物品自身的特殊的要求（如时间、质量、数量、流程等），划分出适当的放置场所，确定物品在场所中的放置状态，作为生产活动主体人与物品联系的信息媒介，从而有利于人、物的结合，有效地进行生产活动。对物品进行有目的、有计划、有方法的科学放置，称为现场物品的"定置"。

4. 内容。定置管理内容较为复杂，在工厂中可粗略地分为工厂区域定置、生产现场区域定置和可移动物件定置等。

工厂区域定置：包括生产区和生活区。生产区包括总厂、分厂（车间）、库房定置。如总厂定置包括分厂、车间界线划分，大件报废物摆放，改造厂房拆除物临时存放，垃圾区，车辆存停等。分厂车间定置包括工段、工位、机器设备、工作台、工具箱、更衣箱等。库房定置包括货架、箱柜、贮存容器等。生活区定置包括道路建设、福利设施、园林修造、环境美化等。

生产现场区域定置：包括毛坯区、半成品区、成品区、返修区、废品区、易燃易爆污染物停放区等。

可移动物件定置：包括劳动对象物定置（如原材料、半成品、在制品等）；工卡、量具的定置（如工具、量具、胎具、容器、工艺文件、图纸等）；废弃物的定置（如废品、杂物等）。

因而，可以说，定置管理是指对物的特定的管理，是其他各项专业管理在生产现场的综合运用和补充企业在生产活动中研究人、物、场所三者关系的一门科学。它是通过整理，把生产过程中不需要的东西清除掉，不断改善生产现场条件，科学地利用场所，向空间要效益；通过整顿，促进人与物的有效结合，使生产中需要的东西随手可得，向时间要效益，从而实现生产现场管理规范化与科学化。

（二）定置管理的基本步骤

1. 步骤1：进行工艺研究。工艺研究是定置管理开展程序的起点，它是对生产现场现有的加工方法、机器设备、工艺流程进行详细研究，确定工艺在技术水平上的先进性和经济上的合理性，分析是否需要和可能用更先进的工艺手段及加工方法，从而确定生产现场产品制造的工艺路线和搬运路线。工艺研究是一个提出问题、分析问题和解决问题的过程，包括以下三个步

骤：

（1）对现场进行调查，详细记录现行方法。通过查阅资料、现场观察，对现行方法进行详细记录，是为工艺研究提供基础资料，所以，要求记录详尽准确。由于现代工业生产工序繁多，操作复杂，如用文字记录现行方法和工艺流程，势必显得冗长繁琐。在调查过程中可运用工业工程中的一些标准符号和图表来记录，则可一目了然。

（2）分析记录的事实，寻找存在的问题。对经过调查记录下来的事实，运用工业工程中的方法研究和时间研究的方法，对现有的工艺流程及搬运路线等进行分析，找出存在的问题及其影响因素，提出改进方向。

（3）拟定改进方案。提出改进方向后，定置管理人员要对新的改进方案作具体的技术经济分析，并和旧的工作方法、工艺流程和搬运线路作对比。在确认是比较理想的方案后，才可作为标准化的方法实施。

2. 步骤2：对人、物结合的状态分析。人、物结合状态分析，是开展定置管理中最关键的一个环节。在生产过程中必不可少的是人与物，只有人与物的结合才能进行工作。而工作效果如何，则需要根据人与物的结合状态来定。人与物的结合是定置管理的本质和主体。定置管理要在生产现场实现人、物、场所三者最佳结合，首先应解决人与物的有效结合问题，这就必须对人、物结合状态进行分析。在生产现场，人与物的结合有两种形式，即直接结合和间接结合。直接结合是指需要的东西能立即拿到手，不存在由于寻找物品而发生时间的耗费。如加工的原材料、半成品就在自己岗位周围，工检量具、贮存容器就在自己的工作台上或工作地周围，随手即得。间接结合是指人与物呈分离状态，为使其结合则需要信息媒介的指引。信息媒介的准确可靠程度影响着人和物结合的效果。

按照人与物有效结合的程度，可将人与物的结合归纳为 ABC 三种基本状态：

A 状态，表现为人与物处于能够立即结合并发挥效能的状态。例如，操作者使用的各种工具，由于摆放地点合理而且固定，当操作者需要时能立即拿到或做到得心应手。

B 状态，表现为人与物处于寻找状态或尚不能很好发挥效能的状态。例如，一个操作者想加工一个零件，需要使用某种工具，但由于现场杂乱或忘记了这一工具放在何处，结果因寻找而浪费了时间；又如，由于半成品堆放不合理，散放在地上，加工时每次都需弯腰，一个个地拣起来，既影响了工时,又提高了劳动强度。

C 状态,是指人与物没有联系的状态。这种物品与生产无关,不需要人去同该物结合。例如,生产现场中存在的已报废的设备、工具、模具,生产中产生的垃圾、废品、切屑等。这些物品放在现场,必将占用作业面积,而且影响操作者的工作效率和安全。

因此,定置管理就是要通过相应的设计、改进和控制,消除 C 状态,改进 B 状态,使之都成为 A 状态,并长期保持下去。

3. 步骤 3:开展对信息流的分析。信息媒介就是人与物、物与场所合理结合过程中起指导、控制和确认等作用的信息载体。由于生产中使用的物品品种多、规格杂,它们不可能都放置在操作者的手边,如何找到各种物品,需要有一定的信息来指引;许多物品在流动中是不回归的,它们的流向和数量也要有信息来指导和控制;为了便于寻找和避免混放物品,也需要有信息来确认,因此,在定置管理中,完善而准确的信息媒介是很重要的,它影响到人、物、场所的有效结合程度。

人与物的结合,需要有四个信息媒介物:

第一个信息媒介物是位置台账,它表明"该物在何处",通过查看位置台账,可以了解所需物品的存放场所。

第二个信息媒介物是平面布置图,它表明"该处在哪里"。在平面布置图上可以看到物品存放场所的具体位置。

第三个信息媒介物是场所标志,它表明"这儿就是该处"。它是指物品存放场所的标志,通常用名称、图示、编号等表示。

第四个信息媒介物是现货标示,它表明"此物即该物"。它是物品的自我标示,一般用各种标牌表示,标牌上有货物本身的名称及有关事项。在寻找物品的过程中,人们通过第一个、第二个媒介物,被引导到目的场所。

因此,称第一个、第二个媒介物为引导媒介物。再通过第三个、第四个媒介物来确认需要结合的物品。因此,称第三个、第四个媒介物为确认媒介物。人与物结合的这四个信息媒介物缺一不可。建立人与物之间的连接信息,是定置管理这一管理技术的特色。是否能按照定置管理的要求,认真地建立、健全连接信息系统,并形成通畅的信息流,有效地引导和控制物流,是推行定置管理成败的关键。

4. 步骤 4:定置管理设计。定置管理设计,就是对各种场地(厂区、车间、仓库)及物品(机台、货架、箱柜、工位器具等)如何科学、合理定置的统筹安排。定置管理设计主要包括定置图设计和信息媒介物设计。

（1）定置图设计。定置图是对生产现场所在物进行定置，并通过调整物品来改善场所中人与物、人与场所、物与场所相互关系的综合反映图。其种类有室外区域定置图，车间定置图，各作业区定置图，仓库、资料室、工具室、计量室、办公室等定置图和特殊要求定置图（如工作台面、工具箱内，以及对安全、质量有特殊要求的物品定置图）。定置图绘制的原则有：①现场中的所有物均应绘制在图上；②定置图绘制以简明、扼要、完整为原则，物形为大概轮廓、尺寸按比例，相对位置要准确，区域划分清晰鲜明；③生产现场暂时没有，但已定置并决定制作的物品，也应在图上表示出来，准备清理的无用之物不得在图上出现；④定置物可用标准信息符号或自定信息符号进行标注，并均在图上加以说明；⑤定置图应按定置管理标准的要求绘制，但应随着定置关系的变化而进行修改。

（2）信息媒介物设计。信息媒介物设计，包括信息符号设计和示板图、标牌设计。在推行定置管理，进行工艺研究、各类物品停放布置、场所区域划分等都需要运用各种信息符号表示，以便人们形象地、直观地分析问题和实现目视管理，各个企业应根据实际情况设计和应用有关信息符号，并纳入定置管理标准。在信息符号设计时，如有国家规定的（如安全、环保、搬运、消防、交通等）应直接采用国家标准。其他符号，企业应根据行业特点、产品特点、生产特点进行设计。设计符号应简明、形象、美观。

定置示板图是现场定置情况的综合信息标志，它是定置图的艺术表现和反映。标牌是指示定置物所处状态、标志区域、指示定置类型的标志，包括建筑物标牌，货架、货柜标牌，原材料、在制品、成品标牌等。它们都是实现目视管理的手段。各生产现场、库房、办公室及其他场所都应悬挂示板图和标牌，示板图中内容应与蓝图一致。示板图和标牌的底色宜选用淡色调，图面应清洁、醒目且不易脱落。各类定置物、区（点）应分类规定颜色标准。

5. 步骤5：定置实施。定置实施是理论付诸实践的阶段，也是定置管理工作的重点。其包括以下三个步骤：

（1）清除与生产无关之物。生产现场中凡与生产无关的物，都要清除干净。清除与生产无关的物品应本着"双增双节"精神，能转变利用便转变利用，不能转变利用时，可以变卖，化为资金。

（2）按定置图实施定置。各车间、部门都应按照定置图的要求，将生

产现场、器具等物品进行分类、搬、转、调整并予定位。定置的物要与图相符，位置要正确，摆放要整齐，贮存要有器具。可移动物，如推车、电动车等也要定置到适当位置。

（3）放置标准信息名牌。放置标准信息名牌要做到牌、物、图相符，设专人管理，不得随意挪动。要以醒目和不妨碍生产操作为原则。总之，定置实施必须做到：有图必有物，有物必有区，有区必挂牌，有牌必分类；按图定置，按类存放，账（图）物一致。

6. 步骤6：定置检查与考核。定置管理的一条重要原则就是持之以恒。只有这样，才能巩固定置成果，并使之不断发展。因此，必须建立定置管理的检查、考核制度、制订检查与考核办法，并按标准进行奖罚，以实现定置管理长期化、制度化和标准化。

定置管理的检查与考核一般分为两种情况：一是定置后的验收检查，检查不合格的不予通过，必须重新定置，直到合格为止；二是定期对定置管理进行检查与考核。这是要长期进行的工作，它比定置后的验收检查工作更为复杂，更为重要。

定置考核的基本指标是定置率，它表明生产现场中必须定置的物品已经实现定置的程度。其计算公式是：定置率＝实际定置的物品个数（种数）／定置图规定的定置物品个数（种数）×100％。

（三）监狱劳动场所（车间）的具体管理

罪犯劳动现场定置管理主要包括建立管理制度、硬件建设以及相关要求等方面的内容。

1. 从车间管理、干警管理、劳动工具管理、危险品管理和罪犯个人物品管理五个方面建立管理制度。

（1）劳动现场车间的管理。

①罪犯劳动现场要相对封闭，劳动车间、库房的门窗等设施要有安全防护，车间大门、封闭区域的出入口要上锁管理，分监区要按照相关规定经常对劳动现场进行检查，并在清监记录上认真记录检查情况。

②劳动现场各种生产设备、原材料、成品等要实行定置管理，指定区域码放，保持整洁、有序，对有可能作为攀援物的要采取必要的安全控制措施或入库管理，易燃易爆物品要符合消防等安全要求。

③劳动现场、车间，制作、悬挂的各项管理规定展板、标牌、标语、警

示标志等要统一、规范。

④劳动现场未经监狱批准,不得私搭乱建各种设施、房屋,不得饲养动物、种植植物,妨碍安全和管理。

⑤劳动现场、生产车间各种生产用库房以及大型设备,收工后应关闭所有电源、水源,门要及时上锁。

⑥生产用的产品下脚料、废弃物品等应集中存放在劳动现场不明显位置,并及时变卖或运出,确保劳动现场整洁、有序和安全。

⑦罪犯未经干警批准和带领不得私自进出规定的劳动区域,不得私自串岗串位。

(2)干警岗位职责管理。

①根据劳动现场情况、罪犯人数及劳动项目实际,由监狱统一定置干警固定和巡视值班岗位,不得随意调整。

②在劳动现场各个值班岗位上放置值班台,分监区应按定置的干警值班岗位安排现场值班干警;劳动现场主入口放置劳动现场定置图、罪犯互监组一览表,并认真落实罪犯互监包夹的有关规定。

③劳动现场值班干警要按规定佩戴警用装备,认真履行各岗位职责。

④罪犯因生产需要到其他分监区领送原材料、借用工具等,一律由干警全程带领,加强对罪犯的监督检查。

⑤生产车间巡视岗干警要按岗位职责加强对重点部位、重点罪犯的检查,要做到全面、不留死角;定时进行暗点名,并做好记录。

⑥因生产需要,外来技术人员、车辆进入监区的要由干警全程带领、监管,外来人员的姓名、单位、车牌号、进出时间、责任干警等要在车间值班记录上记录。

外来业务车辆驶离车间前,干警先要对罪犯人数进行清点,无误后准予放行。

⑦劳动现场要设置值班记录,详细记录出收工罪犯人数、值班干警、劳动过程中发生的各种问题、检查、巡视情况等,记录要妥善保管。

⑧加班、倒班或补时劳动的要按相关规定审批、报告,并严格落实审批、报告的内容。

(3)劳动工具的管理。

①分监区要确定1名干警负责罪犯劳动工具的管理,具体负责建立分监区劳动工具台账、保存各种记录、监督检查工具保管使用情况。

②分监区对使用的各种劳动工具必须全部建立台账，台账应记录工具的种类、数量等，并根据存放劳动工具的部位建立分台账；工具丢失、损坏及增加要及时上账记载，不得出现账物不符的情况。

③分监区劳动现场要有专用固定的库房或工具柜存放劳动工具，做到牢固安全并上锁管理，钥匙由干警掌管。

④劳动工具要按照不同类别及使用要求有序存放，同类工具要尽可能做到同一柜子存放，工具库房或工具柜外应制做张贴"工具库房"或"工具柜"等标牌、标识。

⑤劳动现场所有的劳动工具除在使用时间外，必须存放在工具库房或工具柜内，使用完毕或收工后必须及时收回，库房外、柜子外不得再有存放的工具和劳保用品。

⑥劳动工具使用必须由干警统一发放、收回，并建立统一的发放、回收记录，责任干警要及时、准确、详细记录。

⑦罪犯不得私自存放、转借、制作劳动工具，严禁私藏、故意损坏、丢失工具，不得将工具带回生活区。

⑧分监区对劳动工具应严格管理，定期对工具库房、工具柜进行安全检查，每次安全检查情况应在清监记录上认真记录、上报。

（4）危险物品的管理。

①危险物品是指易燃易爆物、攀援物、强腐蚀物、剧毒物品、各种劳保用品（焊工服、炊事员服、演出服、车间用翻毛皮鞋、食堂用胶鞋、安全帽等）及其他危险性较大的物品。

②分监区要对危险物品严格管理，干警专人负责，对上述危险物品应设专库、专柜存放，库柜应符合相关安全规定要求。

③危险物品应根据生产需要由干警发放，监督使用，属于工具设备和衣服类的，使用完毕应及时收回。

④劳保用品应建立使用人员明细，明细中要记录使用人、物品种类、数量，做到人物相符。

⑤分监区应根据实际情况建立危险物品收发及使用记录，干警要认真记录使用情况。

⑥危险物品除在使用中的以外，不得随意存放、丢弃。

（5）罪犯个人物品的管理。

①根据罪犯劳动的实际需要，劳动现场可允许罪犯按规定存放一定数量

的洗漱用品、更换衣服及就餐用具。

②分监区应设立罪犯更衣柜、衣架、鞋架等供罪犯放置衣物使用；但更衣柜、衣架、鞋架等应集中在车间内固定区域存放，该区域应尽量处于封闭状态。

③允许罪犯在劳动现场内存放的个人物品一律存放在监狱规定的区域，罪犯更衣柜内存放的衣服不能超过二套、鞋二双，洗漱用品、餐具各一套，方便食品不能超过两餐；罪犯的其他服装和用品一律不得存放在劳动现场。

④因劳动需要中午不收工时，分监区对罪犯中午需服用的药品要设专柜集中存放，在规定的时间内由干警监督服用，并做好服药记录。

⑤罪犯在规定区域放置的衣物必须确保整洁、有序，凡违反规定存放的，视为违禁物品一律收缴，并对违规罪犯按相关规定处理。

⑥分监区应按相关规定对劳动现场罪犯存放的个人物品经常进行检查，并作为清监工作认真记录，按时上报。

以上劳动现场包括生产车间、罪犯食堂、礼堂、花房、罪犯编辑部等罪犯劳动现场。

2. 硬件设备的建设。

（1）对每个车间在外围用铁栅栏进行封闭，使每一个车间都形成一个独立的封闭区域，便于干警管理和安全。

（2）在车间内设立存放罪犯个人物品的物品柜和相对封闭的更衣区。

（3）根据车间值班干警的人数设立"警察值班岗亭"，岗亭内配有电风扇、电暖气、电话、报警器以及本岗位干警值班职责。

（4）在每个车间主出入口摆放车间定置管理示意图和罪犯临时互监小组示意图。

（5）工具和危险物品设立专门的坚固且封闭的柜或库。

（6）每个车间配备不少于两部无线对讲机和四个无线报警器。

3. 相关要求。监察科、生产科、狱政科等相关部门应不定期对劳动现场定置管理情况进行监督检查，分监区应经常组织自查，及时发现问题和隐患，确保劳动现场管理规范、安全、有序。

附件 3-1

定置管理 与 "5S" 管理

定置管理是 "5S" 管理的一项基本内容，是 "5S" 管理的深入和发展。

那么什么是 "5S"？"5S" 活动起源于日本，并在日本企业中广泛推行，它相当于中国企业开展的文明生产活动。"5S" 活动的对象是现场的 "环境"，它对生产现场环境全局进行综合考虑，并制订切实可行的计划与措施，从而达到规范化管理。"5S" 活动的核心和精髓是素养，如果没有职工队伍素养的相应提高，"5S" 活动就难以开展和坚持下去。

"5S" 是整理（seiri）、整顿（seiton）、清扫（seiso）、清洁（seikeetsu）和素养（shitsuke）这 5 个词的缩写。因为这 5 个词日语中罗马拼音的第一个字母都是 "S"，所以简称为 "5S"，开展以整理、整顿、清扫、清洁和素养为内容的活动，称为 "5S" 活动。

一、内容

（一）整理

把要与不要的人、事、物分开，再将不需要的人、事、物加以处理，这是开始改善生产现场的第一步。首先，其要点是对生产现场的现实摆放和停滞的各种物品进行分类，区分什么是现场需要的，什么是现场不需要的。其次，对于现场不需要的物品，诸如用剩的材料、多余的半成品、切下的料头、切屑、垃圾、废品、多余的工具、报废的设备、工人的个人生活用品等，要坚决清理出生产现场，这项工作的重点在于坚决把现场不需要的东西清理掉。对于车间里各个工位或设备的前后、通道左右、厂房上下、工具箱内外，以及车间的各个死角，都要彻底搜寻和清理，达到现场无不用之物。坚决做好这一步，是树立好作风的开始。日本有的公司提出口号：效率和安全始于整理！

整理的目的是：(1) 改善和增加作业面积。(2) 现场无杂物，行道通畅，提高工作效率。(3) 减少磕碰的机会，保障安全，提高质量。(4) 消除管理上的混放、混料等差错事故。(5) 有利于减少库存量，节约资金。(6) 改变作风，提高工作情绪。

（二）整顿

把需要的人、事、物加以定量、定位。通过前一步整理后，对生产现场需要留下的物品进行科学合理的布置和摆放，以便用最快的速度取得所需之物，在最有效的规章、制度和最简捷的流程下完成作业。

整顿活动的要点是：(1) 物品摆放要有固定的地点和区域，以便于寻找，消除因混放而造成的差错。(2) 物品摆放地点要科学合理。例如，根据物品使用的频率，经常使用的东西应放得近些（如放在作业区内），偶尔使用或不常使用的东西则应放得远些（如集中放在车间某处）。(3) 物品摆放目视化，使定量装载的物品做到过日知数，摆放不同物品的区域采用不同的色彩和标记加以区别。

生产现场物品的合理摆放有利于提高工作效率和产品质量，保障生产安全。这项工作已发展成一项专门的现场管理方法——即定置管理。

（三）清扫

把工作场所打扫干净，设备异常时马上修理，使之恢复正常。生产现场在生产过程中会产生灰尘、油污、铁屑、垃圾等，从而使现场变脏。脏的现场会使设备精度降低，故障多发，影响产品质量，使安全事故防不胜防；脏的现场更会影响人们的工作情绪，使人不愿久留。因此，必须通过清扫活动来清除那些脏物，创建一个明快、舒畅的工作环境。

清扫活动的要点是：(1) 自己使用的物品，如设备、工具等，要自己清扫，而不要依赖他人，不增加专门的清扫工。(2) 对设备的清扫，着眼于对设备的维护保养。清扫设备要同设备的点检结合起来，清扫即点检；清扫设备要同时做设备的润滑工作，清扫也是保养。(3) 清扫也是为了改善。当清扫地面发现有飞屑和油水泄漏时，要查明原因，并采取措施加以改进。

(四) 清洁

整理、整顿、清扫之后要认真维护，使现场保持完美和最佳状态。清洁，是对前三项活动的坚持与深入，从而消除发生安全事故的根源。创造一个良好的工作环境，使职工能愉快地工作。

清洁活动的要点是：(1) 车间环境不仅要整齐，而且要做到清洁卫生，保证工人身体健康，提高工人劳动热情。(2) 不仅物品要清洁，而且工人本身也要做到清洁，如工作服要清洁，仪表要整洁，及时理发、刮须、修指甲、洗澡等。(3) 工人不仅要做到形体上的清洁，而且要做到精神上的"清洁"，待人要讲礼貌、要尊重别人。(4) 要使环境不受污染，进一步消除混浊的空气、粉尘、噪音和污染源，消灭职业病。

(五) 素养

素养即教养，努力提高人员的素养，养成严格遵守规章制度的习惯和作风，这是"5S"活动的核心。没有人员素质的提高，各项活动就不能顺利开展，开展了也坚持不了。所以，抓"5S"活动，要始终着眼于提高人的素质。

二、"5S"的管理基本原则

1. 自我管理的原则：良好的工作环境，不能单靠添置设备，也不能指望别人来创造。应当充分由现场人员动手创造一个整齐、清洁、方便、安全的工作环境，使他们养成现代化大生产所要求的遵章守纪、严格要求的风气和习惯。

2. 勤俭节约的原则：开展5S活动，要从现场清理出无用之物，有的只是在现场无用，但可用于其他地方，有的虽然是废物，但应本着废物利用、变废为宝的精神，物尽其用。

3. 持之以恒的原则："5S"活动开展起来比较容易，可以搞得轰轰烈烈，在短时间内即可取得明显效果，但要坚持下去，持之以恒，不断优化则不容易。开展"5S"活动，重在坚持。首先，将"5S"活动纳入岗位责任制；其次，要严格、认真搞好检查、评比和考核工作，与部门员工的经济利益挂钩；最后，要不断提高现场"5S"水平，即要通过检查，不断发现问题、解决问题，达到管理优化的目的。

六、服刑人员诉求解决处理机制

罪犯的各类诉求既是关系罪犯切身利益及合法权益的保护,又关系监管安全稳定;随着监狱管理的不断人性化、行刑理念的不断进步,罪犯维护自身权益的意识也在不断增强,罪犯诉求明显增加,由于监狱环境的特殊性和局限性,罪犯反映诉求的渠道和处理解决罪犯诉求都受到了限制。虽然近些年大家的关注和重视不断提高,但这方面的问题越来越突出,而且,直接影响罪犯安心改造、影响监狱的安全问题、影响监狱的执法形象,有的问题不但复杂,而且比较尖锐,如果处理不好,就可能引发罪犯亲属写信乱告、上访、在网上制造舆论等问题,给监狱形象带来不良影响。因此,笔者从维护监管安全稳定和服刑人员合法权益,畅通服刑人员诉求反映、解决渠道,及时、妥善化解各类不安全因素,同时进一步强化服刑人员树立正确、合理解决诉求意识,营造积极、健康、和谐改造氛围出发,从2011年起,提出此项工作建议及措施,监狱通过实践,收到了良好效果,既解决了罪犯的实际问题,体现了以人为

第三章 事务管理

本的管理理念,又防止了矛盾的激化和各种次生问题的发生,为确保监狱的安全稳定,起到了积极作用。

处理服刑人员诉求工作措施主要包括服刑人员诉求处理基本原则、组织领导、诉求内容及范围、诉求处理机制的告知方式、服刑人员诉求处理机制的运作、职责与分工机制、服刑人员诉求解决、处理机制等七个方面的内容。

（一）服刑人员诉求处理基本原则

1. 首办负责、限期答复原则。针对服刑人员诉求，由首次接访干警或分监区相关领导进行答复，不得推诿和扯皮。

对分监区不能直接答复的，接访干警要及时谈话，并在3个工作日内，将《服刑人员诉求登记表》上报监狱相关科室研究解决。各相关部门在接到服刑人员诉求后，应及时开展调查工作，服刑人员向监狱上级机关反映的问题应在5个工作日内予以转递。

监狱各科室对监狱领导批转的服刑人员信访问题，在10个工作日内办理完毕，并给予服刑人员答复，遇有情况复杂在规定期限内不能调查完毕的信访问题，应上报监狱处理服刑人员诉求工作小组审批后，在30个工作日内进行答复，同时，将答复意见和监狱领导批示反馈狱政科。

2. 客观公正的原则。针对服刑人员诉求问题，相关分监区与职能科室要高度重视，认真办理，接到服刑人员诉求问题后，要认真开展调查，对合理诉求要及时解决并答复信访人；对不合理诉求，干警积极开展教育疏导工作，加强对存在各类诉求服刑人员的教育引导工作，同时对于情绪、行为异常的重点罪犯，要采取安排包夹控制（包夹：一种监狱内特有的监护制度，对于被严管或情绪、行为异常的重点罪犯，管理者安排日常改造中表现好的罪犯对其暗中监控，一同起居、劳动、休息，观察其行为，如有异常要汇报其表现）、固定监控画面（监舍内有监控摄像头，每个分监区都有监控室，固定监控即重点监控异常行为罪犯）等方式，进行重点盯控，防止发生其他问题。

3. 逐级反映原则。针对服刑人员反映诉求问题，应按照分监区级、科室级、监狱级、上级机关四级逐级反映原则，以便于能够快速有效解决问题，但对于情况特殊或涉及干警违法违纪问题的可以越级或直接以信访方式向有关部门反映；服刑人员反映各类诉求问题可以采取书信方式反映，也可以求见相关部门干警、领导直接反映。

4. 全程督办、责任到人原则。监狱领导小组各成员要加强对各部门处置服刑人员反映各类问题工作的监督和检查。

对接办、处理、反馈的各个环节进行全过程的督办。对于在处理服刑人员反映问题过程中，工作不力，造成不良后果的，要按照规定对相关单位和责任人追究责任。

（二）组织领导

为确保工作的顺利开展、取得实效，监狱需成立"解决、处理服刑人员诉求"工作小组。

组长：监狱主管领导，成员：政治处、监察科、办公室、狱政科、教育科、生活卫生科、心理咨询室、生产科及各监区、分监区主要负责人。

领导小组下设办公室，办公室设在狱政科，具体负责此项工作的组织协调工作，办公室主任由狱政科科长担任。

各相关部门及分监区要成立处理服刑人员诉求小组，小组由一名分监区领导、两名干警组成，负责服刑人员诉求的登记、处理、转递、上报等工作。

（三）诉求内容及范围

1. 关于对干警执法、管理方面的诉求，主要包括：服刑人员日常电话会见、亲情会见、亲情电话等管理方面的诉求及对干警是否严格落实各项规章制度，是否公正、文明执法方面的诉求。

2. 关于自身心理、身体健康方面的诉求，主要包括：身体心理疾病治疗、卫生防疫、健康体检、病残鉴定、保外就医等方面的诉求。

3. 关于奖惩方面的诉求，主要包括：计分考核、行政奖励、减刑、假释、处分等方面的诉求。

4. 关于劳动方面的诉求，主要包括：劳动岗位安排、劳动安全、劳动保护、工伤处理等方面的诉求。

5. 关于申诉、检举、控告方面的诉求，主要包括：对法院判决不满、对公、检、法机关进行控告，检举揭发他人违法犯罪线索等诉求。

6. 关于婚姻、家庭、财产方面的诉求，主要包括：家庭重大变故、夫妻家庭成员矛盾、子女抚养、父母赡养、房屋拆迁、财产纠纷等方面的诉求。

7. 关于生活卫生方面的诉求，主要包括：涉及服刑人员吃、穿、住、物品采买等方面的诉求；物品采买是指罪犯在监狱超市内购买食品与生活日用品，按照监狱规定每名罪犯每月的采买金额是受限制的，例如，食品类不能超过240元，日用品暂无上限，如果罪犯患病，需要增加营养，则需申请增加食品类采买的金额。

8. 关于文化、技术学习及文体活动方面的诉求，主要包括：日常所用学习书籍、用品及文化教育安排方面的诉求。

9. 涉及服刑人员自身与社会、监狱、干警、家庭及其他服刑人员之间矛盾化解等方面的诉求。

10. 其他方面的诉求。

（四）诉求处理机制的告知方式

针对以上诉求内容，在服刑人员入监后分监区通过发放《服刑人员指导手册》，向服刑人员告知，并通过在会见登记室张贴宣传栏等形式，告知服刑人员亲属。

（五）服刑人员诉求处理机制的运作

1. 服刑人员反映。
（1）向分监区责任干警、分监区领导反映；
（2）向监狱相关科室、监狱领导或其他上级机关反映；
（3）通过向设在同道内的"检察院信箱"、"狱政信箱"、"监狱长信箱"以及"心理咨询信箱"等信箱投放信件的方式向有关部门或监狱领导反映；

监狱在分监区内设立以上信箱，信箱的管理权不在分监区，而在相关职能部门，相关职能部门定期到分监区打开信箱，收集信件；

（4）通过短信反映，监狱在短信终端设立留言箱，服刑人员可以通过短信机在"留言管理"中向监狱反映；

（5）向监狱驻监检察室检察官反映；监狱驻地的检察院都会在监狱内设立驻监监察室，用以监督监狱执法，解答服刑人员诉求等；

（6）向罪犯班组长反映，再由罪犯班组长向干警反映；

（7）服刑人员也可以通过分监区改造互助小组反映，互助小组收集、整理后，及时向分监区干警反馈。改造互助小组即是分监区内划分的罪犯之间互相帮助改造思想与学习的小组。

2. 服刑人员亲属通过监狱提供的渠道反映服刑人员诉求。

（1）利用会见时在会见登记室设立的专用信箱投放信件反映。服刑人员亲属到监狱会见，必须携带有效证件在会见前到会见登记室登记，相关人员检查证件真实有效后方可会见。

（2）通过会见登记时，向在场的分监区领导或干警反映。

（3）通过向监狱相关科室领导反映。

（4）通过拨打监狱设立并公布的电话反映，监狱都设有合理诉求热线电话。

（5）利用每月一次的监狱长接待日向监狱反映。

（6）利用监狱组织的家属座谈会，向监狱或分监区反映诉求。家属座谈会是指，监狱定期组织的有监狱干警、服刑人员亲属、服刑人员三方参加的座谈会，以向家属全面介绍服刑人员改造情况，服刑人员及其家属也可向监狱提出合理化建议等。

3. 监狱主动了解服刑人员诉求。

（1）监区、分监区主动了解。

①监区长、分监区长通过组织服刑人员代表定期召开"答疑解惑日"活动，以了解服刑人员诉求；

②分监区责任干警通过日常管理教育、查阅罪犯档案、谈话、早点评等方式了解班组内服刑人员诉求；

早点评，是指每天早晨，分监区管班干警要到自己管理的罪犯班舍了解情况，听取他们情况汇报，如健康状况、劳动学习状况等，并针对一些疑问进行解答或对罪犯的一些日常事务进行处理；

③分监区利用每月组织的服刑人员班长座谈会了解服刑人员诉求；

④分监区干警通过会见、亲情电话、短信、通信等监听、监控、检查手段了解服刑人员诉求；

⑤干警通过耳目、班长、互监组长等积极力量了解服刑人员诉求。

耳目：狱内耳目是指监狱从在押罪犯中建立和使用的秘密侦查力量，是在狱内侦查干警直接管理和指挥下，搜集、掌握罪犯思想动态和又犯罪活动线索，获取证据，侦查破案的专门手段之一，是狱内侦查工作的一项重要内容。

互监组：是监狱机关为了预防和减少监狱内的监管、生产、教育等安全事故，便于监狱干警对罪犯进行直接、有效的管理而在罪犯中实施的旨在促进罪犯间互相监督、互相学习、互相进步的一项管理制度，习惯上通常称为"互监小组"。

（2）监狱（职能科室）主动了解。

①监察科、狱政科、心理咨询室每周对各分监区同道内的信箱进行开启，涉及服刑人员诉求问题的，要做好记录并按照相关要求及时处理。

②发放调查问卷了解服刑人员诉求。监察科、狱政科、生活卫生科每季度到各分监区，分别针对干警执法、日常改造、生活卫生三大方面问题，对全体服刑人员进行调查问卷，调查采取提前一周发放问卷，相关科室携带信箱，到分监区收集问卷的形式；问卷内容包括日常服刑中遇到的问题、诉求，需要分监区、监狱解决的困难以及对分监区、监狱的意见和建议等。

③利用"三方"（服刑人员、家属、监狱干警）座谈会了解服刑人员诉求。监狱每季度组织一次服刑人员亲属座谈会，由监察科、狱政科、生活卫生科、心理咨询室各出一名干警，并邀请监狱医院的相关人员参加与服刑人员及其亲属共同参与的座谈会，从不同角度向服刑人员及亲属了解诉求。

④监察科、狱政科、生活卫生科，每年在押犯分监区组织全体服刑人员分别选举产生本分监区执法观察员、管理观察员、卫生监督员，每个分监区选举的人数不超过分监区在押罪犯总数的10%，各监督员每年选举一次，监察科、狱政科、生活卫生科每季度按照各自分工分别组织各分监区选举产生的服刑人员召开座谈会，倾听服刑人员代表各类诉求。

⑤建立新入监服刑人员诉求摸排机制。监狱把新入监服刑人员作为了解掌握服刑人员诉求问题的重点，通过入监当日谈话、查阅档案，重新填写入监登记表、重新书写认罪悔罪书，心理测试、健康体检，入监第一个月与亲属沟通等全面了解新入监服刑人员诉求。

⑥建立监察科与临近出监服刑人员谈话机制。监察科通过找临近出监服刑人员谈话，了解服刑人员关于干警执法、管理方面的诉求。

⑦心理咨询室每月开展一次"心理访谈日"活动。通过访谈日向服刑人员宣传心理健康知识、了解服刑人员关于心理健康方面的诉求。

⑧公、检、法机关、监狱同级或上级机关以及其他党政机关、社会团体、企事业单位批转或向监狱反馈的服刑人员各方面诉求。

（六）职责与分工机制

1. 监区、分监区职责。

（1）建立监区长、分监区长答疑解惑日工作机制。要求各监区每两个月在本监区范围内，组织一次监区长答疑解惑日活动；各分监区每月在本分监区范围内，组织一次分监区长答疑解惑日活动。监区、分监区答疑解惑日由各监区长、分监区长亲自组织并做好相关记录，对于在答疑解惑日活动中收集的有关服刑人员各类诉求，应及时填写"服刑人员诉求登记表"，并向狱政科反馈，能现场答复的应在活动现场予以答复、解决，不能现场答复或需要由其他部门帮助协调解决的，做好登记后及时向相关部门反映、说明情况，由相关部门解决、答复。

（2）各监区、分监区了解、接到服刑人员各类诉求后，要及时开展调查、了解、处理、答复工作，并保存好相关材料；对向上级机关、领导反映或对答复不满的，要做好登记、转递工作，并向有关部门说明情况。

2. 相关科室职责。

（1）针对服刑人员或家属反映、举报的有关干警执法、管理方面的诉求，由政治处、监察科负责协调相关部门进行调查核实，并在规定期限内向当事人进行答复。

（2）针对服刑人员心理方面的诉求由心理咨询室负责解决处理，并在规定期限内向当事人进行答复。

（3）针对服刑人员身体健康方面的诉求，由监狱医院帮助协调、解决，并在规定期限内向当事人进行答复。

（4）针对服刑人员奖惩方面的诉求，由狱政科协调相关部门负责进行调查核实，并在规定期限内向当事人进行答复。

（5）针对服刑人员劳动方面的诉求，由生产部门负责调查处理，并在规定期限内向当事人进行答复。

（6）针对服刑人员关于申诉、检举、控告方面的诉求，由狱政科协调相关部门调查核实，并在规定期限内向当事人进行答复。

（7）针对服刑人员关于婚姻、家庭、财产方面的诉求，由教育科与服刑人员被捕前居住地或户籍地司法所协调解决，并在规定期限内向当事人进行答复。

（8）针对服刑人员关于生活卫生方面的诉求，由生活卫生科协调相关部门负责解决，并在规定时间内向当事人进行答复。

（9）针对服刑人员关于文化、技术学习及文体活动方面的诉求，由教育科协调相关部门负责解决，并在规定时间内向当事人进行答复。

（七）服刑人员诉求解决、处理机制

1. 监狱编纂《服刑人员指导手册》下发给每名服刑人员，使服刑人员对监狱管理、法律、规定、个人权利、义务以及诉求反映渠道等能全面了解、正确认识，在遇到问题时能够正确对待和处理，避免因对监狱管理、法律法规、诉求反映渠道不了解而引发其他问题。

2. 建立教育宣传机制。分监区每季度、监狱每半年对服刑人员开展教育宣传工作，一是，宣传讲解与服刑人员诉求相关的法律、法规、信访、申诉、检举、控告等规章制度；二是，教育服刑人员端正态度反映自身诉求；三是，引导服刑人员采取正确渠道、正当方法反映自身诉求。

3. 首办受理、及时处理机制。首次接到服刑人员反映诉求的干警或单位，不管服刑人员或其亲属反映的诉求是否属于本部门职权范围，都要负责对诉求问题进行登记、转递等工作，同时要做好服刑人员或家属的安抚工作，并讲明监狱处理诉求问题基本程序、原则、答复时限、负责部门等情况，稳定服刑人员及其亲属后及时开展相关工作。

4. 针对服刑人员婚姻、家庭、财产方面的诉求，一方面，监狱与地方司法局逐步建立"解决服刑人员婚姻、家庭、财产等问题联席处理机制"，并协商签订"处理服刑人员相关情况工作协议书"，发挥社会力量解决服刑人员诉求的作用；另一方面，监狱针对此类问题，可酌情安排亲情会见、亲情帮教等，帮助服刑人员更快解决问题，使服刑人员能够安心改造，缓解因家庭变故问题出现的思想波动，解决服刑人员诉求。

5. 建立监狱与服刑人员亲属互通服刑人员思想及相关情况机制。监狱每季度末，邀请部分服刑人员及其亲属代表，与监察科、狱政科、教育科、生活卫生科及分监区干警共同座谈，座谈会通过监狱向服刑人员亲属了解服刑人员真实思想等相关情况、监狱向服刑人员亲属介绍服刑人员改造情况及问题解决办法等，争取得到亲属的支持与配合，更好地解决服刑人员诉求，确保服刑人员的思想稳定。

6. 建立改造互助小组收集、反映、处理诉求机制。监狱在每个分监区成立由7人组成的服刑人员改造互助小组，在充分发挥服刑人员自我管理、自我监督、互帮互教作用的同时，还重点强化其在解决服刑人员诉求中的积极作用，一是，收集、了解服刑人员诉求；二是，自发组织开展"帮扶"；三是，协助干警对出现问题服刑人员开展谈心、对受处理服刑人员的问题开

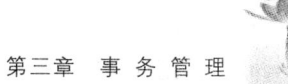

展评议等工作,通过以上工作的开展,从服刑人员自身的角度帮助其分析问题,更好地化解诉求矛盾。

7. 建立病情通报机制。针对服刑人员突发重大疾病或病情较重、久治不愈的,狱政科每月联合监狱医院医生、相关分监区干警向服刑人员亲属进行病情通报,由医院部门介绍服刑人员病情治疗情况及现状,狱政部门及分监区介绍服刑人员日常表现情况,以此避免服刑人员亲属因情况不明引发其他问题。

8. 借助社会力量解决服刑人员诉求,针对服刑人员申诉、检举、控告或家庭矛盾、财产纠纷等问题,监狱与社会公益律师签订对口咨询援助协议,并设立法律援助热线,为有需求的服刑人员提供免费咨询和服务。

七、监狱与服刑人员家属互通情况机制

"以改造人为中心,全面提高罪犯改造质量",作为当前监狱工作的一个中心任务和总体目标,然而从我们的工作实践来看,单纯依靠干警政治思想、业务素质的提升,注重改造角色的强化是远远不够的。为此,笔者结合监狱实际,积极大胆实践与摸索,为在维护监管秩序稳定工作中充分调动罪犯改造的积极性和主动性,充分激发起服刑人员的改造内驱力,让他们变"要我改造为我要改造",从而实现由量到质的根本转变,有效发挥亲情感化和亲情帮教对稳定服刑人员思想的重要作用,于2009年4月底研究推出了"北京市监狱与服刑人员家属互通服刑人员思想及相关情况"的工作举措,工作中通过对服刑人员家属向监狱反映问题的渠道、方式、内容以及监狱对家属反映问题的处理、解决措施等方面进行细致的规范,使此项工作的开展,不仅使服刑人员家属能够更好地了解监狱、了解在狱内服刑的亲人情况,拓宽狱情信息的搜集渠道,而且在确保服刑人员思想稳定等方面,都发挥了积极作用。

此举，不仅得到北京市监狱管理局的充分肯定，还被北京电视台"法制进行时"栏目进行了专门的采访报道，在罪犯、家属和社会上引起极大反响。

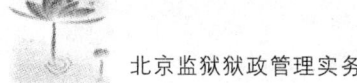

监狱与服刑人员家属互通服刑人员思想及相关情况的管理主要包括服刑人员家属反映问题、参与沟通的渠道和方式、服刑人员家属反映问题范围、监狱对服刑人员家属反映情况的处理等方面的内容。

（一）服刑人员家属反映问题、参与沟通的渠道和方式

1. 监狱在会见登记室设立专用信箱，会见登记室是监狱每月办理狱内罪犯与家属亲情会见的登记、接待场所。便于服刑人员家属投放相关信件，同时也可直接与在会见登记室负责咨询解答的分监区干警沟通反映。监狱狱政科干警每周到会见登记室开启专用信箱一次，并负责对信件的查阅、登记。

2. 通过邮寄信件：地址为"北京市大兴区219信箱"，邮编为"102600"，收信人填写"北京市监狱狱政科收"，对邮寄的信件监狱狱政科干警每日到传达室领取，并由专人负责对信件进行查阅并登记。

3. 通过拨打监狱设立并公布的专门电话，监狱狱政科干警接到服刑人员家属反映问题、沟通情况的电话后，在专门的记录本上详细记录。

4. 可直接到狱政科反映和了解情况。

（二）服刑人员家属反映问题范围

1. 服刑人员家属通过日常通信、亲情电话、会见过程了解到的服刑人员在狱内因劳动、计分、自身生活或监狱及干警管理等方面引发的情绪和思想波动可以通过以上方式反馈给监狱。

2. 服刑人员家属可以将家庭出现的一些变故或困难，例如，服刑人员亲属病重或去世、夫妻关系紧张、财产纠纷和子女上学等与服刑人员密切相关的情况及时与监狱沟通。

3. 服刑人员家属也可以将了解到的有关干警执法问题、服刑人员违纪问题等方面的情况向监狱进行举报，更好地帮助我们查找工作中的漏洞促进我们的工作。

4. 其他服刑家属认为需要向监狱反馈或寻求帮助的有关服刑人员改造的情况。

（三）监狱对服刑人员家属反映情况的处理

1. 对服刑人员家属向监狱反馈的有关服刑人员在狱内遇到的各类问题或情绪波动，北京市监狱在详细登记的基础上，及时与服刑人员所在分监区

进行沟通,并协助分监区做好服刑人员的思想疏导工作,帮助解决改造生活中的各种问题,使服刑人员能够更好地服刑改造。

2. 对服刑人员家属反映的有关服刑人员家庭方面的问题,例如,与亲属出现矛盾、财产纠纷、子女上学、家庭困难等情况,在做好服刑人员思想教育、稳定情绪的基础上,监狱根据实际情况,可酌情安排单独会见、亲情会见或联系当地司法所等有关部门帮助解决,对服刑人员亲属病危或去世的根据相关规定也可安排离监探视,使服刑人员能够安心改造和服刑,缓解因家庭变故问题出现的思想波动。

3. 每季度末利用周六或周日的一天,根据服刑人员家属向监狱沟通、反映问题的实际情况和服刑人员改造的需要,邀请部分服刑人员亲属来监狱召开座谈交流会。座谈交流的主要内容,一是,服刑人员家属将了解到本办法第三条中涉及的情况和服刑亲人的真实思想,更加准确、详细地向监狱反映,帮助监狱全面地掌握服刑人员情况;二是,监狱对服刑人员存在的突出问题及希望家属协助监狱做的帮教工作,向家属反馈,也使家属对亲人的服刑情况了解得更全面;三是,听取对监狱管理、教育、劳动等方面的意见、建议。监狱于座谈会后,以亲情会见或亲情餐的形式安排一次亲情帮教,从而达到进一步相互沟通、促进问题解决的目的。

参加座谈交流会的家属必须为服刑人员的直系亲属(一名服刑人员可以有1—3名直系亲属参加),亲情会见或亲情餐的要求与日常会见、亲情会见的要求相同。座谈交流会的具体时间和地点监狱将根据实际情况确定,事先通知被邀请家属。

座谈会中家属反应的具体问题,监狱将详细记录,在进一步调查核实的基础上,联合分监区和服刑人员家属共同解决问题,稳定服刑人员思想。

4. 对服刑人员家属举报的有关干警执法或服刑人员违纪方面的问题,监狱将认真进行调查核实,对涉及干警的问题转监狱纪检监察部门处理。

（四）监狱狱政科负责对服刑人员家属反映的各方面情况和问题进行登记、处理和反馈

案例 3-1

> 自此项活动启动以来，监狱每季度组织召开家属座谈会，平均每年收到服刑人员亲属反映的有关服刑人员家庭变故、子女上学、家人关系紧张、财产纠纷以及涉及罪犯劳动岗位、计分、减刑、假释和拨打亲情电话、会见、亲情会见的条件、次数等方面的问题、信息200余件次，向监狱提出有关罪犯管理、教育工作方面的意见、建议30余件次。
>
> 对于这些问题和意见、建议，干警能够当场解决、答复的，全部耐心细致地帮助协调、解决、答复；不能当时解决的，我们统计汇总后，分门别类转给相关部门，经过调查核实后解决答复。在及时准确了解罪犯思想状况的同时，对罪犯各类问题和诉求也都能够积极地解决，得到了家属和罪犯的好评，为监狱安全稳定增添了保障。例如，在座谈会上，了解到一分监区罪犯窦某父母已去世，依靠舅舅、舅妈生活，入狱后遇到了房屋拆迁补偿的难题后，通过狱政科、教育科和分监区干警的共同努力，并积极与当地司法所、村镇政府沟通联系，将该犯房屋所在地拆迁办的有关人员邀请到监狱，与窦犯签署了房屋拆迁补偿协议，获得了58万余元的补偿款，购买了一套80平方米的回迁房，解决了出狱后的生活安置问题，消除了该犯的后顾之忧。

第三章 事务管理

八、减刑、假释承诺工作机制

近几年，随着新的减刑假释法律法规的出台，一些"够分、够奖"（够分、够奖：指由于减刑力度或者减刑间隔期的限制，罪犯在获得一定幅度的减刑后，虽然未到释放期限，却无法再继续减刑，因而也不需要再获得有效扣分的情况）的罪犯存在放松改造、难于管理的问题，对狱内正常的改造秩序造成了不良影响，而且司法部、北京市监狱管理局没有相关的制度要求。为加强对这部分罪犯管理，消除不良改造风气，笔者组织干警进行认真研究，积极寻找解决对策。自2012年基层基础建设年活动开展以来，坚持以监管改造工作中重点、难点问题的解决为突破口，以强化执行为保障，营造"公开、公平、公正"的改造氛围，在罪犯中广泛开展"减刑、假释承诺活动"，深入推进"狱政管理精细化"建设，确保了监管改造秩序的持续稳定和罪犯教育改造质量的不断提升。此举不仅有力打击了部分罪犯投机改造、扰乱正常改造秩序的行为，也使罪犯的遵规守纪意识和身份意识明显增强，确保了监管改造秩序的持续稳定，此举得到了上级领导部门的充分肯定。

（一）把握症结，深入研究解决办法

分监区在管理罪犯过程中，发现"够分、够奖"的罪犯群体存在难于管理的问题。主要表现是：部分最后一次减刑、假释的罪犯，在不需要有效积分的情况下，改造态度松懈，在内务卫生、参加教育学习、出工劳动等方面都不能像以往一样严格要求自己，出现大错不犯、小错不断的情况，这种不良风气，在一定程度上严重影响了分监区的正常改造秩序。针对这一问题，监狱组织全体干警进行认真研究，积极寻找解决对策。通过集体的反复分析研讨，最终统一认识：罪犯最关心的切身利益问题就是减刑和假释。在没有呈报前，关心的是分数；够分后，关心的是什么时候呈报和什么时候获得裁定，把获奖后减刑、假释看成是顺理成章，从而忽视了或者说故意忽视了"以奖依法减刑、假释"和"可以减刑"、"应该减刑"的意义和区别，忽视了获得减刑、假释裁定后如果违纪还会被撤销裁定。为了建立起严格的分监区监管改造秩序，营造"公开、公平、公正"的改造氛围，提出在罪犯中开展"减刑、假释承诺活动"。

（二）充实内容，奠定取得成效基础

"减刑、假释承诺活动"分为四个步骤：即"书写承诺书"、"召开减刑、假释承诺大会"、"对承诺书进行公示"、对承诺人承诺的内容进行监督。

一是书写承诺书。分监区干警认真核查当月呈报减刑、假释的罪犯人数，并通知这部分罪犯起草承诺书；核查批准后，安排其在分监区"减刑、假释承诺大会"上宣读。罪犯主要从"认罪服法"、"服从干警管理"、"遵规守纪"、"积极参加劳动、教育以及监狱和分监区组织的活动"、"参加社区矫治"、"接受干警和罪犯监督"等六个方面进行郑重承诺，以提高此类罪犯后期改造的积极性和约束其行为。

二是召开减刑、假释承诺大会。每月，分监区领导与干警组织召开罪犯减刑、假释承诺大会。会上，由这部分罪犯宣读承诺书，并做出承诺。然后，由当月因违反监规纪律的罪犯作出检查，如果违纪罪犯的行为够不上处分，分监区将宣布对该犯做出延缓减刑、假释的处理决定，以此体现宽严相济政策。

三是对承诺书进行公示。承诺大会后，分监区将罪犯承诺书悬挂于同道公示栏进行公示，直到承诺罪犯的下次减刑、假释或出监。

四是对承诺人承诺的内容进行监督。罪犯呈报减刑、假释后,分监区针对罪犯承诺的内容进行监督,监督者不仅有干警还有罪犯,如果承诺罪犯发生违反承诺事项的情形,或被其他罪犯举报,在分监区调查清楚后,分监区将按照程序向上级机关或职能部门申请撤销罪犯的奖励,这也是承诺罪犯在承诺书中必须承诺的一项内容。

(三) 成效初显,各项工作扎实推进

此项措施自开展以来,有力地震慑了罪犯,使罪犯的遵规守纪意识和身份意识明显增强,也使罪犯违纪率有所下降。同时,紧紧抓住活动契机,向罪犯大力宣传"前期改造看表现、后期改造看人品"的主导思想,并力争让罪犯将此思想贯穿改造的全过程,使罪犯功利改造的思想逐步得以转变,严肃了改造秩序。

通过上述措施,分监区滞留同道的罪犯明显减少,押犯劳动出工率保持在98.3%左右,够分或已呈报减刑、假释的罪犯以及新收实际服刑在2年以下罪犯每天均能完成分监区交给的劳动任务,有力确保了分监区各项工作正常运转,对监狱安全稳定起到了积极的促进作用。

九、重病及疑难病罪犯病情通报机制

当前,罪犯对其健康权越来越重视,意识越来越高,罪犯亲属更是十分地关注,这对监狱及其管理者都提出新要求和挑战,也是监狱依法文明管理的具体体现;服刑人员在服刑期间突发重大疾病或病情较重、久治不愈等情况,就成为我们工作的重点和难点。

为了使患病罪犯的病情得到及时治疗,稳定罪犯思想,同时也为防止罪犯及其亲属因情况不明而写信上访或利用网络媒体炒作等问题的发生,工作中,笔者结合实际,摸索研究推出了"关于对患重病及疑难病罪犯病情通报"的工作措施,措施中明确提出针对服刑人员服刑期间突发疾病正在监狱医院或中心医院接受治疗的、患有慢性基础性疾病短期内病情波动较大的、由于意外伤害并可能留有后遗症的、其他特殊情况需要通报的病情等情形,建立了每月由狱政部门组织,医院部门、分监区干警、罪犯及其亲属共同参与的病情通报制度,由医院部门介绍罪犯病情治疗情况及现状,狱政部门及分监区介绍罪犯日常表现情况,了解异征

第三章 事务管理

求罪犯及其亲属的意见收到了较好效果,工作开展以来,不但使上述患病罪犯能够更好地安心改造,而且得到了罪犯亲属的认可和支持,没有出现罪犯及其亲属因对监狱治疗不满而引发的信访和监管安全问题。

为了加强对重病犯的治疗及管理工作，便于罪犯亲属能够及时了解罪犯的病情和治疗情况，体现监狱人性化管理，构建和谐改造关系，确保良好改造秩序，采取了以下具体工作措施：

1. 罪犯患有以下疾病，需定期向罪犯亲属通报病情。
（1）突发疾病正在监狱医院或监狱管理局中心医院接受治疗的；
（2）患有慢性基础性疾病，短期内病情波动较大的；
（3）由于意外伤害，并可能留有后遗症的；
（4）其他特殊情况需要通报的病情。

2. 罪犯病情通报会由病重罪犯主治医生或医院院长、分监区干警、狱政科干警及罪犯直系亲属参加。

3. 病重罪犯主治医生或医院院长负责将罪犯病情及治疗情况向罪犯亲属介绍，并解答罪犯亲属提出相关的疑问，分监区干警负责介绍罪犯的日常生活、表现及身体情况，配合医院解答罪犯亲属的问题；黑恶、重控、特管等罪犯需通报病情的狱政科要参加。

4. 罪犯病情通报会原则上每月一次，于病重罪犯会见当日举行。罪犯病情出现特殊情况的随时举行。

5. 在某市监狱管理局中心医院住院的，监狱医院医生要经常与某市监狱管理局中心医院取得联系，了解病情变化和治疗情况，监狱医院医生要做好随时解答病犯亲属提出的病情方面的咨询。狱政部门要做好病犯亲属到某市监狱管理局中心医院探视等事宜。通报会可在监狱也可与某市监狱管理局中心医院联系在某市监狱管理局中心医院进行。

6. 罪犯亲属当月未来监狱会见的，由分监区或狱政科电话与罪犯亲属沟通，确定病情通报会的时间。

7. 罪犯长期无人会见的，狱政科要积极与相关亲属或当地有关部门联系；有亲属但是不愿来监狱会见的，要电话通报情况；无亲属的，必要时要与村（居）委会通报，并做好记录。

8. 狱政科负责制定罪犯病情通报会记录本，除参加人员要亲自签名外，还要将监狱方面介绍的情况、解答的问题以及亲属提出的疑问、意见、建议等作详细记录，记录本由狱政科妥善保存。

9. 监狱医院负责制定病重罪犯名册，名册内容包括：罪犯所在分监区、姓名、年龄、罪名、刑期、起止日、入监日期、病情以及确定时间等基本情况。

名册根据罪犯病情变化及转监调动等情况随时调整，调整后的名册除监狱医院留存外，交给狱政科一份，并将要定期通报的罪犯名单通知相关分监区。

10. 对确立定期通报病情的罪犯，监狱医院和相关分监区平时要多观察、了解该名罪犯的各方面情况，以便能准确、全面解答罪犯及亲属的疑问；对上次罪犯及亲属提出的一些需解决的问题，处理解决情况要清楚，确保通报工作取得良好效果。

附件 3-2

健康权与生命健康权

一、健康权

（一）概述

健康权载于诸多国际和区域人权条约以及世界各国的宪法。身心健康是公民生存和进行正常民事活动的前提条件，也是公民作为民事主体所应享有的基本权利。对公民器质健康、生理健康、心理健康的侵害均构成侵害公民的健康权。同时由于健康与公民生命、身体的密切关系，侵害公民身体，剥夺公民生命的同时也构成对公民健康的侵害。中国法学界一般对此有如下两种观点：一是生理健康说，即健康只包括人生理机能的完善状态，而不包括心理之机能；二是生理、心理健康说，此说认为健康包括身体的生理机能的正常运转以及心理的良好转态。

（二）主要表现

为自然人享有保持生理机能正常及其健康状况不受侵犯的权利。其内容主要包括健康保持权和特定情形下的健康利益支配权。

健康权是公民享有的一项最基本人权，是公民享有一切权利的基础之一，如果健康权得不到保障，那

么公民的其他权利就无法实现或很难实现。保护公民的健康权是中国刑法、民法等多项部门法的共同任务。非法侵害公民的健康权，必须承担相应的民事、刑事法律责任。

(三) 三类义务

1. 尊重：意思是不得干预享有健康权。

2. 保护：意思是要确保第三方（非国家行为者）不得侵害享有健康权。

3. 实现：意思是指采取积极措施实现健康权。根据这项一般性意见，健康权还具有一项"核心内容"，即权利的最低基本水平。由于这是一项国家任务，所以不能抽象地确定这一水平，但是，提出了关键要素以指导重点制定工作计划。这项核心内容包括基本初级卫生保健、最基本和有营养的食物、卫生条件、安全的饮用水以及基本药物。另一项核心义务是采取和实施国家公共卫生战略和行动计划。这项战略和行动计划必须要解决整个人口的卫生关注；应在参与和透明的基础上得到制定和定期审查；应包括指标和标准用以随时监测取得的进展；并应特别注意各种脆弱或边缘群体。

二、生命健康权

(一) 概述

生命健康权是公民的生命权和健康权两种权利的统称，是公民享有的最基本的人权。生命权是指公民享有的生命安全不被非法剥夺、危害的权利，健康权是指公民保护自己身体各器官、机能安全的权利。生命与健康是公民享有一切权利的基础，如果生命健康权得不到保障，那么公民的其他权利就无法实现或很难实现，是人民实行权利的基础（见图）。

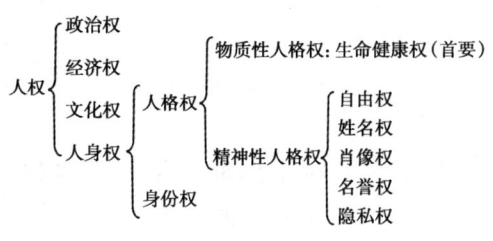

图

公民生命健康权包含：生命权、健康权。

生命权是公民维护其生命安全利益的权力，主要表现为生命安全维护权，当他人非法侵害自身生命安全时，有权依法自卫和请求司法保护。凡致人死亡的非法行为均属侵害生命权的行为。生命对于我们只有一次，具有最高价值，生命安全是公民从事一切活动的物质前提和基本条件，生命一旦丧失，任何权利对于受害人而言均无价值。我们有权珍爱生命，维护生命安全。

健康权是公民维护其身体健康即生理机能正常运行、具有良好心理状态的权利。健康的内容主要表现为健康维护权，有两层含义：其一，保持自己健康的权利。其二，健康利益维护权，当健康受到不法侵害时，受害人享有司法保护请求权。

(二) 意义

为什么要维护生命健康权？

保护生命健康权，是刑法、民法、行政法等许多法律部门的共同任务。非法侵害公民的生命健康权，要承担相应的民事责任和刑事责任。为保护自己的生命和健康，公民可以行使自卫权和请求权。自卫权是指公民当自己的生命或者健康受到正在进行的危害或者即将发生的危险时，有权依法采取相应的措施进行自卫，如正当防卫和紧急避险。请求权是指当公民的生命或者健康受到不法侵害时，其本人或其亲属有权要求加害者停止侵害，并请求司法机关依法追究加害者的法律责任。"注意自身生命安全和健康"是一种社会责任。

附件 3-3

全力抢救重病罪犯维护生命健康权
——某监狱救助重病罪犯实例

"无论服刑人员还是普通百姓,人的生命健康权都应该得到充分尊重,这是维护罪犯合法权益的重要体现。"

2013年春节前,某监狱服刑人员李某,因突发心肌梗塞在监狱医院抢救,为了更好地挽救其生命,监狱组织监狱医院、分监区及职能科室干警当晚迅速将李某送至社会医院重症监护室进行精心治疗,有效保障了李某的生命安全,充分彰显了司法机关尊重和保障罪犯人权的执法理念。

李某因犯抢夺罪,被判处有期徒刑2年10个月,于2012年到某监狱服刑。2012年12月26日凌晨1点30分左右,李某突发心肌梗塞,同时出现了心源性休克,经监狱医院现场紧急抢救后,立即送监狱驻地社会医院重症监护室观察治疗。由于心肌大面积坏死及肾衰竭,当天医院向监狱下发了病危通知书。监狱要求医院只要有一点希望就要尽全力抢救。然而,在罪犯治疗经费有限的情况下,巨额的医疗费成为一个急需解决的现实难题,但为了挽救罪犯生命、体现监狱的人道主义精神,监狱明确了"生命至上、不惜代价"的治疗原则,在短短10天内医疗费高达数十万余元的情况下,仍然没有放弃对他的治疗。由于用药昂贵,效果较好,在医生的精心治疗下,李某的病情得到了控制。"他的病情在这么严重的情况下能得到缓解和控制,依然能自主呼吸,真是个奇迹。"李某的主治医生

这样对我们说。

　　李某突发心肌梗塞后,为保障罪犯的合法权益,加强对监狱执法行为的监督,监狱组织人员对其突发病情的原因进行了调查,以查明各执法部门是否存在不当行为。2012年12月27日,监狱组织专门人员在赶往医院了解病情及有关情况后,立即到李某所在分监区找分监区警察、罪犯卫生员、同监舍及互监组罪犯了解情况,制作笔录。经调查,李某于2012年9月来某监狱服刑前就患有高血压及冠心病,曾在某社会医院进行过治疗。服刑以来,李某曾两次到监狱医院就诊,据罪犯卫生员及同监舍罪犯反映,由于李某有病,监狱加强了对其生活的照顾,派卫生员按时为其派药并跟踪其病情。同时,他们也反映李某在聊天时也提到自己患有高血压,心脏不好,随时会有生命危险。通过取证,监狱明确了李某的病因,明晰了监狱相关部门在处理这起事件中的环节,为顺利处理此事奠定了基础。

　　考虑到罪犯李某病情严重,不至于再危害社会,且如果有亲人照顾,更有利于其身体康复。监狱决定立即启动紧急保外就医程序。在征得李某亲属同意后,监狱及时向上级主管部门汇报了李某的病情,递交了保外就医申请,争取上级部门的支持。但由于家属对监狱执法行为尚有戒心,监狱出具各项执法记录及治疗该犯的过程记录等,会同监狱医院就罪犯病因、保外押送等问题与家属进行了沟通。通过有理有节的引导,家属于2013年1月14日自愿出具了申请转院并承担病犯路途死亡风险的申请书。为了安全将李某护送回家,监狱相关部门进行了专题研究,全面做好病犯的安全押送及死亡处置预案,抽调骨干警察参与遣送押解工作,并各专门安排了一名经验丰富的医生和护士随行。同时,为保障保外就医程序的顺利进行,监

狱邀请驻监检察室对李某保外就医的有关材料进行了监督审查，实地到监狱驻地社会医院重症监护室察看病犯，向主治医生了解病情，审查病情鉴定表，确保保外就医执行的公平公正。

由于工作细致到位，2013年1月14日晚9时许，监狱顺利将李某送到其家属联系的社会医院，李某亲属一再向监狱及护送人员表示感谢。

第三章 事务管理

十、危重病犯抢救工作流程

为切实加强对监狱内突发疾病罪犯的应急救治工作，提高对危重病犯抢救工作的快速反应和救治能力，保障罪犯身体健康和生命安全，争取抢救时间，尽快得到救治，降低死亡率，维护正常监管改造秩序，笔者结合多年的罪犯危重病犯抢救工作经验，提出相关工作建议，监狱对危重病犯抢救工作进行了规范。

(一) 危重病犯救治范围

罪犯因突发疾病导致的昏迷、生命体征垂危、有死亡危险等病情危重的情形。

(二) 现场处置工作流程

1. 值班干警发现或接到报告有罪犯突发危重疾病的,分监区值班干警应在3分钟内到达事发现场。具体指:带班监区、分监区领导,在监区监控室坐班的案发分监区干警。

2. 到达现场后,干警应迅速了解情况,具体包括罪犯的基本情况、发病症状、发病过程以及目前状态等。

3. 报告。

(1) 值班干警了解情况后,在积极采取相应救治措施的同时,应在事发4分钟内通过电话、对讲机或报警系统等向狱政科、监狱医院报告,报告时要简明扼要,包括罪犯的基本情况、发病症状、发病过程以及目前状态。

(2) 狱政科接到报告后,应立即向监狱领导报告,包括罪犯的基本情况、发病症状、发病过程以及目前状态。管教值班科长立即带领相关人员在接报后6分钟内到达事发现场。

(3) 监狱医院接到报告后,应对病犯救治、运送过程提出必要的医嘱要求和注意事项,同时做好抢救病犯的准备工作,并报告当日值班院长,值班院长在接到报告后应立即到达现场。

(4) 遇有罪犯死亡、多人突发危重疾病或出现重大疫情的,监狱应在接报后15分钟内向市监狱管理局报告,同时在接报后30分钟内向驻监检察室报告,监狱医院应按市监狱管理局中心医院相关规定向市监狱管理局中心医院进行报告,报告时要说明罪犯的基本情况、发病症状、发病过程以及目前状态。

(5) 罪犯出现死亡的,监狱应按照相关规定通知罪犯亲属。

4. 分监区应在事发后10分钟内将生病罪犯送达监狱医院进行救治,运送时应使用医用担架,在抬举和运送过程中,注意观察病犯的状态,轻挪轻放,注意方式方法,防止给病犯造成其他后果。

5. 监狱医院医生在接诊后应在第一时间内,做出是否转院救治或请求999、120急救中心来监协助抢救的决定,如需拨打急救电话的,监狱医院值班

院长与狱政科沟通后,迅速拨打999或120急救电话,如需转院的,由狱政科组织警力、协调车辆办理转院,车辆、押解人员应在5分钟内到达事发现场。

6. 狱政科接到需999、120来监狱抢救的通知后,狱政科1名干警立即将车辆和人员"急救抢险特别通行证"送到监狱大门,并发放到车辆和人员手中,狱政科干警负责将999或120急救车辆引导至抢救现场,值勤武警、监狱二门值班干警对持"急救抢险特别通行证"的车辆和人员不再进行检查和安检,应快速开启大门放行。事后,狱政科按照相关规定补办进出大门手续。

7. 参与急救的车辆和人员可以携带急救设备、手机等进入监区,但手机、车辆和人员进出安全由狱政部门负责。

8. "急救抢险特别通行证"由狱政科制作保存,非上述情况下任何人不得使用。

(三) 要求

1. 保持通讯畅通,各岗位值班人员应实时保持值班电话、对讲机、报警系统等畅通有效,及时应答。

2. 相关人员接到报告后,应严格按照工作流程落实执行,迅速进入到指定位置进行处置。

3. 分监区及相关部门干警对于抢救全过程做好录音录像,同时分监区还要做好人证、物证等证据的收集和留存,确保各类证据齐全、准确、有效。

十一、分监区服刑人员班组处置突发事件预案

笔者通过对近几年发生的各类突发事件的起因、经过和结果的分析发现，绝大部分严重违纪问题、安全事故在事发前都会有不同程度的前兆，周边的同犯大都能够发现这些异常情况，但不是不愿意管或没有意识到问题的严重性，就是不知道如何处理。如果在干警到达现场前，能够发挥这部分服刑人员熟知情况、与事件零距离便于及时控制、有效处置的作用，就能有效防止事态扩大、降低危害程度。因此，为进一步调动服刑人员自觉遵守和维护狱内改造秩序的积极性，提高他们处置班组内突发事件的意识和能力，明确职责分工，笔者随着新的行刑理念的变化，针对狱内易发生的罪犯自杀、自残、群体斗殴、脱逃等突发事件，结合监狱实际，研究、制订、实施了《分监区服刑人员班组处置突发事件预案》，对处置小组成员构成、处置程序、职责及奖惩进行了明确规定，笔者的创新意识和思路在于认识的创新、方法的创新、执法理念的创新，就是在维护和确保监狱安全稳定上不能仅仅依靠干警，如何发挥罪犯自身的作用更为实际和关键，实践证明这也是行之有效的。

分监区服刑人员班组处置突发事件预案主要包括分监区处置小组对发生在监舍、同道、库房、活动室、厕所、水房等区域的自杀、群体斗殴以及脱逃等突发事件的处置分工、职责以及程序等内容。

具体包括：分监区每个自然班组成立处置小组及分工、处置程序及职责以及相关要求三个方面内容。

（一）分监区每个自然班组成立处置小组及分工

每个服刑人员班设处置突发事件小组，设组长1名，由班长担任，负责组织指挥（班长不在场时由副组长负责组织指挥）；副组长由互监组长担任，其中1名副组长负责现场报警，1名副组长带1名成员负责保护现场，班内其他服刑人员为现场处置成员。

突发事件发生在监舍的，由本班处置突发事件小组负责处置；突发事件发生在同道、库房、活动室、厕所、水房等公共区域的，由服刑人员互监员班负责处置。发生突发事件时，值班互监员负责协助干警将无关人员清回监舍，并锁好监舍门，维护好同道秩序。

（二）处置程序及职责

事发报警：发生突发事件时，由一名副组长或班长指定一名服刑人员按下现场的对讲系统按钮，向值班干警报警，如事发现场无对讲系统或对讲系统失效的情况下，负责报警的人可直接向干警汇报。

现场处置：

1. 发生自杀事件时现场处置。发生服刑人员自杀事件时由一名副组长或班长指定一名服刑人员迅速报警。对服刑人员准备自杀的，采取积极劝说、抢夺自杀工具等方式进行制止，并控制当事人；对已经实施自杀行为的，处置小组成员应立即施救。上吊自杀的将其身体托起救下，使用工具割颈、割腕自杀的在抢夺工具的同时，积极采取包扎的施救措施。同时，负责保护现场的服刑人员应站在有利于观察、了解、倾听的位置，对人证、物证、事情经过等进行仔细的观察，对物证在可能的情况下采取保护措施。

2. 发生群体斗殴事件时现场处置。发生服刑人员群体斗殴事件时，由一名副组长或班长指定一名服刑人员迅速报警。在服刑人员因争执可能斗殴时，采取积极劝说、将双方分开等方式进行制止和控制；在已经发生群体斗殴时，由组长根据实际情况及参与的人数等，安排小组成员进行制止，采取

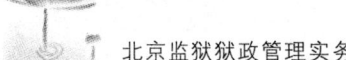

将斗殴双方服刑人员隔离、分开，防止事态进一步扩大。同时，负责保护现场的服刑人员应对人证、物证、事情经过等进行仔细的观察，对斗殴工具采取保护措施。

3. 发生脱逃事件时现场的处置。发生脱逃事件时，由一名副组长或班长指定一名服刑人员按下现场的对讲系统按钮，向值班干警报警。在发现服刑人员将要脱逃的情况时，应积极劝导、阻止当事人的违法行为；在发现服刑人员已经脱逃的情况时，应组织班内人员按床位站好，严禁出现大声喧哗、人员走动等情况，等待干警清点人数。同时，负责保护现场的服刑人员应对人证、物证、事情经过等进行仔细的观察，对脱逃所使用的工具采取保护措施。

（三）相关要求

全体服刑人员要认真学习、熟知、熟记、熟练掌握预案内容，尤其是班组长、互监员等有具体职责的服刑人员要熟知预案中自身职责，在发生突发事件时，要认真履行职责，积极、大胆、妥善协助干警工作。无关人员在发生突发事件时，必须迅速回到自己的监舍，并保持肃静，自觉维护分监区的秩序。

每个服刑人员班组由班长按照上述预案要求确定本班处置突发事件小组，名单报分管班责任干警审核，班内处置突发事件小组成员出现变动，班长要及时将调整后的名单上交责任干警审核，名单报分监区备案保存。同时，分监区要定期组织服刑人员按预案要求开展演练，每个班每年演练不得少于两次。

此预案将作为服刑人员学习教育的一项内容，分监区要认真组织学习，每季度考试一次，对不能掌握内容的将按照计分考核规定扣罚，对未按预案执行或者违反上述规定，将按违反监规纪律处理；对认真遵守预案要求，并能及时发现有效控制或处置突发事件的，监狱将按相关规定给予奖分、行政奖励。

十二、"维护监管安全稳定，构建和谐改造关系"工作机制

对于维护监狱的安全稳定，传统的思想和做法认为都是干警的事，一味强调干警的作用，靠干警的意识和管理，罪犯只是被动地遵守和执行，凡涉及安全方面的对罪犯都是高度地保密，既不能跟罪犯说、让罪犯知道，更不能让罪犯参与。随着新的行刑理念不断发展，笔者认为，罪犯是改造的主体，是监狱安全稳定关键因素，如果罪犯不仅能自觉遵规守纪，踏实改造，而且还能参与维护监狱的安全稳定，那我们的监管安全才真正有了保证，我们的安全工作才不是被动的。与此同时也标志和反映罪犯改造质量的提高，这与我们的中心工作"提高罪犯的改造质量"正好不谋而合。正是基于这种理念，笔者研究制订了这样一种"工作机制"；此办法还把罪犯亲属的作用和力量也吸纳其中，形成了干警、罪犯、罪犯亲属三方的合力，创造出共同维护监管安全的良好局面，

它是传统的新思路。此举为充分调动罪犯及其家属在维护监管秩序稳定方面的积极性和主动性，进一步实现监狱、罪犯及其家属共同作用的多元化管理教育模式，使监狱对罪犯的管理教育工作更具针对性和时效性，更好地体现"以人为本"的执法理念，营造健康、和谐的改造氛围，为确保监狱的持续安全与稳定和全面提高罪犯改造质量打下了坚实基础。

该工作机制主要包括活动主要内容、具体实施办法如签订责任书等内容。

（一）活动主要内容

1. 在罪犯中开展"服刑人员维护监管安全稳定责任书"签订活动和"罪犯安全教育周活动"。
2. 组织服刑人员亲属开展"服刑人员亲属帮教责任书"签订活动。
3. 监狱积极开展相关活动，并采取有效措施，为服刑人员及其亲属更好地落实责任书中的内容和要求创造良好的氛围和条件。

（二）具体实施办法

1. 制定责任书。由监狱统一制作出"服刑人员维护监管安全稳定责任书"、"服刑人员班长维护监管安全稳定责任书"和"服刑人员亲属帮教责任书"并下发各分监区。

2. 签订责任书。每年年初由分监区召开服刑人员维护监管安全稳定责任书签订仪式大会，组织服刑人员与责任干警签订"服刑人员维护监管安全稳定责任书"，服刑人员班长与分监区领导签订"服刑人员班长维护监管安全稳定责任书"，在此基础上监狱举行"维护监管安全稳定，构建和谐改造关系"服刑人员及其亲属责任书签订仪式，组织部分服刑人员、班长及亲属代表分别签订"服刑人员维护监管安全稳定责任书"、"服刑人员班长维护监管安全稳定责任书"和"服刑人员亲属帮教责任书"。

各分监区要将"服刑人员维护监管安全稳定责任书"和"服刑人员班长维护监管安全稳定责任书"在各罪犯监舍和通道内张贴、悬挂。

干警、服刑人员调整班组或分监区的，责任书不再重新签订，服刑人员及班长继续按照责任书中规定的内容履行责任，责任干警由调整后的干警担任，并从调整之日起对分管班的罪犯履行监督职责。

对于新入监的罪犯，在入监第二周监狱组织新入监罪犯亲属座谈会，参观监狱的同时，向罪犯亲属宣传监狱此项工作措施，向亲属宣讲"责任书"内容，并与亲属签订责任书。

3. 组织学习和考试。

（1）组织学习：每月由分监区利用周四学习日集中组织二次服刑人员及班长学习维护监管安全稳定责任书的内容，使服刑人员及班长对责任书的

内容做到熟知、熟记，并自觉按照责任书中的要求去做。

（2）组织考试：每月月底由各分监区集中组织一次责任书内容的考试，监狱每季度到各分监区抽查考试一次，考试成绩在95分以上的为合格，各分监区要将服刑人员的考试成绩制作成册并在分监区内予以公示，公示期限为一周。

（3）对考试不合格以及在日常改造生活中违反责任书内容和要求的，除按《罪犯计分考核规定》和《对破坏监管秩序罪犯惩处的规定》予以扣分或惩处外，还要依据"优胜分监区、罪犯优胜班组、改造标兵评选活动办法"取消服刑人员优胜班组、改造标兵的评选资格；对于符合呈报综合奖励以及减刑、假释条件的，予以延期呈报；对于罪犯班长、互监员、生产调度、小哨等特岗罪犯违反责任书的一律予以撤换，同时根据问题的轻重、大小，对服刑人员的责任干警及所在分监区，依据《监管安全工作考核办法（试行）》予以相应扣分。

4. 分监区总结。

（1）每月罪犯要结合自身实际对照责任书中的要求，找出自身在履行责任书过程中存在的差距和不足，并制定切实可行整改措施，每名罪犯要写出书面的汇报材料，并利用班会的时间在班内宣读，会后将个人汇报材料上交分监区保存、备查。

（2）每季度分监区要召开总结大会，罪犯各班班长汇报班内服刑人员履行责任书情况和存在的主要问题，分监区针对罪犯履行责任书过程中存在的突出问题、罪犯当中的反映等情况进行总结，并形成文字材料上交狱政科。

5. 以对罪犯的安全教育为主题，在罪犯中开展"安全教育周"活动。确定每季度第一个月的第二周为罪犯安全教育周，每周确定一个活动主题，并采取分监区自行教育与监狱集中教育相结合、监狱教育与亲情帮教相结合的形式，通过组织对罪犯安全教育培训、学习监规纪律、制度考试、服刑人员现身说法、邀请服刑人员亲属来监帮教等形式对罪犯进行安全教育。

各分监区要在每个安全教育周活动期间，利用周一班会和周四学习日的时间，组织各班开展讨论，班长要做好记录；每名服刑人员要结合每个安全教育周的活动主题和自身实际写出不少于1000字的体会或感想；分监区利用周五的分监区周小结会对每个安全教育周活动的开展情况、班会讨论情况以及近期本分监区罪犯遵规守纪方面存在的突出问题进行小结，并在分监区周小结记录本中做好记录。

6. 监狱开展的几项活动。为了使服刑人员及其亲属能够更好地落实责任书中的内容和要求，充分调动服刑人员及其亲属参与维护监管安全稳定的积极性和主动性，监狱还将结合自身实际开展以下活动：

（1）按照北京市监狱管理局《关于进一步推进狱务公开工作的实施意见》的相关要求，定期组织新入监罪犯亲属参观监狱并由分监区干警和罪犯亲属就罪犯入监前的工作、学习、生活、家庭、身体等情况以及入监后的改造表现情况进行信息的交流与反馈。

（2）按照《北京市监狱与服刑人员亲属互通服刑人员思想及相关情况的管理办法》的相关要求，每季度监狱组织部分服刑人员及其亲属代表与分监区干警召开一次座谈会，向服刑人员亲属反馈罪犯近期的改造表现情况、存在的问题，听取服刑人员亲属对监狱工作以及对服刑人员本人管理、教育的意见、建议。

（3）继续在各分监区开展服刑人员改造互助小组活动，进一步激发罪犯改造内驱力，调动服刑人员自觉改造、自我改造的积极性和主动性，营造和谐的改造氛围。

（4）确定每月的15日和30日（2月份为25日）为监狱长接待日，节假日顺延。

（5）在罪犯会见登记室设立"举报箱"、"征求意见箱"和联系电话（61294194转6048），接受服刑人员亲属对监狱的监督，听取服刑人员亲属对监狱管理教育工作的意见、建议，监狱监察科和狱政科每周对"举报箱"和"征求意见箱"开启一次，并对服刑人员提出的问题、意见、建议在7—15个工作日内予以答复。

附件 3-4

服刑人员维护监管安全稳定责任书

维护狱内安全稳定和良好改造秩序,是每一名服刑人员积极改造、自觉改造的重要标志,也是每一名服刑人员义不容辞的责任和义务。为此,我在今后的服刑改造过程中,保证做到以下几点,希望广大干警监督。

1. 认真反省、反思所犯罪错,深挖自己的违法犯罪根源,真诚悔罪,积极参加各项改造活动。

2. 服从干警的管理教育,自觉遵纪守法,不在狱内参与、组织违法犯罪或有碍监管安全稳定的活动。

3. 树立积极向上的人生观和改造态度,做到有问题及时找干警解决,不采用极端、暴力(例如:自杀、自伤自残、绝食、打架斗殴、不服从管理)等不正确方式处理解决问题。

4. 不在狱内私藏、使用、传播毒品、通讯工具、刀刃具、绳索、烟、酒、现金、便服等监狱禁止的危险品和违禁品。

5. 监督干警执法和管理,多提合理化建议,服刑人员之间要互帮互爱,共同营造和谐、良好的改造氛围,争取优异改造成绩。

6. 要学会宽容,理解、尊重和承担,对社会、家庭和亲人要有责任心、爱心和感恩的心,不再给社会带来不安、给监狱增加负担,给亲人带来伤感。

责任干警:×××　　　服刑人员:×××
　年　月　日　　　　　　年　月　日

附件 3-5

服刑人员班长维护监管安全稳定责任书

我是×分监区×班的服刑人员班长×××,维护狱内安全稳定和良好改造秩序,是每一名服刑人员积极改造、自觉改造的重要标志,也是每一名服刑人员义不容辞的责任和义务,特别是作为服刑人员中的积极力量,更要带头履行这一责任和义务。为此,我在今后的服刑改造过程中,保证做到以下几点,希望广大干警监督。

1. 认真反省、反思所犯罪错,深挖自己的违法犯罪根源,真诚悔罪,积极参加各相改造活动。

2. 服从干警的管理教育,自觉遵纪守法,不在狱内参与、组织违法犯罪或有碍监管安全稳定的活动。

3. 树立积极向上的人生观和改造态度,做到有问题及时找干警解决,不采用极端、暴力(例如:自杀、自伤自残、绝食、打架斗殴、不服从管理)等不正确方式处理解决问题。

4. 不在狱内私藏、使用、传播毒品、通讯工具、刀刃具、绳索、烟、酒、现金、便服等监狱禁止的危险品和违禁品。

5. 监督干警执法和管理,多提合理化建议,服刑人员之间要互帮互爱,共同营造和谐、良好的改造氛围,争取优异改造成绩。

6. 要学会宽容,理解、尊重和承担,对社会、家庭和亲人要有责任心、爱心和感恩的心,不再给社会带来不安、给监狱增加负担,给亲人带来伤感。

7. 认真履行班长职责,遵守相关纪律,积极协助干警做好对班内服刑人员的管理教育工作。

> 8. 积极带领班内服刑人员参加各项改造活动，起好模范带头作用。
>
> 9. 认真、大胆、负责，做到公平公道，敢于同各种违法违纪行为做斗争，做到及时制止和汇报。

附件 3-6

> **服刑人员亲属帮教责任书**
>
> 　　我是×分监区服刑人员×××的亲属×××。随着首都监狱工作"法制化、人文化、科学化"进程的不断加快，监狱机关在"教育人、改造人、挽救人"等方面做了大量积极的工作。做为服刑人员亲属，我们在亲身感受监狱系统人文化气息同时，也对监狱机关在转变行刑和执法理念方面所做出的巨大努力感到十分欣慰，为此，我们一定全力配合监狱做好服刑人员的帮教工作，促进他们积极改造、安心改造，早日回归社会与亲人团聚。为此，我愿意配合监狱做好以下工作：
>
> 　　1. 积极对狱中服刑的亲属进行亲情感化教育，利用会见、亲情会见、通信、短信、亲情电话等途径，开展经常性的认罪服罪教育，使他们能够自觉遵守监规纪律、服从管理，积极投入到正常的改造中去。
>
> 　　2. 针对他们在改造过程中出现的因监狱或干警的管理、处理、家庭变故、财产纠纷及他们之间关系等问题引发的思想情绪波动，我们在利用书信、会见、亲情会见以及亲情电话等渠道做好对他们教育疏导的同时，积极向监狱或干警反馈，商讨教育措施，确保在狱中改造的安全与稳定。

3. 做好义务的执法监督员,作为服刑人员亲属,我们在全力配合监狱工作的同时,也有义务对监狱的执法、管理工作进行监督,发现问题,我们会通过合理途径向监狱予以积极的沟通、协调。

4. 多提合理化建议,对于监狱在管理、教育服刑人员过程中,我们认为好的经验做法、意见或建议,我们一定积极向监狱反馈。

5. 不利用会见、亲情会见、亲情电话、短信、通信等途径与服刑人员谈论不利于服刑人员改造的内容,不为服刑人员传递烟、酒、现金、毒品等危险品、违禁品和监狱规定禁止的行为。

十三、"优胜分监区、罪犯优胜班组、服刑人员改造标兵"竞赛管理

为全面贯彻落实北京市监狱管理局"以改造人为中心,全面提高罪犯改造质量"这一中心任务,激励罪犯积极改造、自觉改造的服刑意识,促进狱内安全稳定,结合新的行刑理念和新的监管改造形势,就如何用正向的激励措施抑制和约束罪犯言行,使罪犯不断养成自觉遵规守纪的良好品行,调动罪犯改造的积极性和自觉性,2007年在笔者的建议下,北京市监狱研究制定了"优胜分监区、罪犯优胜班组、服刑人员改造标兵"竞赛管理这一激励措施,这项措施的特点在于把干警履职尽责意识、到岗到位、认真落实各项规章制度与罪犯遵守各项监规纪律、积极参加各项改造活动紧密结合,分监区整体与罪犯班组、与罪犯每个人紧密结合,使分监区每一项工作和改造活动与每个人的行为都息息相关,责任与利益挂钩,个人与集体挂钩。例如,罪犯班组内有人因违纪被扣分,那么分监区会根据相应的分值比例减扣班

第三章 事务管理

组的分数，到月末该班组在整个分监区的排名就会受到影响，评选为优胜班组的可能性也会减小。此外，每年底监狱都要进行总结，表彰优胜分监区和服刑人员改造标兵，并邀请服刑人员亲属、媒体记者等参加总结表彰大会，正面效果十分突出，也得到了罪犯及亲属的好评。例如，某监狱二分监区二班罪犯柳某服刑改造意识不强，时常违反监规纪律，由于2012年四季度表现较好，被评为改造标兵，对于从未获得奖励的柳某来说，这对其产生了极大的激励作用，之后其改造态度发生了巨大转变，不仅自己遵规守纪，还能主动劝阻班内其他罪犯的违规违纪行为。对评出的罪犯改造标兵，下年初监狱组织到各分监区进行改造事迹巡回演讲，同时还将标兵事迹制作成展板在各分监区、候见室等进行展出，效果和影响颇佳。活动内容可根据改造工作形势每年做出调整。这一措施还影响和带动了其他监狱，北京市监狱管理局下属的多数监狱都开展了这一活动，其效果也得到上级部门的充分肯定。

竞赛活动主要包括活动的目的意义、内容和步骤、分监区活动领导小组以及活动要求等五个方面。

（一）活动的目的意义

竞赛活动的开展，在对维护监管安全稳定中做出突出成绩的分监区进行表彰的基础上，对积极改造、表现较好的罪犯给予奖分以鼓励其改造，同时通过活动的开展进一步调动全体罪犯的改造积极性。鼓励优胜，鞭策后进，强化罪犯的自我服刑意识、自我改造意识，提高罪犯改造的自觉性。全面贯彻落实"以改造人为中心，全面提高罪犯改造质量"这一中心任务，最终实现监管安全秩序的持续稳定和罪犯改造质量的全面提高。

（二）活动的内容和步骤

1. "监管安全优胜分监区"竞赛评比活动。
（1）竞赛活动时间：全年。
（2）竞赛活动内容：
①干警违反工作纪律出现问题情况；
②干警落实各项管理制度、安全措施、安全工作等情况；
③狱情排查情况；
④罪犯三大现场管理情况；
⑤分监区重控罪犯管理；
⑥罪犯遵规守纪情况；
⑦违禁品、危险品管理情况；
⑧外来人员及车辆的管理情况等。
（3）评选范围：各押犯分监区。
（4）评选过程：

①根据北京市监狱《监管安全排查工作实施细则》和《北京市监狱监管安全工作考核办法（试行）》的规定，每月对各分监区监管安全工作进行全面检查考核，并将检查考核情况在下月初通过监狱局域网在全监范围内通报。

②每季度根据每月考核成绩评选出三个季度监管安全工作优胜分监区并颁发流动红旗，检查考核情况在监务会上通报。

③年终根据全年检查考核情况评选出年度三个监管安全工作优胜分监区颁发奖状，并按照北京市监狱《关于各类获奖先进集体及个人表彰、奖励

的实施办法（试行）》的规定予以奖励。

2. 开展罪犯"积极改造，遵规守纪、维护良好秩序，争创优胜班组"系列竞赛活动，全年在每季度各开展一项活动。

（1）一季度开展主题"端正服刑改造态度、争做认罪悔罪人"优胜班组竞赛活动：

竞赛时间：一季度。

竞赛内容：

①一季度在每周学习日组织罪犯学习《服刑人员行为规范》、《对破坏监管秩序罪犯惩处的规定》；

②对所犯罪行有正确和深刻认识；

③能够正确对待干警的严格管理；

④狱内改造环境和改造生活是否能够适应；

⑤有消极改造行为、不参加或不积极参加改造活动、完不成干警交给的任务；

⑥平时仪容、仪表及着装、行为不端的。

考核办法：

①班内罪犯在竞赛期内违反《罪犯计分考核规定》每扣5分，扣除班内分1分；

②季度末由竞赛活动办公室根据学习内容出试题，分监区负责组织罪犯闭卷考试，班内罪犯平均得分在90（含）分以上的不扣班内分数，80—89（含）分的扣0.5分，60—79（含）分的扣1分，60（不含）分以下的扣3分；

③竞赛内容的②③④⑤⑥项中，每发生1件次视情节轻重和影响大小直接扣班内1—3分；

④班组季度竞赛成绩是用100分，分别减去各项所扣分数后的得分。

（2）二季度开展主题"远离违禁品、争做遵规守纪人"优胜班组竞赛活动：

竞赛时间：二季度。

竞赛内容：

①二季度在每周学习日组织罪犯学习北京市监狱《服刑人员维护监管安全稳定责任书》和《对破坏监管秩序罪犯惩处的规定》；

②未按规定组织开展学习教育的；

③罪犯持有、使用、传递刀刃具、易燃易爆品、便服、通讯工具、现金、烟酒等危险、违禁品的取消季度优胜班组评比资格；

④罪犯持有、使用、传递除第③项规定以外的违禁品的。

考核办法：

①班内罪犯在竞赛期内违反《罪犯计分考核规定》每扣5分，扣除班内分1分；

②季度末由竞赛活动办公室根据学习内容出试题，分监区负责组织罪犯闭卷考试，班内罪犯平均得分在90（含）分以上的不扣班内分数，80—89（含）分的扣0.5分，60—79（含）分的扣1分，60（不含）分以下的扣3分；

③竞赛内容②④项中，每发生1件次视情节轻重和影响大小直接扣1—3分；

④班组季度竞赛成绩是用100分，分别减去各项所扣分数后的得分。

（3）三季度开展主题"文明和谐改造、争做文明改造人"优胜班组竞赛：

竞赛时间：三季度。

竞赛内容：

①三季度在每周学习日组织罪犯学习《罪犯计分考核规定》、《互监组责任书》；

②罪犯间无因琐事，如洗漱、上下床、开窗通风、打闹、说脏话、起绰号、业余时间自由活动等发生矛盾的；

③无罪犯班长、互监员、调度、库管员的特岗罪犯因改造活动与他犯之间不能正常相处的；

④罪犯无正当理由与家人发生矛盾的；

⑤无正当理由与干警发生抵触的。

考核办法：

①班内罪犯在竞赛期内违反《罪犯计分考核规定》每扣5分，扣除班内分1分；

②季度末由竞赛活动办公室根据学习内容出试题，分监区负责组织罪犯闭卷考试，班内罪犯平均得分在90（含）分以上的不扣班内分数，80—89（含）分的扣0.5分，60—79（含）分的扣1分，60（不含）分以下的扣3分；

③竞赛内容②③④⑤项中，每发生1件次视情节轻重和影响大小直接扣1—3分；

④班组季度竞赛成绩是用100分，分别减去各项所扣分数后的得分。

（4）四季度开展主题"培养和树立配合意识、争做自觉改造人"优胜班组竞赛：

竞赛时间：四季度。

竞赛内容：

①四季度在每周学习日组织罪犯学习《刑法修正案（八）》、《监狱法》、《传统文化与智慧人生》学习资料；

②出现问题不按正当渠道反应的；

③不能正确接受干警批评教育的；

④不能正确对待服刑期间奖惩；

⑤对违规违纪问题，不良现象不能及时发现、及时制止的；

⑥与同犯之间发生矛盾的，不能正确理解的。

考核办法：

①班内罪犯在竞赛期内违反《罪犯计分考核规定》每扣5分，扣除班内分1分；

②季度末由竞赛活动办公室根据学习内容出试题，分监区负责组织罪犯闭卷考试，班内罪犯平均得分在90（含）分以上的不扣班内分数，80—89（含）分的扣0.5分，60—79（含）分的扣1分，60（不含）分以下的扣3分；

③在活动期内出现上述问题受到处分的取消优胜班组评选资格，未受到处分的除个人按《罪犯计分考核规定》扣分外，每1件问题扣班内3—5分；

④班组季度竞赛成绩是用100分，分别减去各项所扣分数后的得分。

（5）评选范围：

一至九分监区所有自然班，不包括八分监区病犯班。

（6）评选奖励：

①竞赛活动在每个季度对各分监区监管安全检查考核成绩排名的基础上：获得监管安全考核排名前三名的分监区为一等奖、四至六名的分监区为二等奖，七至九名的分监区为三等奖；

②各分监区均评出一个优胜班组，评为一、二、三等奖的分监区，按照

奖励等次依据计分考核办法相关规定奖励有效计分 3 分、2 分、1 分；其中一等奖奖励 3 分，二等奖奖励 2 分，三等奖奖励 1 分，如果出现罪犯班组排名并列，由分监区研究确定；

③八分监区如获奖不按照班组进行评选，而是按照常留罪犯人数 15% 奖励。

④九分监区如获奖从现有互监员内评选出一名，由原分监区给予奖分；

⑤各分监区每月各班考核成绩应在"监管安全优胜班组、改造标兵"评比公示栏中公布，并在下月 7 日前将各班组考核成绩及名次和相关材料上报狱政科，遇国家法定节假日上报时间顺延；季度监管安全优胜分监区考核排名公布后，各分监区根据罪犯班组三个月的考核成绩，将获奖班组及罪犯名单在下月 10 日前报狱政科。

(7) 优胜班组评选的其他相关条件：

①在活动期内班组罪犯有受到行政处分以上处罚的，取消季度优胜班组的评选；

②班组内罪犯有私藏现金、烟酒、便服、火种、刀刃具、药品等危险品的不得评为优胜班组；

③罪犯班长、互监员被扣分的加倍扣除该犯所在班组当月优胜班组评选的积分；

④当月班组内出现罪犯无故不参加劳动等改造活动的，视情节轻重和影响大小直接扣班组 1—3 分。

(8) 罪犯所在班虽被评为优胜班组，但有下列情形的，该罪犯也不得给予奖励。

①在活动期内罪犯在本班组内累计服刑不足 80 天的；

②月得分未达到评定有效积分的；

③在活动期内因违纪一个月累计扣 30 分以上或季度内 4 次被扣分的；

④被评为优胜班组内的罪犯符合评奖条件的，因调整分监区或班组的仍按原班组、分监区给予奖分；

(9) 被评为优胜班组的由分监区颁发"流动红旗"。

3. 罪犯"改造标兵"竞赛评比活动。

(1) 奖项设置，设季度改造标兵和年度改造标兵。

(2) 活动时间：全年。

(3) 活动内容：

①认罪服法、服从管理；

②自觉遵规守纪，严格遵守《服刑人员行为规范》；

③积极参加学习、教育、劳动等改造活动；

④积极协助干警工作，维护良好秩序；

⑤起良好带头作用，敢于向干警反映他犯违法、违纪行为。

（4）评选范围：全监所有罪犯。

（5）评选的基本条件：

一是季度改造标兵：

①罪犯获得《计分许可证》；

②季度内获得有效积分在13分以上的，不包括各项奖励有效积分；

③季度内罪犯必须在分监区服刑满80天以上的；

④上年度内没有受到刑事、行政处罚的；

⑤季度内没有一次性扣30分的，季度内扣分没有超过二次以上的（不含二次）；

⑥出现私藏烟、酒、数量较多的药品、刀刃具、通讯工具、便服等危险品、违禁品的不予参评；

⑦发生过严重违纪，应受处分的，但综合考虑其现实表现未受到处理的不予参评；

⑧季度内班长受连带扣分四次（含）以上的，不得评为季度改造标兵。

二是年度改造标兵：

①罪犯获得《计分许可证》；

②年度内获得有效积分50分以上（包含本数），不包括各项奖励的有效积分；

③年度内罪犯必须在分监区服刑满12个月以上的；

④近三年内没有受到刑事、行政处罚的；

⑤出现私藏烟、酒、通讯工具、数量较多的药品、刀刃具、便服等危险品、违禁品的不予参评；

⑥发生过严重违纪，应受处分的，但综合考虑其现实表现未受到处理的不予参评；

⑦年度内班内发生严重违纪问题，例如：打架、私藏香烟等班长未及时发现、及时制止、及时上报的，不得评为年度改造标兵；

⑧罪犯班长不履行职责，年度内出现三个月未获得班长有效积分奖励

的，不得评为年度改造标兵。

（6）评选办法及名额分配：

季度改造标兵和年度改造标兵的名额分配，监狱按照全监押犯的3%进行评比，季度和年度改造标兵分别设定为24名，按照各分监区押犯比例分配如下：一至六分监区各三名，七分监区二名，八分监区一名，获得季度和年度优胜分监区的增加一名

一是季度改造标兵评选：

①评选时间：下个季度第一个月的10日前完成上季度评选工作，遇节假日时间顺延，并将评选结果报狱政科；

②评选程序：按照季度改造标兵，评选基本条件，每班以不记名投票的方式推选一名改造标兵候选人，推选工作要由干警组织和监督；对各班推选出的改造标兵候选人，再由全体罪犯和全体干警分别进行不记名投票；

③计分办法：总分为100分，季度内被扣分一次的总分减1分，干警少一票减1分，罪犯少一票减0.1分，100分减去以上三项扣分为最后得分，如果出现分数相同的，由分监区研究决定；

④季度改造标兵，根据得分情况，按由高到低的顺序产生，根据以上评选结果，最后由分监区全体干警集体研究确定；

⑤公示：评选结果在分监区公示三天；

⑥奖励：按照计分考核相关规定，获得季度改造标兵罪犯奖励有效积分1分。

二是年度改造标兵评选：

①评选时间：于下年度1月15日之前完成评选并上报狱政科，监狱于下年度1月中下旬召开罪犯改造标兵表彰大会；

②评选程序：第一步，根据改造标兵评选活动第四项条件，每班以不记名投票的方式推选一名改造标兵候选人，推选工作要由干警组织和监督；

第二步，被评选出的改造标兵候选人写出事迹材料，事迹材料不得少于1500字，由分监区留存；

第三步，各分监区组织全体罪犯和干警召开评选大会，大会有三项内容，一是由各班推选上的改造标兵候选人做事迹陈述，由分监区从各班抽调一名罪犯做评委，分监区干警进行监票和对分数进行统计，并于当场公布，满分为100分；二是由全体罪犯对各班推选出的改造标兵候选人进行不记名投票；三是由全体干警对各班推选出的改造标兵候选人进行不记名投票；

③计分办法：总分为100分。事迹陈述满分100分，少1分从总分当中扣除0.2分；罪犯投票少1票从总分中扣除0.1分；干警投票少1票从总分中扣除1分；季度评为改造标兵的一次在总分中加1分；活动期内没有受到扣分的在总分中加2分；最后得分从总分中减去各项扣分加上各项加分为最后实际得分；如果四个季度均被评为季度改造标兵的，可直接评为年度改造标兵；

④改造标兵确定：按照最后实际得分由高到低的顺序，并根据名额确定改造标兵人选，最后经分监区全体干警研究最终确定分监区罪犯年度改造标兵；

⑤公示：分监区研究确定后，分监区公示三天；

⑥奖励：按照计分考核相关规定，获得年度改造标兵罪犯奖励有效积分3分。

（三）分监区活动领导小组

分监区长任组长，副分监区长、计分员、狱侦员为活动小组成员，管教副分监区长具体负责活动的日常组织领导工作。以季度为单位由分监区长为全体罪犯作活动动员。

（四）活动要求

1. 分监区要精心组织、广泛宣传、狠抓落实，充分利用此次竞赛活动调动罪犯改造和维护狱内安全稳定的积极性。

2. 每季度的竞赛活动前，各分监区都要有由分监区领导组织召开全体罪犯进行动员教育，同时利用板报、墙报以及北监报、新生报等形式进行宣传。

3. 要在罪犯中全员动员、营造氛围，提高罪犯的广泛参与性，要将活动中服刑人员"优胜班组"和"改造标兵"的竞赛内容、评比条件、考核标准、程序等内容按规定组织罪犯学习，并公开，每班一份。

4. 在活动开展过程中，要将活动与监管改造的日常工作紧密结合，避免形式主义；检查、考核、评选要公开、公平、公正，确保活动的公正性和客观性，力求收到良好效果。

5. 各分监区要建立竞赛活动专项工作记录，记录分监区活动开展情况、日常检查、考核情况、扣分情况以及评选情况等，狱政科每季度对活动开展、组织及记录情况进行一次检查。

十四、监狱大门管理

监狱大门是监狱重要的监管安全部位,是容易发生罪犯脱逃、外来人员进入、危险品流入等问题的唯一通道,对于确保监狱安全至关重要。

监狱大门是一个很复杂的部位,一是人的方面:包括监狱工作人员、武警战士、参观人员、社会帮教人员、外调人员以及维修人员、生产外协人员等,出入人员构成复杂;二是车辆、物品方面:生产原材料、生产产品、罪犯生活物资、罪犯采买的生活日用品、食品、运送垃圾等构成复杂。长期以来,监狱大门管理上始终没有形成统一的规范模式。

针对这一情况,笔者经过多年调研,在摸索研究工作基础上,对监狱大门管理提出了规范建议,尤其进一步规范了人员、车辆、物品进出监狱大门的范围,从时间、程序、检查等方面做出了系统要求,有效防止了涉及大门的监管安全事件的发生,既保证了监狱监管安全,又保障了监狱各项工作的顺畅开展。

监狱大门管理主要包括监狱大门的构成、出入人员安全检查、外来人员及车辆进出管理、携带物品管理等内容。

（一）监狱大门构成

监狱大门包括 A 门和 B 门，A 门由武警执勤哨兵负责，B 门由监狱干警负责，两警共同对进出 A 门和 B 门的人员、车辆、物品进行验证检查，各负其责，各尽其职，密切配合，共同确保监狱安全。

（二）AB 门的基本作用

监狱 A 门外侧车辆通道设置防冲撞装置，标划停车等候线；B 门内侧设置防冲撞装置，出门时在 AB 门中间接受检查；警戒区域内安装监控设施。

监狱 A 门外侧设置警戒区域线，警戒区内严禁停放车辆，严禁闲杂人员逗留，保证监狱 A 门安全无障碍。

监狱大门分设行车道和行人封闭式通道。A 门为不可通视，AB 门应电动互锁，没有人员、车辆通行时 AB 门处于关闭状态。

当遇有加长车辆进入时，AB 门可暂时同时开启，武警执勤哨兵要在 A 门车行通道处进行警戒、值班干警要在 B 门车行通道处进行警戒，防止人员借机进出，待车辆完全进入 A 门后要立即关闭，恢复正常。

（三）监狱 AB 门的警卫管理

监狱 A 门外侧设立执勤武警验证哨位、自卫哨位、备勤室，武警验证哨兵对进出 A 门的人员和车辆进行查验；B 门由监狱干警警卫管理；监狱在 A 门、B 门之间行人封闭式通道内设立监狱干警值班室，值班干警对进出通道的人员身份和车辆进行查验；工作区内应安装安全防护设施，配备符合司法部监狱大门标准的设备。

（四）大门日常管理

干警值班室安装与监狱指挥中心、武警值班室以及各监区、分监区联络的通讯、监控、报警装置等设施，保证通讯 24 小时联络畅通。

1. B 门干警。B 门警卫人员为监狱警察，应选择政治坚定，责任心强、作风严谨，身体健康，在监狱工作两年以上，熟悉业务并能胜任本岗位的工作人员担任。在岗期间必须做到警容严整，文明礼貌，执勤规范，不得有下列行为：

（1）迟到、早退、脱岗、值班睡觉或私自换岗、替岗；

（2）看书、看报等与值班无关的事情；

（3）允许不符合规定的人员、车辆和物资进出监狱或无关人员进入值班室；

（4）其他不利于监狱安全的行为。

2. 值班规定。监狱 B 门实行干警昼夜值班制度，每班不少于 2 名，并严格履行下列职责：

（1）对进出监狱大门人员的身份、罪犯人数、车辆进行查验核实以及有效证件的留存和返还，并记录所有车辆和非本监狱人员进出监狱情况；对不符合规定情形的一律不得进出监狱，严防罪犯冲击或混出监狱大门；

（2）监狱大门的通讯、照明、监控、报警、门控、对讲、滚闸、验证等设施出现故障时，及时报告有关部门检修；

（3）遇有紧急或异常情况，值班干警应关闭大门立即报警，同时向指挥中心报告，严格按应急预案程序操作，做好应战准备；

（4）其他需要值班干警认真履行的职责。

3. 进出监狱 AB 门规定。

（1）本监狱干警进出门。本监狱干警、职工进入监狱 A 门时应在验证系统刷卡后主动向执勤武警出示《监狱出入证》，经执勤武警查验出入证信息与持证人身份无误后放行进入 A 门；B 门值班干警对进入人员进行安检后，在刷卡处刷卡过滚闸，随后将《监狱出入证》交值班干警查验并在刷卡器上刷卡后收存换发工作卡，值班干警开启进入监区通道门放行。

本监狱干警、职工出监狱 B 门时，应在 B 门验证系统按指纹，B 门值班干警确认出监干警、职工信息无误后，打开 B 门，出监干警、职工刷卡或按指纹逐一通过滚闸，B 门值班干警确认持卡干警、职工身份无误后，收取工作卡后将《监狱出入证》发还本人，开启出监通道放行。

干警职工出监狱 A 门时，应在 A 门验证系统刷卡，随后将《监狱出入证》通过验证窗口交 A 门执勤武警，执勤武警查验出入证信息与持证人身份无误后放行。

（2）来宾进出门。上级领导或来宾进入监狱 A 门时，在接待部门干警陪同下，在验证系统刷《贵宾证》后，经执勤武警验证核对贵宾身份、人数无误后，从监狱 A 门人行通道内进入，陪同干警刷《监狱出入证》；进入

A 门后贵宾经安检，再次刷《贵宾证》过滚闸，B 门值班干警对来宾人数核对确认无误登记后放行。

来宾持《贵宾证》人员出监狱时，接待干警首先在 B 门身份系统上按指纹，值班干警确认后连同贵宾一起放行；陪同干警和贵宾在验证系统上分别按指纹、刷《贵宾证》过滚闸，经二门值班干警再次确认后放行；到 A 门后陪同干警和贵宾再次分别刷《监狱出入证》和《贵宾证》，执勤武警查验核实人数无误后放行。

（3）社会人士参观进出门。来监狱参观的外来人员进入 A 门时，接待部门干警向参观人员核发《贵宾证》，同时需持第二代身份证、中小学生需持学生证、军人需持军官证；接待干警在验证系统上刷《监狱出入证》，参观人员刷《贵宾证》后需将本人《身份证》交武警哨兵核对后逐一进入；B 门值班干警对进入人员逐一进行身体检查和安检，再次在验证系统上刷相应证件过滚闸，干警需将《监狱出入证》、参观人员将《身份证》交值班干警收存，开启电动门逐一进入监区。

参观结束出 B 门时，接待干警在指纹系统按指纹，值班干警确认后开启 B 门；在身份识别系统上接待干警再次按指纹、参观人员刷《贵宾证》逐一过滚闸，经 B 门值班干警核对个人信息确认无误后向接待干警发还《监狱出入证》、参观人员发还《身份证》，开启电动门放行；到 A 门后，接待干警刷《监狱出入证》，参观人员刷《贵宾证》并将个人《身份证》由验证窗口交武警执勤哨兵进行查验无误后逐一放行。

（4）因公需要进出监狱外来人员。因工作需要临时进出监狱的外来人员，在相关责任单位干警陪同下持第二代身份证，到监狱狱政科制证室采集指纹、照相及身份信息后办理《临时出入证》，《身份证》由制证室暂存。

责任干警带领进入 A 门时，在验证系统上责任干警刷《监狱出入证》、外来人员刷《临时出入证》，经武警执勤哨兵验证与系统核对信息无误后逐一放行；进入 A 门后，B 门值班干警对进入的人员逐一进行身体检查和安检后，再次在验证系统刷卡后过滚闸，值班干警核对信息无误后收取干警的《监狱出入证》和外来人员的《临时出入证》，开启电动门放行进入监区。

出 B 门时，责任干警和外来人员在监狱人行通道 B 门外按指纹通过按钮呼叫值班干警，值班干警确认后，开启人行通道 B 门；责任干警和外来

人员逐一在身份识别系统上按指纹过滚闸，B门值班干警对人员信息核对无误后发还相关证件，开启电动门放行；责任干警和外来人员到A门后，在验证系统刷卡并将证件交武警执勤哨兵核对无误后逐一放行；责任干警收回《临时出入证》并及时返还狱政科制证室，领取外来人员身份证返还本人。

（5）罪犯亲属会见、亲情会见进出门。罪犯亲属会见、亲情会见进出门时，凭《身份证》、《户口本》、《结婚证》等证件在狱政科会见登记室办理《罪犯亲属会见证》；在责任干警带领下，到达监狱A门后，责任干警和会见罪犯亲属逐一刷卡，执勤武警根据家属身份证与系统信息进行核对并清点人数无误后进入A门，B门值班干警对进入人员进行身体检查、安检、核对人数、收存罪犯亲属《身份证》后，由责任干警带领进入会见室或亲情会见室；亲情会见的还要在亲情会见安检室由责任干警再次对亲属进行身体检查；罪犯亲属不能带入监狱的物品，应在监狱候见室设置的储物柜内寄存。

会见、亲情会见结束后，经B门值班干警确认亲属身份、核对人数后返还个人《身份证》，责任干警和亲属到监狱A门处刷卡并将证件交武警哨兵确认后逐一放行；责任干警收回《罪犯亲属会见证》，返还会见登记室；罪犯单独会见按外来人员进出监狱办理。

（6）罪犯出入监狱大门。罪犯出入监狱大门时一律走行车通道。

①罪犯调入时（由其他监所调入时）。狱政科负责干警应事先填报《罪犯出入监狱审批表》，负责干警在A门刷《监狱出入证》，武警哨兵对责任干警的信息、《罪犯出入监狱审批表》与车辆、押解干警及罪犯的情况核对无误后放行；进入A门后，负责干警应将《罪犯出入监狱审批表》交B门值班干警，并按监狱干警进入监区程序接受检查、证件审核后进入监区，B门值班干警对《罪犯出入监狱审批表》与车辆、押解干警、罪犯情况进行检查、核对无误后放行。出监区时，负责干警按指纹过滚闸领取《监区出入证》进入B门，B门值班干警核对负责干警信息和《罪犯出入监狱审批表》审核后开启行车通道B门，值班干警和武警哨兵分别对车辆、押解干警进行检查；负责干警到A门后，将《监狱出入证》和《罪犯出入监狱审批表》交武警哨兵查验无误后，武警哨兵开启A门放行。

②罪犯外出就医、离监探视等情况。狱政科负责干警要事先填报《罪犯出入监狱审批表》，进入A门时负责干警刷卡并将《罪犯出入监狱审批表》交武警哨兵核对，对车辆检查后，开启监狱A门放行；进入A门后，

负责干警将《罪犯出入监狱审批表》交B门值班干警后按规定从人行通道进入监区，B门值班干警对车辆检查后开启行车通道B门放行；出监区时，负责干警按规定从人行通道出B门后，门B值班干警开启行车通道B门放行，并按《罪犯出入监狱审批表》对车辆、押解干警、罪犯情况进行检查、核对，同时武警哨兵也再次进行检查、核对无误后，武警哨兵开启行车通道A门放行，并收存《罪犯出入监狱审批表》。罪犯返回监狱时，A门执勤武警凭罪犯出监时留存的《罪犯出入监狱审批表》进行查验、核对，无误后开启行车通道A门放行；B门值班干警再次按《罪犯出入监狱审批表》进行查验、核对无误后放行进入监区。负责干警从人行通道进入监区。

③罪犯刑满释放、假释、保外就医、调监的。监狱狱政科事先填报《罪犯出入监狱审批表》和《释放证明书》、《假释证明书》、《暂予监外执行证明书》，并提前通知监狱A门执勤武警和B门值班干警；责任干警带领罪犯持《罪犯出入监狱审批表》、《释放证明书》或《假释证明书》、《暂予监外执行证明书》等相关法律文书，经B门值班干警和A门执勤武警查验、核对无误后，允许出监。随后，责任干警将《释放证明书》或《假释证明书》、《暂予监外执行证明书》交予本人。狱政科负责干警按规定从人行通道进出。

《罪犯出入监狱审批表》使用完毕后由狱政科收回保持。

(7) 车辆进出监狱时。

①进门。责任干警应到监狱狱政科办理《临时出入证》、领取《车辆进出监狱须知》，狱政科对驾驶员姓名、车辆型号、车牌号、事由进行审核、登记，经监狱批准后，将《临时出入证》、《车辆进出监狱须知》交予责任干警，责任干警持《临时出入证》和《车辆进出监狱须知》，带领车辆到监狱A门，待武警哨兵对责任干警及外来人员证件、车辆检查完毕后放行进入A门。

责任干警带领车辆进入监狱A门之后，B门值班干警要对车辆及货物进行全面检查；驾驶员需经人行通道经身体检查、安检、刷《临时出入证》过滚闸后，将《临时出入证》交值班干警收存，值班干警查验无误后放行；驾驶员再从B门行车通道返回，驾驶车辆进入监区；带领干警和随车人员一律从人行通道进入监区。

②出门。车辆出监狱时，带领干警和随车人员从人行通道进入B门并领取证件，到A门处刷卡并经武警哨兵查验无误后放行；车辆驶入AB门之

间停车候检，驾驶员从 B 门行车通道返回，再从 B 门人行通道按指纹进入 B 门并领取证件后进入行车通道驾驶车辆；值班干警和执勤武警分别对车辆检查无误后，武警哨兵开启 A 门放行；车辆出 A 门后，带领干警及时收回《临时出入证》和《车辆进出监狱须知》交还狱政科。

所有车辆（包括监狱内部车辆）当日任务完成后，应及时开出监狱，严禁在监狱内过夜。

（五）进出监狱大门相关要求

1. 安检。所有进入监狱的人员，一律接受值班干警的安检，并主动将衣兜内、包内物品拿出接受查验。

干警、工勤人员禁止携带手包进入监狱，必须携带的物品一律使用监狱提供的透明袋并接受检查；未经监狱批准，外来人员一律不得携带任何物品进出监狱；对经监狱批准进出监狱的生产材料、生活物品等，一律由监狱干警与武警联合进行严格的开箱、开包检查；其中，A 门武警执勤哨兵、B 门值班干警负责对车辆的驾驶室、底盘、车厢及直观可以看到的部位进行检查，在检查无误后放行；遇货物是成箱、成包且数量较多当时无法检查的，车辆、货物应在入库或进入车间之前由责任干警负责对货物进行清点和开箱检查，在检查无误后可统一入库或进入车间或发放。

武警执勤哨兵和值班干警在对人员检查时必须做到人、证、显示屏的信息相一致；车辆必须做到驾驶员、车辆、货物相一致；物品必须是本规定所允许的；否则一律不得进入监区。

2. 可带物品。进入监狱的干警、职工可允许带入一定数量的工作、生活必需用品，具体包括：适量的洗漱用品、药品、茶叶、书籍、香烟每天不得超过 2 盒，要带入的以上物品一律使用监狱统一配发的透明塑料袋，并接受 B 门值班干警检查，其他物品一律不得带入监狱，同时，也不得利用生产、采买及其他运输车辆带入。

3. 特殊情况下的相关处置。

（1）处理突发事件时。遇有突发事件需要处突人员进入监区时，武警哨兵和值班干警需立即同时人工开启行车通道 A、B 门，允许处突人员、车辆迅速进入监区处置，待相关人员、车辆进入完毕后，A、B 门立即恢复正常。

（2）监狱大型活动时。每月监狱干警进监区升国旗、监区内有大型活动、会议需监狱干警集体参加进出监区的，可列队统一走行车通道集体进出。此外，遇人数较多的参观活动以及狱内重大活动进出人员密集等情况的，在此时间段，A门武警哨兵和B门值班干警要集中精力做好人员进出的查验工作，确保快速通过，行车通道可暂不开启。

（六）时间限制

当日21：30—次日6：30，任何人员、车辆不得进出监区，如遇特殊情况需当日值班监狱领导批准，监狱管理局、监狱领导和有关部门检查工作的除外；监狱机关值班干警在21：30以后进入监区进行工作检查的，在使用《监狱出入证》的同时还需佩戴《监狱监区检查证》，执勤武警哨兵和值班干警方可放行。

第四章 干警工作及考核

一、管班干警工作职责

多年以来,监狱最基层对罪犯的管理基本上是将分监区罪犯分为若干个罪犯班组,由分监区干警分工负责管理。但说是分工负责,实质上罪犯班组分管干警的具体职责、任务、如何分工等方面都不是很明确,更没有正式的文件规定,有些做法也还是欠规范。这就造成了出了问题责任不知道该追究谁,工作任务没完成、没落实该找谁,影响了工作的开展、制度措施的落实、干警工作的积极性,更重要的是基层罪犯的管理教育工作的不规范。笔者针对以上问题,结合工作实际,对基层管理教育罪犯工作进行了深入的调研和分析,不仅将分管罪犯班干警日常管理罪犯职责任务、权限范围、工作衔接、责任追究等进行了细化和明确,如包括日常具体组织开展教育改造活动,还对开展的活动内容量化了指标,使分监区干警在日常管理执法方面更加具体化、规范化,确保干警在执法过程中有据可依,并以此作为对干警完成工作任务情况检查和考核的依据,这样,也就增强了干警的职责意识、责任意识。

第四章 干警工作及考核

分管罪犯班干警职责包括：责任干警的职责、任务，工作标准、权限，监督、考核等。

1. 分管干警对所管班罪犯要做到五知道。即：罪犯基本情况、主要犯罪事实、家庭成员及主要社会关系、现实改造表现和心理状况。

2. 负责检查所管班罪犯的来往信件工作（罪犯的来往信件按照《监狱法》有关规定：罪犯在服刑期间可以与他人通信，但是来往信件应当经过监狱检查。监狱发现有碍罪犯改造内容的信件，可以扣留），并按要求进行登记，发现异常情况及时向分监区领导及狱侦干警汇报和反映。

3. 负责组织、监听所管班罪犯拨打亲情电话（亲情电话的定义）工作，并按要求进行登记，没有特殊情况不得擅自安排其他罪犯拨打亲情电话；在监听过程中发现异常情况应及时了解或终止罪犯与其亲属的通话，并及时向分监区领导及狱侦干警汇报和反映。

4. 负责对所管班罪犯的个别谈话教育工作（个别教育的定义）。严格落实北京市监狱管理局关于《罪犯个别教育工作规定》，每月对所管班每名罪犯至少谈话一次，并按要求认真做好个别谈话记录。

5. 每月组织召开不少于二次所管班罪犯班会，对罪犯进行集体教育、对本周情况进行讲评、提出具体要求。

6. 负责在所管班罪犯中建立狱情耳目（在罪犯中建立侦查岗位，是一种及时了解狱情、犯情的秘密途径），积极、秘密地对耳目进行管理和教育，使其发挥有效作用，并按要求建好耳目档案。

7. 通过罪犯日常各种改造活动、个别谈话等途径和方法及时、准确和全面观察、了解和掌握所管班罪犯思想动态，在分监区每周狱情分析会前写出狱情分析材料，并在分监区狱情分析会上进行汇报；对有价值的狱情应及时向分监区领导及狱侦干警汇报反映。

8. 每月对所管班罪犯班长进行不少于二次的重点个别谈话教育，以达到更好地履行责任、发挥作用的目的，并做好记录。

9. 具体负责或协助做好所管班内重控罪犯的监控、管理和教育转化工作，严格落实北京市监狱管理局《重控罪犯管理规定》。

10. 负责对分管班罪犯学习、教育情况进行督促和检查；经常对所管班罪犯掌握《服刑人员行为规范》情况进行抽查，每月全面检查、考核不得少于一次。

11. 负责对所管班罪犯内务卫生和物品定置管理（将罪犯物品进行定位

管理，例如被子成方、鞋子摆放等）进行监督、检查，不定期地开展清监检查工作；对违反相关规定的罪犯进行批评教育或向分监区提出处理意见，确保责任班秩序良好。

12. 具体负责了解和处理分管班罪犯日常改造活动中发生和出现的问题，落实首问责任制，并将相关情况和处理不了的问题及时向分监区领导及狱侦干警汇报和反映。

13. 分管干警要建立《工作日志》，对开展的上述工作情况要及时、认真、详细地在《工作日志》上记录；《工作日志》将作为对干警完成工作任务情况检查和考核的依据。

第四章 干警工作及考核

二、分监区干警对罪犯掌控

干警对罪犯的掌控是全面掌握罪犯情况的概括，是干警管理教育改造罪犯的基本能力，也是监狱一项重要的基础性工作。日常工作中，个别干警出现掌握罪犯情况不全面、不准确的情况，或者个别干警对掌握罪犯情况无从下手，没有理论内容指导。对罪犯不了解，导致一些改造罪犯的手段，如监管改造、教育改造和劳动改造等都无法有效实施，甚至出现监管安全问题。对此，笔者对多年基层一线监管改造罪犯工作实践经验进行了探索和总结，结合分监区干警管理工作实际，对干警掌控方法、手段和技巧进行了系统归纳，尤其是对罪犯的管理教育、安全防范等方面做了大胆有益的尝试，这些做法对于分监区干警全面准确了解掌控罪犯、有效管理罪犯、提高罪犯改造质量都具有十分重要的意义和作用。

对罪犯的掌控主要包含了干警全面掌控罪犯的内涵、重要性、需要对罪犯掌握的主要内容、如何掌控以及应当注意的问题等方面。

(一) 什么是掌控

所谓掌控，我们从字面就很容易理解，应包括两个方面：

一是掌，也就是掌握，即了解、把握、拿稳。这里面的"拿稳"笔者个人理解本身就有管理的意思；针对我们改造罪犯的具体工作而言，要了解、把握、拿稳什么呢？简单地说就是罪犯的各种情况，就是我们管理教育罪犯过程中有关的和所需要的各种情况。其中，"把握、拿稳"和我们的实际工作联系来看，可理解为准确、全面，又可以是把握、拿捏。

二是控，也就是控制，即支配、掌握、节制、调节，法则、规定约束、管束的意思。其实也是管理，再结合到我们的具体工作来说，就是用法规来组织、指挥、管理罪犯，而且，能够做到有序、有效和服从。

概括起来其实就是八个字：准确、全面、有序、有效。

(二) 掌控的重要性

结合我们的工作性质和特点，掌控的重要性主要体现在以下四个方面。

1. 掌控是我们改造罪犯的前提。一是要管理这个罪犯首先要掌握和了解这个罪犯，什么都不清楚如何管理，那只是空谈；二是要改造这个罪犯，就应当管得住，你说的话他能听，你让他做什么他能去干，否则，那也只是剃头挑子一头热。所以说，改造罪犯有效掌控是前提。

2. 掌控是我们管理教育罪犯的基本能力。我们都知道，改造罪犯的三大手段：监管改造、教育改造和劳动改造，如果离开了掌控，哪个手段都无法有效实施；再从罪犯入监到释放的每个时间和环节看，掌控贯穿罪犯服刑全过程；其三是我们干警每天组织罪犯的每一个改造活动，其中都渗透着对每个罪犯、物和时间空间的掌控；因此说掌控是干警监管改造工作最基本的能力。

3. 掌控是确保监管安全与稳定的基本手段。监管安全四大因素：情况要清、管控到位、教育有效、设施完备。看似是四项，其实前两项占到60%强；罪犯的情况我们掌握了，措施针对性强、到位了，一般不会出大的问题，实在不行把罪犯控制起来，安全还是有保障的。教育是治本的东西，设施是保障，它们不是基本手段。

4. 掌控是反映干警能力的具体体现。掌控能力包含诸多方面，如组织指挥能力、语言表达能力、分析判断能力、应急处置能力等等，下面我们还要具体说，总之，是我们干警的基本功，可以说掌控能力的高低是检验干警能力素质的重要方面。

（三）分监区干警需要对罪犯掌握的主要内容

主要应包括两个方面：一是人；二是物。

1. 人。与我们有关的有三个群体：罪犯、干职和社会人员（包括罪犯亲属、同学、同事、朋友，外协人员、帮教人员等等）。我们今天研究的主要是罪犯和社会上与罪犯有直接关系的罪犯亲属，其他可以说不是我们主要研究对象，有的跟我们的关系不大。对罪犯而言我们分监区干警重点要掌握以下10个方面的内容。

（1）基本情况。姓名、年龄、家庭住址、文化、捕前职业、身体情况、特长、爱好、习惯、性格、前科、罪名、刑期、起始日、家庭成员、入监时间等16项。

（2）成长经历。通过它能很好地了解一个人的成长过程、成长变化、行为轨迹。

①受教育情况。如是不是全部完成了12年基础学习教育、是否进入过职业教育、高等教育。

②从事的职业。如国家公职人员、医生、教师、公司职员、个体私营业者、外资企业、自由职业者、还有一些比较复杂的职业、还是没有正当职业，是不是领导（高低）、老板（大小）。

③有没有不良嗜好和经历。如看场子、做保镖、被学校、单位开除、小偷小摸、流氓习气的经历、网恋、赌博、吸毒等。

④收入状况。如收入的来源，存在有灰色收入、不合法收入，收入的高低（较差、一般、较富、很富），收入的支配形式、方式。

（3）家庭情况。笔者多年工作实践证明，罪犯的家庭是否健全、关系是否密切，既能了解这个罪犯，也能了解这个家庭，更关系到这个罪犯今后的改造，是一项十分重要又需要干警详细掌握的信息。应包括这几类：

①家庭最健全的：包括父母、配偶、子女、兄弟姐妹以及三代以内的亲属；

②家庭健全：包括父母、兄弟姐妹及三代以内亲属；

③父母离异或一方早年去世；

④婚姻状况：已婚、再婚、离婚（有子女、没有子女、有抚养、没有抚养、事实婚姻、配偶是外地、子女没有户口、与父母是否在一起生活等）；

⑤父母双亡；

⑥从小不在父母身边长大；

⑦没有直系亲属；

⑧没有任何亲属的；

⑨家庭成员所从事的职业、有无违法犯罪经历；

⑩关系是否稳固、密切。

（4）经济状况。经济状况既影响成长经历，又影响改造。这里面包括罪犯个人经济状况和家庭经济状况。

①有没有房产，房产数量、质量等；

②有价证券：股票、基金、存款等；

③资产：土地、厂矿、企业等；

④有没有债权债务、经济纠纷；

⑤有无法院判决或裁定的民事或经济赔偿等。

（5）身体和健康状况。也应当包括家庭和本人。

①健康；

②家庭成员或本人有严重或慢性疾病或重度伤残；

③家庭成员或本人有精神疾病或传染病史的；

④先天性智力或肢体发育不全或功能障碍的；

⑤罪犯本人因伤病做过各种手术的；

⑥有纹身的。

（6）违法犯罪经历、性质、手段。

①有无被治安处罚、拘留、教养、判刑的经历，初次、多次；

②违法犯罪类型，是财产犯罪、性犯罪还是暴力犯罪（抢劫、杀人、爆炸、绑架等）以及诈骗犯罪、与境内外勾结犯罪；

③从性质看，有个人犯罪、团伙犯罪、涉黑涉恶犯罪、有组织犯罪、针对人身、物体、公共场所犯罪等；

④从手段看，使用工具犯罪（枪支、刀具、爆炸物、危险性液体、科技、通讯工具、交通工具、针刺）；

⑤过失、偶发、激情、故意、报复、精神病人犯罪、饮酒后犯罪、无目的。

(7) 性格、心理特征。这些年心理咨询与矫治工作，越来越得到重视和广泛的应用，干警中取得各级证书的也不少，也有人称其为第四大改造手段，不管怎么说，进入监狱的这些人，应当说有相当一部分罪犯存在心理问题、性格怪僻；这就需要我们多用这方面的知识与管理教育工作结合起来，对他们进行矫治和改造。

(8) 兴趣、爱好、特长。了解和掌握罪犯这方面的信息，对于我们全面了解一名罪犯、更好地鼓励其体现自身价值、有针对性进行管理和教育是十分必要的，也符合以人为本的改造理念。

①文艺（说、唱、跳、音乐、演艺、工艺品制作等）、体育；

②书法绘画；

③医学、老师；

④专业技能：电焊、车工、电工、木工、缝纫、厨艺、统计、视图、园林、养殖、种植、广告、计算机、印刷、编辑、摄影、摄像；

⑤法律知识、心理学知识、健康保健知识等，监狱也有广泛的用武之地，我们要为他们的改造尽可能地提供平台。

(9) 改造中的主客观因素。我们列举引发重大监管安全的九大问题如下：

①患严重或慢性疾病、造成重大伤残的；

②配偶离婚、子女变更抚养权的；

③父母、抚养人或最亲近的人死亡或重病、重残的；

④重要财产出现变更的；

⑤重大余漏罪被发现的；

⑥认为自己无罪、有重大冤情的；

⑦与干警、罪犯有较大矛盾或较深积怨的；

⑧罪重、刑长、无家无亲人；

⑨对监狱改造生活极度不适应。

这些问题是引发罪犯行凶报复杀人、绑架、脱逃、自杀等重大监管安全事故的重大诱因，我们回顾一下，发生过的重大监管安全事故基本都与此有关。

(10) 不同改造阶段的思想特点。可分为五个阶段：第一阶段从入监到一年内，了解适应阶段。第二阶段从第二年至第三年寻求改造目标阶段。第

三阶段为平稳阶段，即服刑改造的中期。第四阶段思想错综复杂阶段，分和奖快够了，既着急争分，又害怕出问题，还要计算减多少还是假释，以及出去的事。第五阶段离释放还有半年左右的时间，即出监阶段，考虑三个问题：一是如何在最后时间内过得滋润、舒服点；二是在狱内还没有处理或解决的问题，包括疾病的治疗，与同犯、干警之间的问题；三是出监后的生活。根据罪犯改造不同阶段的这些特点，我们就应该考虑相应的管理教育以及应对措施。

2. 物。简单说一下，主要应包括以下三类：

（1）罪犯个人物品。

①监狱发给罪犯的物品，如囚服、被褥、鞋等；

②允许罪犯购买或带入的内衣、鞋袜、洗漱用品、学习用品；

③允许罪犯采买的食品；

④允许罪犯使用但须干警集中管理的物品（指甲刀、剃须刀、缝衣针、收音机、录音机、乐器、球及球拍、运动服等等）。

存在的几个问题：囚服乱扔、随意送其他罪犯；采买的食品种类过宽、档次过高；用品过多，以改造为名过分强调罪犯个人需要；个别罪犯在监内服刑讲排场、比富裕、图享受以及存在利用物品赌博、拉拢罪犯、腐蚀干警等问题；有的物品危险较高，安全隐患较多，值得我们关注。我个人认为需要市局和监狱进一步规范。

（2）管理、教育需要的设备、物品。在这方面隐患还是比较多的。

①分监区防护设施、床、监控、报警、通讯工具、照明设备、警戒具；

②干警个人警便服、钥匙、洗漱生活用品等；

③分监区打水打饭用具、打扫卫生用具、文体用品、维修工具等。

（3）生产用设备、工具、原材料等。

（四）工作实践中如何做好对罪犯的掌控

1. 现场的管控。现场是一定时空的结合体，任何人活动总是在一定时间和空间条件下进行的。作为罪犯来说总是要在一定的现场和时间内从事某种活动。现场管理就是干警在罪犯生活、劳动、学习等现场执行对罪犯改造活动及与环境之间进行组织、指挥、监督、控制等管理活动。具有以下三个方面的特点：

（1）现场管理的时空性。从时间看，既是有限的也是无限的。24小时

第四章　干警工作及考核

全天候对罪犯进行管理，对罪犯个体现场管理伴随罪犯服刑全过程，但对罪犯个体管理是有限的；从空间看，有一定的局限性。重点时间段和需要注意的三个问题：

①重点时间：11 个。如早晨起床前后、晚间就寝前后、洗漱时间、拿取个人物品时、服药时、与外来人员接触时、午休时、收工前后、节假日前及休息时、亲情会见前后、罪犯思想、情绪出现波动时等。

②重点空间：13 处。如打水、打饭、储藏室、倒垃圾、就医、个别会见、文艺班、编辑部、电视台、库房、图书室、干警卫生间、事务犯班等。

③特点：琐碎（都是小事，很麻烦、易厌倦）、重复（日复一日、年复一年）、冲突（休息时间，又要干警亲自去）、忽视（小事、重复做、从事的罪犯表现较好）、缺失（大多是管理的细节、小节，缺乏规范）。

（2）现场管理的规范性。干警的一切管理行为、罪犯改造行为和监管环境标准都是按《监狱法》、司法部《服刑人员行为规范》、北京市监狱《监管改造环境规范》等法律法规来进行的，也包括市局和监狱制定的相关制度，这些都是现场管理规范性体现；除此之外，我们知道现场也是比较复杂的，各个监狱、各个分监区都有所不同，有的区别还较大，其主要原因：一是设施、设备不同；二是管理有差异。大的方面没有什么问题，关键在小的方面、细节方面，因此，现场管控一定要紧密结合自身实际和特点加以规范，不要因为是小事、细节而被忽视、随意；我们的管理是不是科学、文明、规范、安全，这些方面往往更关键、更能得到体现、更是安全的基础。

（3）现场管理的直接性。就是面对面的管理，哪里有罪犯哪里就有干警，也就是我们说的直接管理，即六个直接：直接到场、直接指挥、直接观察、直接记载、直接考核、直接处理。它的作用和意义都无法用其他来替代。笔者想用五个性来概括：即安全性（是确保安全最有效措施）、强制性（通过干警直接和严格的管控，使各项改造措施、手段得到实施，有一个良好的改造秩序）、约束性（各项监规通过干警的管理来体现，并使罪犯的不良言行、恶习得到约束）、任务性（就是完成各项改造任务）、矫治性（干警直接管理，随时发现罪犯改造过程中的问题，及时进行针对性教育，逐渐达到矫治的目的）。

（4）现实中存在的问题及难点。

①法规缺失或不完善；

②设施不完备、不统一；

③干警执行中的随意性、传统的管理思想和方式的影响、跟不上或不适应新形势的发展变化；

④管理、教育、劳动改造三大手段不协调，缺乏科学性；

⑤缺乏监督和执行力。

对于上述问题，笔者个人认为首先要有正确的认识、积极地去看待；这些问题同样是我们的重点，多从自身做起，不断加以解决。

2. 分类管控。就是根据罪犯不同情况，采取不同管控措施，进行管理、控制和教育。从实践看可分成一般管控、重点管控、严格管控、单独控制四类。

（1）一般管控。就是思想稳定，能正常参加各项改造活动，这类罪犯应占到75%以上，干警进行正常的管理教育即可。

（2）重点管控。存在一般现实和思想问题的，基本能参加各项改造活动，这类罪犯占到10%左右，对这类罪犯和这类罪犯中存在的问题要清楚，掌握问题变化情况，有针对性做好教育疏导工作或矛盾化解工作。

（3）严格管控。也就是我们确定的重控罪犯，即存在较严重的不稳定因素和危险倾向的，能参加一般性改造活动或阶段性改造活动，这部分罪犯占到2%左右，对这部分罪犯要有较严格的包夹、管控、教育、转化措施，对日常管理、劳动、通讯、会见等要有专门措施和重点。

（4）单独控制。存在严重现实危险言行的，不参加改造活动，这类罪犯约占0.3%左右，要实行单独关押、单独进行管理、单独进行教育、单独干警负责。

（5）对罪犯中积极力量的管控，这部分罪犯占10%左右。

需要解决的问题是：单独关押管理教育制度、包夹控制措施制度、包夹罪犯管理、考核等。

3. 激励机制调控。激励机制本身就是一种积极的控制措施，能够起到约束、促进作用，激发人的兴趣、精神、欲望。现今社会，人讲究现实、重视个人利益、个人价值，这种价值观的变化，也必定对监狱服刑改造的罪犯产生影响，受到冲击，因为监狱也是社会的组成部分，受新闻媒介、对外开放、行刑社会化等方面的影响，这些都是客观现实，我们只有积极去面对。

（1）目的意义。当前，罪犯中强调个人权益、既得利益等也是十分普遍的，笔者觉得无可厚非，关键是我们如何从正面的、积极的角度去引导，

树立正确的人生观、价值观，靠自己积极、勤奋、踏实的改造来实现，从中受到改变和改造。这也是我们所追求的。既然罪犯追求个人利益，我们在正确引导的同时，应加以规范，充分发挥这一机制的作用，最大限度调动罪犯改造的自觉性、积极性，使其成为我们管理教育罪犯的一个重要手段。

（2）激励分为正面激励和负面激励。

①如何发挥现有激励机制的作用。请看我们目前的激励机制措施：亲情会见、亲情电话、短信、采买物品；参加各种竞赛活动；计分许可证、劳动安全合格证的考试；加分、奖有效分、不计分、扣分；行政奖励、处分，刑事奖励、处罚；暂缓评奖、减刑、不予呈报假释等等。

存在问题，也是我们如何运用的问题：A. 干警对这些奖励机制掌握和理解不够；B. 有的运用不够有的没有得到运用；C. 有的过多过懒；D. 干警执行不严、随意；E. 负面激励不愿使用，比如扣分，干警主动性不高、惩处罪犯怕影响分监区、追求所谓零违纪等现象；F. 机制本身不完善不健全，尚缺乏在鼓励积极改造、维护良好改造秩序、打击投机改造、抗拒改造、破坏和违犯监规纪律方面更加科学、实用的机制；G. 我们的这些激励机制成本都很低，但效率却不高，经济、物质和人力成本十分廉价。

②目前，我们的一些有效做法。评选改造标兵、优胜文明班组、优胜分监区、监规纪律、生产安全知识竞赛、队列、歌曲、书法比赛等都很有意义，但一定要与罪犯改造紧密结合起来、注意罪犯的参与性广泛性、各项活动组织的规范性，既发挥激励作用更要体现改造功能。

4. 发挥罪犯在管控中的作用。

（1）目的意义。监狱和干警的一切管理、控制措施和手段，笔者认为都是被动的，只有罪犯愿意接受你的管理教育、自觉去改造、自觉遵规守纪，积极参与到维护狱内安全稳定中去，内因发挥作用了，那时安全才真正有了保证。

（2）转变认识。过去我们忽视了罪犯的作用或者说我们不敢依靠和利用罪犯，以及在有些方面有些工作上过分地依赖罪犯，甚至让罪犯代行干警的管理职权。而今，行刑和管理理念都发生了变化，我们应顺应形势，实践表明大多数罪犯的本质还是好的，还是愿意改造好的，我们应当看到这一面。

（3）可利用的罪犯。比如我们现在所使用的班长、耳目、事务犯、一些重点岗位上的罪犯，原是公检法司干警、领导干部的人、过失犯、职务犯、个别受过良好教育、家庭环境较好的人等，都是我们可利用的积极力量，但要经过我们的教育和工作才能使用。

（4）积极创新，大胆尝试。

①服刑人员互助小组。

②监管安全责任书。

③互监员的使用。

④罪犯班长参与狱情汇报和分析。

⑤罪犯参与改造活动。如参与对服刑人员的考核、评比，评议服刑人员班长，对干警执法和管理方面的建议和意见，对违纪罪犯违纪原因的分析、讨论，对处理的评议，对困难服刑人员的帮扶等。

⑥还有一些我们正在运用的工作方法。如罪犯班长、耳目、包夹罪犯等。

我们要防止极"左"或极右的做法，今天是学生、学员，明天就都成专政的对象、敌人。笔者个人的观点是：正确认识、规范管理、合理使用。

5. 对问题现场的管控。

（1）应重点做到做好以下七个方面工作。

①及时发现。

②迅速到达现场。

③立即将肇事罪犯带离现场，进行有效控制。

④及时报告。

⑤保护和搜集证据。

⑥对问题罪犯进行处理。

⑦做好善后工作。

（2）注意的问题。

①反应要迅速，处置要果断。

②敏感性、警惕性要强。

③细心、细致。

④有勇、有谋。

⑤分监区要有相应的工作措施或预案。

6. 对罪犯健康状况的掌控。

（1）当前形势。罪犯身体健康及疾病的治疗，现在和将来越来越成为罪犯、亲属和社会关注的焦点。原因：其一不仅是罪犯就是每一个人都越来

越注意健康问题;其二健康问题是罪犯最大权益;其三也是监狱体现文明管理的重要方面。

(2) 目前存在的问题。干警特别是医务干警思想认识不端正;医务干警的水平不高、职业素质不高;医疗设施、设备陈旧、落后;罪犯知情权、医疗纠纷、医疗事故、病亡等方面法规不健全。

(3) 对策。一是或最关键的是要转变干警的思想认识和职业素养;二是客观方面的问题可逐步加以解决;三是逐步完善法律、法规。

(五) 分监区干警对罪犯掌控中应当把握和注意的问题

1. 如何认识罪犯。所谓罪犯,从法律的角度说,就是违反了国家法律,在监狱内强制接受刑罚处罚的特殊人群。正确地认识和把握,有利于区别对待,有利于我们更好地对罪犯实施管理和教育。笔者想从以下四个方面来理解。

(1) 从犯罪性质看。

①以危害国家和社会安全为目的的犯罪;

②主观恶性强、罪大恶极、社会危害性大的罪犯;

③主观恶性小、社会危害性小的罪犯;

④没有目的的激情犯罪、过失犯罪等。

(2) 从罪犯的两面性看。一方面他们是犯了罪的人,上面几点已经进行了介绍,我们就应该用法律来进行惩罚、管理和教育;另一面他们是人,这里主要是从正常人的角度来分析,他们有生存、生命权、自尊、人格权、健康权等,那么,我们应当予以尊重,不能混淆、不能忽视。

(3) 从罪犯本质的一面看。

①从思想上、心灵上真正认罪悔罪的是少数的,这类罪犯约占10%。

②多数人对自己的罪错没有正确认识或没有认识,这类罪犯约占80%。

③对抗管理教育,不愿接受改造的,这类罪犯约占5%。

④激情、过失犯罪的,这类罪犯约占5%。

(4) 正确看待我们面临的狱内形势。近十几年,我们没有发生重大监管安全事故,不是我们所管的罪犯素质高、觉悟高、改造好了,而是,我们整体的管理环境和水平提高了,是他们不敢想、不敢为,对罪犯本质的一面我们要有正确的认识。

正确看待罪犯违纪问题。近几年,监管事故、罪犯严重违纪确实是在下

降，但是不是下降的幅度这么大，有的监狱、分监区罪犯零违纪，罪犯中违禁品严重违纪几乎为零，这种现象对于严格管理、严厉打击罪犯违纪、干警树立正确的政绩观、实事求是的工作作风以及防止次生问题发生都有弊端。

（5）目前，罪犯最为关切的四大问题。一是监狱干警执法和管理是否公正和文明；二是奖励；三是健康；四是家庭和财产的重大变故。我们应当了解和掌握罪犯的关切，以便我们在工作中掌握主动权。

（6）正确认识和看待罪犯的三个权利。

①罪犯的人格权问题。罪犯是弱势群体，越是这样的人，对自己的人格的保护越重视。国际上把罪犯管理的文明程度作为检验一个国家社会文明水平的重要方面。一个人犯了罪被投入监狱，就没有了自由，许多权利也被限制了，而且，由于监狱这种特殊的管理和环境，许多法律没有被剥夺的权利，也难以行使和实现。这些罪犯又都特别要所谓的"面子"、讲"分"、逞强好胜，如果我们不尊重罪犯的人格，使其尊严受到严重的伤害，就极有可能发生严重问题。所以，我们不管从法律的角度还是从罪犯的现实利益考虑，作为管理者一定要把罪犯的人格问题上升到依法、文明管理、维护监狱良好形象、确保监狱安全稳定的高度来重视，真正落实在我们的管理工作中。

②罪犯的申诉权问题。这一问题越来越突出，尤其是近几年媒体曝光出来的一些错案对罪犯影响是很大的，我们应设身处地站在罪犯的角度来看这个问题。

A. 目前现况。罪犯申诉数量加大、思想固执、态度坚决，干警的认识跟不上，相关管理制度不健全。

B. 目的意义。正确执行刑罚、体现司法公正是罪犯的一项重要权利，确保狱内安全稳定、促进罪犯改造的积极性、树立监狱公正、文明执法形象。

C. 如何把握。认真了解情况；不轻易下结论；按相关法规处理；加强教育引导；用科学的态度看待罪犯申诉。

③罪犯的健康权问题。

A. 罪犯就医现状。罪犯对健康越来越重视、对从业人员的医德医术的要求越来越高、罪犯就医人数越来越多、病情越来越复杂、病种越来越广、医患矛盾越来越突出、外出就医风险与压力越来越大。

B. 存在的问题。从业人员认识跟不上、技术水平较差、设施设备较落后、体制不适应、法规不健全、罪犯的认识错误、个别罪犯借机想达到自己的目的甚至闹事。

C. 措施。重视罪犯的健康、提高从业人员的觉悟和技术水平、完善法规和体制、重视罪犯医保，减轻监狱经济负担。

2. 执法的严肃性与管理的灵活性。

（1）严格落实监狱的各项法律、法规，这是对监狱干警的基本要求。然而，我们在管理中也存在着灵活掌握的问题，这两个概念看似矛盾，实际却是一个非常现实的问题，正确认识执法的严肃性与管理的灵活性，关键是要掌握两者之间的界线，也就是"度"的问题。

（2）做到这一点需要我们从以下四个方面来理解和把握。一是原则性问题不能灵活；二是正确认识法律法规本身存在的问题；三是具体问题具体分析；四是要勇于创新，大胆实践。

3. 严格管理与文明管理的关系。

（1）我们要用发展的观点来认识改造罪犯的工作。现今社会是法制社会、文明社会、以人为本的社会。一方面，司法机关是法制社会的维护者、代表，另一方面，看一个国家文明的程度高与低和人权状况，是看这个国家中的弱势群体包括囚犯的管理，因此，我们监狱就成了反映和展示国家文明与人权的窗口。当前，我们倡导的行刑轻型化、行刑教育化、行刑社会化就是顺应了社会发展的趋势，我们应该跟上形势、适应形势，不应再固守和坚持传统的行刑与管理思维和方式。

（2）文明管理不等于不要严格管理。严格管理是什么，笔者的理解是通过高墙、电网、武装看押等实施的囚禁和人身自由的限制，是通过警察、警戒具、特殊的监管制度对罪犯强制的改造，是通过严格的一日生活制度对其言行的约束；而不是一不听管教或违纪，就使用刑具、动用拳脚、面壁、罚站、蚊虫叮咬、限制饮食、限制睡眠、言语侮辱、无用劳动、无用学习等对其身心造成痛苦、进行折磨。如果这样，面子上是服从，里子却是仇视。罪犯是一群特殊的人群，监狱就是应有惩罚与强制严格的一面，又有法制与人性文明的一面。如此，才能达到改造人的目的。

（3）正确看待罪犯的维权。犯人也是人。笔者觉得该限制的要限制，该剥夺的要剥夺，反过来，是人的正当权利也要给予、也要满足。不要总觉得现在的犯人不好管了、事多了，而是，社会进步了、法制健全了、罪犯也在进步。

要正确理解和看待罪犯健康权、人格权、申诉权。我们要从这些权利对

于一个人的重要性去理解，如健康，没有了健康就没有了一切；一个人没有了人格和尊严，那不等同于动物吗？当一个人被宣判有罪，剥夺了自由，一切要听人摆布，等同于没有了尊严，渴望得到公正的判决和自由时，只要是有良知的人，都不会漠然处之，更何况这些是罪犯的合法权益。

4. 干警要具有的形象和基本能力。

（1）形象。

①干警良好形象作用和意义。一是监狱专政性质的体现；二是公正文明的化身；三是潜移默化的教育和熏陶。

②现实中存在的问题。一是政治素质不强；二是工作能力不高；三是敬业精神较差；四是自身形象欠佳。

③转变观念和形象。一个干警的公信力、管理威信，不在于你穿不穿警服、是不是领导、说话声音的高与低、表情严肃不严肃、架子摆得有多高，而是，取决于你的良好形象。良好形象一方面是干警外在形象，另一方面是干警内在素质。（一种现象：干警说的罪犯不爱听，罪犯说的干警不爱听；说明什么呢，就是罪犯法律、维权等方面意识在不断提高，而我们的干警却还停留在原有的水平和意识上）。

（2）能力。

①管控能力。具体就是管理、组织、指挥、控制。

②分析、判断能力。危险性、心理性格、动机目的、发生问题、犯罪情况、对罪错的认识、对领导、上级的指示精神的认识、个体与整体等。

③沟通能力。丰富的指示、语言表达、情况明、目的明确、对问题的判断、方式方法、讲究策略，三心：诚心、信心、耐心。

④文字组织能力。

⑤应急处置能力。这是我们的工作性质所决定应有的能力。包括安全意识、熟知预案、情况要明、反应迅速、沉着机智。

⑥三种意识。一是职业意识：包括敬业精神、奉献精神、吃苦精神；二是责任意识：包括管理责任、教育责任、安全责任；三是安全意识：包括风险意识、危机意识、忧患意识。

第四章　干警工作及考核

三、清监、搜身和物品检查

　　笔者作为监狱狱政科科长，在平时检查工作中发现分监区干警在日常对罪犯的清监、搜身和物品检查工作中存在领导不重视，干警敷衍了事、走过场等不认真落实相关工作制度的现象，造成罪犯持有违禁物品，威胁监管安全。这一现象既有相关工作程序、内容不够规范的问题，又有缺乏监督、检查和责任追究的原因。为解决上述问题，笔者从规范清监、搜身形式、监督、检查、责任追究等方面进一步强化了对罪犯的清监、搜身和物品检查工作，方法实用、具体，为确保相关工作制度落实到位，维护监狱的安全稳定发挥了重要作用。

进一步加强清监、搜身和物品检查工作主要包括对罪犯搜身和物品检查的情形、清监相关要求以及责任追究三个方面的内容。

清监：是指监狱干警定期和不定期地对罪犯监舍、库房、水房、厕所及车间、教室等所有罪犯的生活、劳动、学习场所内的物品进行检查的行为。目的是及时发现、收缴各种危险品、违禁品及不应个人持有的物品，确保监狱的安全稳定。

搜身：是指罪犯释放、转监、外出就医、放假离监、出收工等所有进出分监区时，对罪犯的身体、衣物进行搜查的行为。

物品检查：是指对罪犯出入分监区时携带的及家属送入等其他渠道需要交给罪犯的所有物品进行检查的行为。目的是防止物品中夹带各种危险品、违禁品、不应个人持有的物品及传递纸条等不良信息，确保监狱的安全稳定。

1. 罪犯释放、转监、外出就医、放假离监等情况，必须进行高度戒备搜身检查（净身检查）。净身检查：是指在搜身检查时要求罪犯将所有衣物脱下来，干警对罪犯身体和衣物进行彻底检查的一种搜身检查的方式。对以上情形罪犯搜身工作和物品检查工作应有两名以上干警负责，其中一名为分监区领导。

2. 搜身工作一律在分监区活动室进行，且必须在监控视频下进行，负责搜身和物品检查工作的干警要认真负责，搜身到位，物品检查做到不遗漏。发现违禁品、危险品及不宜携带出监狱的物品要及时收缴，并做好登记，负责搜身工作的干警要在搜身记录本上签字。

3. 分监区进行全面清监时，监区应加强组织和领导，履行好监督、检查职能，监区长应到场监督、指导，分监区应在组织实施的前一天将清监的具体时间向狱政科进行报告，狱政科将根据情况指派干警配合分监区的清监工作。

4. 分监区每周要由一名管教副分监区长带领若干名干警有选择地对重点部位或认为有必要的区域进行清监检查。

5. 分监区每半月清监情况，要按监狱规定的制式表格填报清监情况。

6. 狱政科每月对各分监区的清监、搜身、物品检查工作情况通过监控录像或到场的形式随时进行检查。如因干警工作不仔细、不认真，造成违禁品、危险品和不宜携带出监狱的物品带出监狱，监狱将按照相关制度追究干警责任。

第四章 干警工作及考核

四、干警日讲评会、分监区周小结会

目前，罪犯构成情况越来越复杂，随之带来的是罪犯在改造生活中的问题频发；罪犯有了问题能不能畅通地向干警反映，干警能不能及时地了解和掌握，就成了关键。从我们现有的管理情况来看，罪犯诉求渠道相对来说又比较窄，干警也不可能每天与罪犯接触，一线干警若不能在第一时间了解和发现罪犯存在的问题，就可能造成监管安全事故，使我们的工作处于被动，这一问题已成为我们管理工作中的安全隐患。当前，一线干警在这方面不仅意识缺乏，而且，没有制度进行规范，分监区干警缺乏对罪犯的一天的改造情况的了解，不能第一时间发现问题并及时处理。如何解决这一问题，笔者在狱政管理的日常工作中不仅察觉到了这一工作缺陷，而且，认真开展分析、研究后提出建议：分监区干警每天早晨到分管班组与罪犯见面讲评，有利于及时了解、发现和解决问题。此外，为了总结分监区全体罪犯一周的改造情况，提出了在每周一晚间召开周小结会；分监区对罪犯一周的改造表现情况进行及

211

时的总结，对表现较好的罪犯进行表扬、对表现差的罪犯进行批评，并结合实际及时对下一周改造目标和任务进行布置，提出具体要求和改造目标等。这有利于全体罪犯了解分监区整体改造形势和分监区的工作任务及改造要求，有利于调动罪犯改造的积极性。这一措施，对规范、强化对罪犯的日常管理，及时、准确了解、掌握所管罪犯的思想动态，进一步增强干警与罪犯之间的沟通与了解，构建和谐的改造关系，确保狱内安全稳定，都有十分积极的意义，同时对规范基层基础工作也有重要的作用。

干警日讲评会、分监区周小结会工作主要包括分管干警第一时间与罪犯见面、讲评会内容、分监区周小结会以及监狱检查与考核等内容。

（一）分管干警日讲评会

时间：每周一至周五，每天早晨8：00—8：10进行。

形式：由分监区干警组织所分管班罪犯在监舍内集体讲评。

内容：每天可由干警根据以下具体内容而定，主要有：

1. 总结前一天班内情况。

2. 对班内改造中的好人好事情进行表扬，对违纪罪犯、未完成改造任务及不良现象进行批评、教育。

3. 了解班内罪犯基本情况，包括：

（1）班内重控罪犯情况；

（2）罪犯身体健康情况，是否有疾病；

（3）罪犯会见、拨打亲情电话等情况后有无反映；

（4）班内卫生及定置管理情况；

（5）罪犯有无其他诉求。

4. 根据存在的问题及当日改造活动提出要求。

具体要求：

1. 干警进入罪犯班组织讲评时，监区、分监区主要领导要进同道巡视检查干警组织情况，也可到重点班指导讲评工作。

2. 分管干警因事不在岗位的，分监区领导要安排其他干警代为组织讲评。

3. 讲评会中发现、了解的重要情况，干警应及时向分监区领导汇报。

4. 如遇监狱有重要活动或其他重要事项可由分监区自行安排。

（二）分监区周小结会

1. 时间：

（1）周小结会在每周一晚上20：40—21：00进行；

（2）如遇十一国庆节、春节以及监狱特殊安排放假超过5天的假期，分监区要在假期的最后一天晚上进行，具体时间不变。

2. 形式。周小结会由当天值班的干警组织全体罪犯在分监区活动室进行，具体由当天带班的分监区领导进行小结。

3. 内容：

（1）总结上周分监区罪犯改造的总体情况；

（2）对改造中表现突出的罪犯、好的改造方面进行表扬，对违纪罪犯、不良现象进行批评教育；

（3）安排分监区本周的重点任务；

（4）根据上周情况和本周改造活动提出相关要求；

（5）也可组织讨论会、改造交流会等。

4. 要求：

（1）周小结会前，当日带班的分监区领导要对分监区罪犯一周情况进行梳理，列出周小结会的主要内容，并认真组织，使周小结会收到良好效果；

（2）周小结会除因病由医院和分监区批准休息的罪犯外，必须参加；

（3）周小结会结束后，要将周小结会主要内容记录在记录本上；

（4）监区长、分监区长要对周小结会组织情况和会议记录情况进行监督检查，对分监区周小结会提出指导性意见。

（三）监狱检查与考核

1. 干警日讲评会和分监区周小结会监狱将到现场或通过监控进行检查，并作为对罪犯日常管理工作列入监管安全工作考核。

2. 干警日讲评会和分监区周小结会，除规定的特殊情况外必须按要求组织进行，不按规定组织、问题突出的干警及单位将视情况进行通报批评或按监狱的相关规定处罚。

第四章 干警工作及考核

五、监区、分监区干警值班模式的改革

监管工作要求分监区干警24小时现场监管，夜间分监区干警值班工作是干警监管工作的重要组成部分，具有时间长、工作繁琐、工作辛苦等特点，也是罪犯最易出现问题的时间。长时间以来监狱为确保监管安全和罪犯改造的需要，夜间干警值班工作投入了大量的警力，分监区干警每隔三四天就要值一个夜班，既没有合理的报酬，又得不到正常休息，造成干警身心疲惫，警力紧张，不少干警长此以往都患上了高血压等慢性疾病，在确保监管安全与干警合理正常工作之间产生巨大矛盾，多年以来得不到解决。笔者在深入研究当前干警值班工作现状，借鉴其他监狱以及外省市一些监狱的好的做法、经验的基础上，大胆提出了改革分监区干警值班模式的设想，经过反复论证，从合理配置值班警力，充分发挥科技手段，基层与机关互补等措施，进一步对监区、分监区干警值班岗位、岗位职责进行了明确，将一天中各个时段的警力配备、职责要求以及值班运行方式分别进行了调整。同时对值班过程中的各

相关职能部门的职责、带班领导职责以及突发事件处理进行了规范，改变了原有值班模式，最大限度地减少干警工作压力和工作强度，使干警将更多的精力投入到罪犯的教育改造中去，有益于推动监狱整体工作的开展。

监区、分监区干警值班模式的改革包括参与值班干警范围、警力配备、值班运行模式、值班要求、技术指导以及考勤记录等六个方面的内容。

1. 本规定中的值班干警范围即值班岗位指监区、分监区干警值班岗位，监区、分监区干警均参加值班岗位值班。

2. 值班岗位及警力配备。一至八分监区以监舍楼为单位安排值班岗位。值班干警9名，其中监舍楼带班领导1名、每个分监区值班干警2名。负责罪犯伙房的分监区每天比其他分监区多安排1名干警值班。

周六日（8：30—16：30）及重大节日（8：30—次日8：30），每个分监区增加1名干警值班。

3. 值班运行模式。

（1）监舍楼监控室值班模式。以监舍楼为单位进行夜间监控值班，将同一栋楼的四个分监区的监控室整合为一个监控室，监控室设在三层，每个分监区抽1名值班员（含监区干警，监区干警值班时，须参加夜间监控岗位值班，值班时间为22：00—次日6：30）到监舍楼监控室值夜班。监区干警须参加夜间监控岗位值班。

夜间监控室值班干警职责：负责对4个分监区实时全方位监控检查。值班时间为16：30（节假日8：30）—次日8：30，其中16：30（节假日8：30）—22：00，次日6：30—8：30在分监区值班；22：00—次日6：30在夜间监控室值班。夜间监控室4名值班干警对所监控的分监区进行3次不定时巡视，每次巡视由2名干警组成。次日倒休。

分监区值班员由分监区副分监区长或工作时间5年以上干警骨干担任，职责：按照北京市监狱《分监区值班干警工作规范》的要求开展日常事务性工作。值班时间为16：30（节假日8：30）—次日8：30，晚22：00后可以休息，次日照常上班。

（2）监舍楼带班值班模式。每栋监舍楼每天1名带班领导，分别由所属的监区长、分监区长轮流担任。

带班领导职责：负责对监舍楼监控室值班干警和监舍楼4个分监区的值班干警进行检查，处理监舍楼各分监区报告的事情。值班时间为16：30（节假日8：30）—次日8：30，晚22：00罪犯就寝后可以休息，值班地点在本人办公室，次日照常上班。

（3）带班领导在当日16：30（节假日8：30），分别向总值班室、督查应急分队报告到岗情况及安排。带班领导及监控值班干警要带好对讲机，确保通讯畅通。

（4）其他分监区值班模式不变。

4. 值班要求。

（1）严格遵守值班时间，按规定时间到岗交接班。

（2）值班期间认真履行职责，做好值班记录，不得做与值班无关的事情。

（3）每日16：30（节假日8：30）以后，为确保分监区组织罪犯放风、狱内、外就医等活动警力充足，监狱各巡查组应及时补充罪犯活动现场警力。

（4）每日16：30（节假日8：30）以后，值班干警在夜间发现或是得知某一分监区罪犯有问题需要处理的一般问题，由监舍楼带班领导、本分监区监控干警负责前往处理，严重违纪问题，由狱政科值班干警、监舍楼带班领导、本分监区监控干警负责前往处理。

（5）带班领导要认真负责，加强巡视、检查和监督。

（6）督查应急分队、总监控室加强对值班岗位的巡视检查和监督。

5. 监控设施、设备的安装、调试、技术指导及维护工作由信息办公室负责落实。

6. 夜间监控室、分监区均设置值班签到表。监区、分监区值班表于下月月初同考勤记录一起交政治处。

第四章 干警工作及考核

六、区域突发事件处置预案

笔者通过对近年来发生的罪犯突发事件处置情况的分析发现，以前监狱的预案主要存在两点问题：一是大部分突发事件发生过程较为短暂，从向监狱报警启动预案到处置突发事件小分队到达现场，往往事件已经完毕，不能在最短的时间内进行处置；二是监狱级别的处突预案较为笼统，造成部分干警对处置突发事件的程序、职责不是很清楚，影响了处置突发事件的效果。为了解决以上两点问题，笔者在总结以往处置突发事件经验的基础上，结合监狱押犯布局、设施分布的实际情况，进一步明确在监狱应急预案启动的同时，发生突发事件的责任单位及相邻单位干警的工作职责和要求，实现了发生突发事件后相关分监区能够就近快速反应、协同作战，实现有效控制和处置，防止事态扩大和恶化，为监狱整体处置突发事件赢得了时间。

区域突发事件处置预案包括区域划分及人员组成、现场处置及具体职责以及相关要求三个方面的内容。

(一) 区域划分及人员组成

1. 白天区域划分及人员组成。

(1) 将相邻的分监区生产车间、医务室、礼堂、伙房、心理咨询室、编辑部、操场,作为第一区域。此区域内的"相邻分监区"任意一个分监区发生突发事件的,由其他分监区各派出2名干警到事发现场参与处置;在第一区域内"相邻分监区生产车间、医务室、礼堂、伙房、心理咨询室、编辑部、操场"中任意一个场所出现突发事件的,由相邻分监区各派出2名干警到事发现场参与处置。

(2) 将相邻的分监区、花房作为第二区域。此域内的"相邻分监区"任意一个分监区出现突发事件的,由其他分监区各派出2名干警到事发现场参与处置;在花房出现突发事件的,由相邻的分监区各派出2名干警到场到事发现场参与处置。

(3) 将相邻的分监区生产车间及监狱大库作为第三区域。此区域内的"相邻的分监区车间"任意一个车间出现突发事件的,由其他分监区的车间各派出2名干警到事发现场参与处置;在监狱大库出现突发事件的,由相邻的分监区车间各派出2名干警到事发现场参与处置。

(4) 将相邻的分监区生产车间作为第四区域。此区域内的"相邻生产车间"出现突发事件的,各分监区需派3名干警到事发现场参与处置。

2. 非正常工作时间的区域划分及人员组成。一个监舍楼的各分监区作为第一区域,此区域内任何一个分监区发生突发事件时,其他分监区各派1名监狱当日处置突发事件小分队队员到场参与处置。

不相邻的分监区为第二区域,发生突发事件时,首先分监区带班领导根据实际情况带领2名值班干警积极处置,监狱督察应急小分队应迅速到事发现场参与处置。

操场、罪犯食堂作为第三区域,罪犯在操场放风、罪犯食堂出工时发生突发事件的,除事发分监区外,相邻的西监舍楼的其他三个分监区,每个分监区各派出1名监狱当日处置处突事件小分队队员,到现场参与处置。

相邻分监区车间作为第四区域,在晚间或节假日加班期间发生突发事件的,除事发分监区外的其他分监区各派1名小分队队员到现场参与处置;如果某个分监区中有在分监区车间加班的,在警力允许的情况下要派1名干警到事发现场参与处置。

(二) 现场处置及具体职责

1. 对发生罪犯自杀突发事件现场的处置。在按照监狱处置突发事件预案的报警方式进行报警的同时,对罪犯准备自杀的,干警应开展积极的说服教育工作,并控制现场,力争和平解决;对于仍然强行实施自杀行为的罪犯,干警应根据现场实际情况,采取果断措施予以制止,控制罪犯作案工具,给罪犯加戴戒具等;对罪犯已经实施自杀的,干警应立即对自杀的罪犯进行施救,上吊自杀的将其身体托起救下,使用工具割颈、割腕自杀的在抢夺工具的同时,积极采取包扎的施救措施,并控制好现场:

一是案件发生在同道内的,应命令同道内无关罪犯迅速回监舍坐好,同时要将监舍门上锁,保持肃静,配合分监区的处置及管理工作,共同维护分监区的秩序。

二是案件发生在分监区同道以外其他场所的,干警应将无关罪犯集合并清点人数迅速带回分监区控制。

在制止控制罪犯的同时,干警要注意观察、搜集相关证据,严禁无关人员进入,防止作案工具等一切与案件相关的痕迹丢失、损毁等。

2. 对罪犯脱逃事件的现场处置。在按照监狱处置突发事件预案的报警方式进行报警的同时,对正在实施脱逃过程中的罪犯,现场指挥应根据情况,立即带领干警予以制止,并将罪犯加戴戒具后,带至安全区域进行控制。如发生罪犯已经脱逃的情况,干警应迅速清点罪犯人数、了解脱逃罪犯的姓名、年龄、家庭住址,脱逃时间、地点、方式、着装,使用工具等,并进一步分析判断案情,为下一步追逃做好准备。在开展以上工作的同时,还要安排两名干警保护罪犯脱逃的现场,并注意观察、搜集相关证据。

3. 对罪犯群体斗殴突发事件的现场处置。在按照监狱处置突发事件预案的报警方式进行报警的同时,首先应对现场进行控制;其次是进行政策教育,缓解事态紧张局面;三是干警在确保自身安全的情况下,对不听劝解仍采取致人伤亡行为的,干警需果断处置,及时采取将群体斗殴的罪犯隔离,控制闹事罪犯所持危险物品、工具,给闹事罪犯加戴戒具控制等措施。同时,做好对事发现场无关罪犯的管控,案件发生在同道的,应命令同道内无关罪犯迅速回监舍,锁好监舍门,并安排罪犯互监员在同道巡视,防止其他罪犯借机闹事；案件发生在监舍外其他场所的，应迅速将无关罪犯带回分监区严密控制。事态得到控制后，现场指挥安排2名干警保护事发现场，严禁无关人员进入，防止作案工具等一切与案件相关的物证丢失、痕迹损毁，为进一步处置提供证据。

（三）相关要求

在发生突发事件时，由事发现场的分监区领导担任现场指挥，参与到以上各个区域内支援处置突发事件的干警需携带必要的警用装备，听从现场指挥的组织安排，待监狱处置突发事件小分队到现场后，统一参与处置工作，其他各单位、各部门仍要参与并履行监狱处置突发事件的各项职责和任务。

全体干警要熟知熟记预案中自身职责和处置程序，在遇到上述突发事件时，严格按照规定程序处置，认真履行自身职责，"做到果断、冷静、妥善、有效处置"，监狱将定期组织相关区域的责任单位开展演练，每个区域每季度演练不得少于1次。

第四章 干警工作及考核

七、监管安全排查工作

监管安全涉及干警到岗到位、落实各项监管制度、罪犯管理教育、罪犯三大现场（生活现场、劳动现场、改造活动现场）管理、警管警戒设施管理、外来人员车辆进入监区管理、监区大门管理、罪犯外出押解管理等诸多管理环节和工作，由于管理者也就是我们的干警各方面的素质和能力还没有达到工作的要求，个别干警在落实和遵守各项监管制度上还存在不到位的现象，及个别干警存在不落实甚至违反制度的问题；罪犯结构越来越复杂，不安心改造、违反监规纪律、打架、私藏使用违禁品以及行凶、闹事、脱逃等监管事故时刻存在；警管警戒设施的不完善以及现实中存在的故障导致的安全隐患和漏洞也是经常出现。所有这些安全问题如果不及时发现、及时处理和解决，监管安全就没有保障，因此，要做到及时发现这些问题，就需要有排查这些问题、隐患的机制。如何做好这项既繁琐、繁重而又经常不被人理解的工作，笔者不仅站在了监狱中心工作的高度去深刻认识和理解，大胆实践，而且，

身体力行，顶着压力去钻研、亲手干，在建立监管安全排查机制的同时，也极大地推动这项工作全面、深入开展，形成了全监上下重视安全、抓安全的良好氛围，为监管安全奠定了良好的基础。

监管安全排查工作实施细则主要包括基本要求、监管警戒设施检查、罪犯三大现场的检查、清监（分监区组织干警对罪犯的床铺、整理箱、物品柜、水房、监舍、生产车间等进行清理排查，查缴危险品和违禁品的日常管理工作）、搜身、安检检查、监狱、监区、分监区领导的监督检查以及重大节日、重大活动的监管安全排查等六个方面的内容。

（一）基本要求

1. 本细则所指的监管安全排查范围指干警直接管理、履行职责情况；监管警戒设施、监管防护设施、警用装备的使用与管理情况；罪犯三大现场的直接管理及清监、搜身、安检情况；重大节假日及遇党和国家重大活动以及北京市和市局部署的重大活动前的监管安全排查等。

2. 干警履行职责、到岗到位及遵守规章制度情况等监督管理部门为政治处、监察科；围墙、电网、照明设施、监区大门、岗楼设施、地井盖及锅炉房、分监区门窗防护设施等的监督管理单位为行政科；监控、报警设施、有线通信、手机屏蔽设施、安检门的设备运行维护管理单位为信息办公室；生产车间的易燃易爆品、剧毒品、化学品、设备、工具、原材料等的监督管理单位为生产科；罪犯食堂用气、用油及各种食品保管的监督管理单位为生活卫生科；监区内医务室的医疗器械、药品管理及分监区药品管理的监督管理单位为医院；对讲机、警戒具等警用装备、罪犯三大现场管理的监督管理单位为狱政科。以上各管理单位负有检查、监督、维护等管理职责。

3. 为强化此项工作，监狱设立监管安全检查领导小组。

（1）组长：监狱长

（2）常务副组长：政委

（3）副组长：分管管教、政工、生产、行政工作的副监狱长

（4）成员：政治处主任、狱政科科长、信息办公室主任、行政科科长、生产科科长、监察科科长、教育科科长、生活卫生科科长、医院院长、狱属各监区长、武警三大队一名领导。

4. 监管安全排查采取定期与不定期检查相结合、联合检查与分工负责相结合、全面检查与重点抽查相结合等方式进行检查、现场检查与监控检查相结合。

5. 各单位一把手对监管安全检查工作负第一位责任。

6. 对排查出的问题原则上当日解决，当日不能解决的，责任单位提出

整改的具体措施。每月由狱政科进行汇总并进行通报。对检查出较严重的问题、屡查屡犯的问题要按《北京市监狱干职绩效奖金扣罚办法（试行）》、《北京市监狱监管安全工作考核办法细则》等相关规定对责任干警、主要领导予以追究和处罚。

（二）监管警戒设施检查

1. 分监区的检查。

（1）检查内容包括：警戒防护设施和警用装备。

警戒防护设施包括：分监区的门窗铁护栏、车间防护栏、监控、报警设施、对讲机、电话、手机屏蔽设施。

警用装备包括：监狱配发给分监区的手铐、脚镣、警棍、强光手电、停车警示牌、应急灯、手持金属探测器；监狱配发给干警的电警棍、手铐、警笛、斜背带等装备。

（2）分监区对警戒防护设施和警用装备每两周检查一次。

（3）负责人员为分监区管教副分监区长。

（4）分监区要建立《分监区警戒防护设施及警用装备自查记录》，每次检查情况要详细记录。

（5）检查完毕第二日将《分监区警戒防护设施及警用装备自查记录》上报狱政科，同时分监区要留存一份。

2. 监狱检查。

（1）检查内容为：监管设施、警戒防护设施及警用装备。

（2）监管设施包括：监狱的围墙、电网、监区大门及岗楼设施；围墙照明灯、狱内照明灯、地井盖、南北监区警报器、安检门、手机屏蔽设施。

（3）监管设施每周组织检查一次，分监区警戒防护设施及警用装备每月检查一次。

（4）监管设施的检查部门为：狱政科、行政科、信息办公室、武警十中队各一人，由狱政科具体负责组织实施；分监区警戒防护设施及警用装备的检查部门为狱政科。

（5）狱政科检查的情况要在《监管设施检查记录》和《监管安全排查记录》做好记录。

（三）罪犯三大现场的检查

1. 检查主要部门为：狱政科、生产科、警务督察队。

2. 检查时间：狱政科每周普遍检查不少于四次，其中重点突击抽查一次，生产科、警务督察队按照各自相关规定进行检查。

3. 对干警直接管理的检查内容。

（1）干警是否按规定在岗在位，是否按规定履行岗位职责，是否做与值班无关的事。

（2）罪犯现场是否按规定配备警力，干警是否按规定佩戴警用装备。

（3）干警对所监管的罪犯情况是否清楚。

（4）同道、库房、晾衣房、活动室、图书室等是否及时上锁。

（5）在分监区和劳动现场是否按规定进行巡视，记录是否详细。

4. 对监区大门检查内容。

（1）值班干警及武警哨兵是否在岗在位，是否按规定履行岗位职责，是否做与值班无关的事。

（2）对各种出入证件的管理情况是否按规定执行。

（3）对外来人员及车辆是否按规定进行检查。

（4）各种登记是否准确、齐全、清楚，记录本是否保存完好。

（5）监区大门是否及时关闭，小门是否及时上锁。

（6）设施出现问题后是否及时上报。

5. 对外来人员及车辆的检查内容。

（1）进入监区的外来人员证件、车辆是否符合规定，审批手续是否齐全。

（2）是否按规定向外来车辆发放《车辆进出监区须知》并向司机告知存放违禁物品。

（3）进出监区的外来人员、车辆是否有相关单位干警带领。

（4）进入监区的外来人员、车辆是否携带违禁品。

（5）车辆停放、人员活动是否符合规定。

（6）外来人员、车辆进出监区时责任干警要在劳动现场值班记录上做好记录，记录外来人员姓名、车牌号、外来人员单位以及责任干警。

6. 对危险物品、重点部位的检查。

（1）范围包括：易燃易爆品、剧毒品、化学品、绝缘品、电工工具、绳索、刃具、危险性较高的生产劳动设备、工具、便服、锅炉房以及其他可作为攀援物的物品。

（2）是否有干警专人负责，是否建立相应的管理制度。

（3）保管、使用是否符合规定要求。

（4）收发、出入库手续是否完备。

7. 对滞留同道罪犯的集中管理情况检查。

（1）是否按规定对罪犯进行集中管理。

（2）是否编排有临时互监小组。

（3）是否有相应的学习、教育内容。

（四）清监、搜身、安检检查

1. 清监检查。

（1）清监检查包括：同道内的监舍、库房、水房、厕所、物品柜、罪犯个人物品；车间的库房、水房、厕所、更衣柜、工具柜、机器设备、原材料堆放区及其他需重点清查的部位。

（2）清监的时间为：分监区每月对本监狱规定的范围进行两次全面清监。

（3）下列情形必须清监检查。

①遇有党和国家重大活动以及监狱和上级监狱管理局部署的重大活动、法定节日和其他特定保卫期。

②生产车间开工前和停工后。

③侦破狱内案件工作需要时。

④根据监管工作的具体需要。

（4）组织及参加人员：每月的全面清监由分监区领导组织实施，参加干警不少于分监区干警人数的70%。

（5）清监检查内容：是否存在危险品、违禁物品以及其他影响监管安全的物品、隐患和问题等。

（6）分监区要建立清监检查记录，每次的清监情况要在《清监检查报告表》上进行记录，《清监检查报告表》一式两份，一份分监区保存，一份于清监次日上报狱政科。

（7）监狱一般情况下每月组织一次清监，也可根据情况临时安排，具体由狱政科负责组织。参加人员为：管教、生产、监察部门的干警以及分监区领导干警等,主要是根据具体情况对分监区同道或车间等部位进行有重点的清监。

(8) 清监时应注意如下事项:

①清监前要严格保密,防止罪犯转移、销毁违禁品。

②清监中既要彻底严格清查又要掌握政策,避免发生毁坏、丢失罪犯物品的问题。

③分监区清监情况要如实记录、上报。

2. 搜身检查。

(1) 对罪犯搜身检查是指对罪犯的身体及携带的物品进行的检查,搜身检查又分为严格搜身检查和普通搜身检查。

(2) 严格搜身检查。

①严格搜身检查的范围:调入或调出罪犯时;暂予监外执行的罪犯离开和返回监狱时;亲情会见的罪犯离开和返回分监区以及进出亲情会见室时;住院罪犯离开和返回分监区时;对禁闭罪犯、集训罪犯、顽危罪犯和重点罪犯进行搜身检查时;侦破狱内案件需要严格搜身检查时等。

②检查的要求:对罪犯进行严格搜身检查时,罪犯必须将衣服、鞋、袜全部脱下,由监狱责任干警逐件进行检查,并对罪犯身体可能藏匿物品的部位,如口腔、腋下、身体两侧、头发、耳孔、前胸后背、裆部等部位进行清查。

(3) 普通搜身检查。

①检查范围:罪犯出工前和收工后,会见、看病、室外活动、开会等完毕后回分监区时;其他原因罪犯进出同道前以及根据监管工作的具体情况需要。

②检查要求:对罪犯进行普通搜身检查时,罪犯可不必将衣服全部脱下。干警对罪犯两臂、腋下、身体两侧、前胸、后背、裆部、大腿内外侧以及鞋、衣服、下摆、裤腰、腰带等进行检查。

(4) 搜身检查时注意事项:

①对罪犯搜身检查必须由两名或两名以上干警负责实施。

②搜身检查时干警要认真仔细,不留死角。

③注意尊重罪犯人格。

④分监区应建立《罪犯搜身记录》,每次对搜身情况要认真记录。

(5) 狱政部门也可根据情况,对亲情会见罪犯、食堂劳动罪犯、事务犯等零散活动或认为有必要的罪犯开展突击搜身检查。

3. 安检检查。

（1）罪犯出入分监区必须进行安检检查，在罪犯通过安检时，干警要在现场监督检查。

（2）安检检查时注意事项。

①正确使用安检设备，确保设备有效、灵敏。

②对在安检中出现报警的罪犯，责任干警应对其再次进行安检，经检查确认无携带危险物品和不应有罪犯个人保管、持有的物品后放行。

③安检中反复检查仍报警的，应由责任干警对其进行净身检查，切实查明原因。

④安检结束后，责任干警要将安检情况填写在《安检记录》上，写明安检结果，并由责任干警本人签字。

（五）监狱、监区、分监区领导的监督检查

监狱、监区、分监区主要领导要认真履行监督检查职责，确保监管制度和工作措施的有效落实。

1. 监狱的监督检查：分周和月检查。

（1）周检查由副监狱长负责带领并组织进行；参加人员为相关职能部门领导，具体由监狱领导临时确定；监督检查的时间每周一次，具体时间由当天值班的监狱领导确定。

（2）月检查由监狱长或政委负责带领并组织进行；参加人员为相关监狱领导、职能科室领导、监区长等。

（3）监督检查的内容：监区、分监区领导和干警到岗到位履行职责情况、落实监狱工作措施和监管制度情况、是否存在安全隐患和问题、调研指导工作。

2. 监区、分监区主要领导的监督检查。

（1）监区长要对所属分监区进行监督检查，同时组织所属分监区长开展监督检查，分监区长要对所属干警和工作范围进行监督检查。

（2）检查时间：监区长每周要对所管的分监区监督检查各不得少于一次，分监区长每周对自己所分管范围内的监督检查不少于三次。

（3）监督检查内容：所属干警到岗到位及履行职责情况、落实监狱各项制度情况、责任范围内是否存在监管安全隐患和问题。

（4）分监区要建立监督检查工作记录，监区、分监区主要领导每次监督检查情况要在工作记录上认真记录，监狱每月要对监区、分监区履行监督检查情况进行检查，并列入监管安全考核内容。

（六）重大节日、重大活动的监管安全排查

1. 重大节日包括：春节、十一国庆节以及放假天数超过五天的法定节假日。
重大活动指：党和国家重大活动及监狱和上级监狱管理局部署的重大活动。
2. 排查时间及内容。
（1）重大节假日、重大活动前十日，狱政部门应根据情况下发监管安全大检查通知，相关部门应提前做好准备，并按通知要求准时、认真开展安全检查。
（2）重大节假日、重大活动前七天，各责任单位要按照规定对负责范围进行全面检查，各单位一把手要亲自负责，组织落实。
（3）重大节假日、重大活动前的第三日，各单位应将排查情况以书面形式上报狱政科，同时监狱召开监管安全排查汇报会，由监狱监管安全检查领导小组召集，各责任单位主要领导汇报检查、复查及对问题的整改情况，提出需要解决的问题及困难，会上进行研究并提出解决问题的办法和措施，确定落实的部门及责任人，会后汇报材料上交狱政科整理，经汇总后上报监狱领导。
（4）重大节假日、重大活动前的第二日，由监狱监管安全检查领导小组组织相关科室领导对监区总体监管安全情况进行一次全面检查。

八、监管安全考核工作

监管安全工作是监狱工作的生命线,是监狱各项工作的基础和保证。这样一项在监狱十分重要的工作,如何使它在实际工作中落到实处,如何评判这项工作开展的好与差,更加充分地调动各方面工作的参与性、积极性,就需要在日常工作中有一套监督、检查和考核机制。笔者身为一名负责监管安全工作的部门领导,一直以来以崇高的责任感和使命感,进行潜心研究和探索,2012年提出修改《北京市监狱监管安全工作考核办法》的意见和建议,单位采纳后,逐渐成为了既符合实际又较为科学合理的一项重要监狱工作制度。这一制度全面、公正、准确地考核了基层一线和各部门监管安全工作,全面推动各项监管安全工作和措施深入、扎实地开展和落实,使监狱多年来一直保持监管安全工作持续稳定。这一工作机制还在某市监狱管理局得到了推广。

监管安全工作考核办法主要包括考核的基本要求、考核内容以及奖罚三个方面内容。

（一）考核的基本要求

1. 考核原则：坚持公开、公正、公平的原则，坚持实事求是的原则，促进工作、确保安全的原则。

2. 检查考核的方式：现场检查和监控检查相结合，实际工作与各种工作记录相结合。

3. 考核范围：各押犯单位。

4. 考核成绩的计算：各分监区的每季度考核所扣分数乘以相应的扣分系数后所得的分数，为本季度的考核成绩；用每季度考核分数相加除以季度数，为年终考核成绩。扣分系数：关押罪犯人数在 120 人以上的扣分系数为 1，关押罪犯人数 100 人以上 120 人以下的扣分系数为 1.2，关押罪犯人数在 80 人以上 100 人以下的扣分系数为 1.4，关押罪犯人数在 20 人以上 80 人以下的扣分系数为 1.6，关押罪犯人数在 20 人以下的扣分系数为 2。

5. 监狱成立监管安全考核小组，负责考核工作。监狱长为组长，政委为常务副组长，其他党委成员为副组长，成员由政治处、督察应急分队、狱政科、狱侦科、教育科、生活卫生科、生产科的主要领导及狱政科相关干警组成。监管安全考核小组设立办公室，办公室设在狱政科，主任由狱政科科长担任。

（二）考核内容

1. 干警对罪犯的直接管理。

（1）分监区未按规定设置值班岗位、配备警力的；

（2）值班干警未按规定佩戴警用装备；

（3）干警在值班岗位上脱岗失控、做与值班无关的事；

（4）值班期间未按规定巡视检查的；

（5）值班干警对所管区域罪犯的人数及重控罪犯活动情况不掌握、值班记录不详实的；

（6）在罪犯三大现场出现罪犯放单现象的；

（7）干警未按规定对所管罪犯做到直接管理的；

（8）干警对分管责任班罪犯未按规定进行管理教育的；

（9）未按规定完成监狱领导、职能部门布置的监管安全工作任务，要求和措施落实不到位的；

（10）干警值班期间未能及时发现罪犯中的问题或异常情况的；

（11）存在其他违反规章制度情况的。

2. 罪犯三大现场的管理。

（1）正常工作时间对滞留同道罪犯未按规定进行集中管理；

（2）室外活动及非正常工作时间带罪犯出分监区未报告或违反相关规定的；

（3）罪犯班长、互监员未按要求履行职责的；

（4）未按要求收发、登记不宜由罪犯保存物品的；

（5）未按规定落实对罪犯重点部位、重点环节、重点时段管理的；

（6）罪犯持有、使用、传递违禁品或危险品的；

（7）未按规定对各个部位的门及时上锁的；

（8）干警未按规定对罪犯会见、拨打亲情电话以及来往信件、邮包等进行监听、检查和记录的；

（9）罪犯分级处遇、亲情电话、通讯、会见、班组长使用、计分考核、奖励、惩处、减刑假释等未按规定审查、上报，出现问题，造成较大影响或不良后果的；

（10）罪犯发生违反《服刑人员行为规范》及各项监规纪律的一般性问题的；

（11）未按规定处理罪犯违纪问题的。

3. 警管警戒设施的管理。

（1）警管警戒设施未按规定安排干警专人负责的；

（2）警戒防护设施未按规定检查、记录、上报的；

（3）警戒具未按规定建立台账、设专柜存放、使用没有登记的；

（4）监控、通讯、报警等设备及警戒具存在故障、不能正常使用的；

（5）门窗、护栏等防护设施不齐全、牢固，存在安全隐患的；

（6）警用装备无故损坏或丢失的。

4. 监狱大门的管理。

（1）大门设施出现问题未及时报告和修复的；

（2）大门、小门未按规定及时关闭、上锁的；

（3）二门值班干警未按规定对进出人员、车辆、证件进行检查的；

（4）未按规定对进出人员、车辆放行的；

（5）发生所保管证件、物品丢失等问题的；

（6）未按规定做好相关记录的。

5. 清监、搜身、安检工作。

（1）未按规定做好清监、搜身、安检工作的；

（2）清监、搜身、安检情况未按规定记录、上报的。

6. 外来人员、车辆进入监区的管理。

（1）外来人员、车辆未按规定履行审批手续的；

（2）外来人员、车辆进出监区及进入监区后的活动未有干警负责带领并进行严格管理的；

（3）外来人员携带监狱禁止带入监区物品的；

（4）外来人员进入监区后私自离开规定范围、私自与罪犯接触、传递违禁物品；

（5）干警未按规定将《车辆进出监区须知》发给驾驶员，并将其内容口头告知的；

（6）车辆进入监区后，没有按相关规定停放的；

（7）外来人员、车辆进出监区情况未做好相关记录的。

7. 劳动工具、危险物品的管理。

（1）刀刃具、剧毒物品、易燃易爆物品、绳索、绝缘物品、电工工具等危险品，没有建立台账、收发记录和专柜库存放，未做到摆放有序，注明标示，账物相符的；

（2）劳动工具、危险物品的发放、回收、登记未由干警负责，登记与实际发放情况不一致的；

（3）罪犯食堂炊事刀具未按规定固定、存放的；

（4）罪犯私自串换、转借劳动工具或私自制作危险工具的；

（5）监狱发放的罪犯劳保用品未按规定专柜存放、账物相符、干警具体负责管理的；

（6）可作攀援物、绝缘物的物品、材料未采取安全措施的。

8. 狱情分析工作。

（1）对所管罪犯的情况不清，有价值狱情动态不掌握的；

（2）干警对所管罪犯不按规定汇总、上报狱情，周狱情材料不符合要求的；

（3）未按规定召开分监区狱情分析会、并做好记录的；

（4）某市监狱管理局季度狱情会和监狱月狱情分析会后一周内未组织全体干警传达贯彻，并做好记录的；

（5）不按规定填报《狱情记录表》的；

（6）周、月狱情动态材料书写不详实，未按规定上报、装订、保存的。

9. 重控罪犯的管理。

（1）未按规定及时、准确确定、撤销重控罪犯的；

（2）未按规定建立重控罪犯专档或专档材料不全的；

（3）包夹监控措施落实不到位，责任干警和包夹罪犯未按规定履行相应的职责、任务的；

（4）分监区未按规定在监控台设有重控罪犯花名册及监舍、床铺位置示意图的；

（5）分监区狱情分析会未对重控罪犯的情况进行分析，并做好记录的；

（6）未按规定对重控罪犯开展谈话教育，谈话及相关情况未做记录的；

（7）重控罪犯管理上出现严重漏洞造成问题发生或罪犯严重违纪的。

10. 罪犯耳目与互监小组的管理。

（1）未按规定建立、撤销罪犯狱情耳目和罪犯互监小组或临时互监小组的；

（2）每月罪犯班长狱情汇报会未召开或未达到规定要求的；

（3）狱情耳目未能发挥作用，汇报、反映问题未达到规定要求，对耳目反映的问题未及时查处，处理情况未在耳目情况汇报记录表中详细记录的；

（4）未按时召开互监组长工作会议的；

（5）罪犯对互监小组成员和互监小组职责不清，未按规定履行互监职责并出现问题的；

（6）狱侦干警、责任班组干警对耳目、互监小组情况不掌握，未按相关规定做好耳目、互监小组管理教育工作的。

11. 处置突发事件。

（1）干警对预案中相关的职责和任务不清的；

（2）演练时未按规定到位的；

（3）监狱处置突发事件小分队队员未按时上报值班情况的。

（4）配给小分队队员的装备缺失。

（三）奖罚

1. 对分监区的扣罚。

（1）凡有违反本办法第（二）条规定情形之一的，每项问题视情节扣分监区1—3分；

（2）罪犯因严重违纪受到行政处罚的，按警告、记过、禁闭每起分别扣分监区4—5、6—7、8—9分，3人以上团伙违纪的加倍扣罚；分监区发生一起一般监管安全事故或问题的，视情节扣10至15分；

（3）罪犯班长、事务犯、互监员、车间小哨、生产调度、库房管理员等特岗罪犯违纪的加倍扣分；

（4）司法部、某市监狱管理局等上级机关专项检查出的问题，按上述相应条款扣分；

（5）对监狱上一次检查出的问题，在下一次检查中未整改或重复出现的，视情节加倍扣分。

2. 对干警的处罚。

（1）对责任干警处罚。

凡出现下列情形之一的，依据《北京市监狱干职绩效奖金扣罚办法（试行）》对责任干警扣罚2—4分。

①干警在值班期间脱岗失控或做与值班工作无关的事，情节较重的；

②在罪犯三大现场出现罪犯放单的；

③在罪犯三大现场发现通讯工具、刀刃具、烟、酒、火种、现金等危险性较高、数量较大的违禁品或危险品的；

④刀刃具、攀援物、易燃易爆等危险品管理上存在较大安全隐患的；

⑤干警警用装备无故丢失的；

⑥罪犯分级处遇、亲情电话、通讯、会见、班组长使用、计分考核、奖励、惩处、减刑假释等未按规定审查、上报，造成较大影响或不良后果的；

⑦外来人员、车辆进入监区后，没有干警管理、出现车门不上锁、为罪犯传递违禁品或私自与罪犯接触的；

⑧发生一般监管安全事故或干警有明显失查、失管、违规违纪以及管理、教育方式、方法不当，致使罪犯严重违纪问题发生或罪犯及其家属向上级机关投诉反映以及在社会上造成较恶劣影响的；

⑨被上级机关和领导检查出问题，且问题影响较大的；

⑩未按规定开展清监、安检、搜身工作情节较重或造成较严重问题发生的;

⑪干警对所管罪犯较重要的狱情不明或不按规定及时上报较重要狱情的;

⑫其他一般问题季度内出现4次（含）以上的;

⑬出现其他较严重问题，需对责任干警进行扣罚的。

（2）副分监区长连带责任及处罚。

凡出现下列情形之一的，分监区主管副分监区长应负连带责任，同时依据《北京市监狱干职绩效奖金扣罚办法（试行）》视情节扣1—3分。

①干警有违反本办法第（三）条第2项第（1）内容中规定两种情形以上（含）的;

②同一名干警季度内因一般问题（本办法第（三）条第2项规定以外的其他考核内容）被扣分四次（含）以上或分监区在季度内同样问题出现四次以上（含）的;

③出现其他问题，副分监区长应负连带责任的。

（3）分监区长连带责任及处罚。凡出现下列情形之一的，分监区长应负连带责任，同时依据《北京市监狱干职绩效奖金扣罚办法（试行）》视情节扣1—2分。

①在罪犯三大现场发现通讯工具、刀刃具、烟、酒、火种、现金等危险性较高、数量较大的违禁品或危险品的;

②刀刃具、攀援物、易燃易爆等危险品管理上存在较大安全隐患的;

③罪犯分级处遇、亲情电话、通讯、会见、班组长使用、计分考核、奖励、惩处、减刑假释等未按规定审查、上报，造成较大影响或不良后果的;

④发生一般监管安全事故或干警有明显失查、失管、违规违纪以及管理、教育方式、方法不当，致使问题发生的;

⑤被上级机关和领导检查出问题，且问题影响较大的;

⑥副分监区长本人在一季度内出现三次（含）以上被连带扣罚的;

⑦出现其他较严重问题，分监区长应负连带责任的。

（4）出现重大监管安全事故或发生有较大影响的一般监管安全问题的，除取消年终评选优胜分监区的资格外，还要按上级监狱管理局和监狱相关规定处理。

（5）相关部门及干警违反上述规定依据此规定处罚。

3. 处罚的执行。

（1）每月将监管安全检查及考核情况在监务会和监狱局域网上通报；下个季度初在监务会上通报上个季度考核情况，向优胜分监区颁发流动红旗；

（2）出现违反第十九条规定内容的，分监区研究后，在三个工作日内提出书面整改处理意见上报狱政科；每季度各分监区对责任干警扣罚情况按《北京市监狱干职绩效奖金扣罚办法（试行）》的规定填写《干职绩效奖金扣罚通知书》，上报政工部门。

4. 奖励。

（1）年终被评为监管安全工作优胜分监区的，依据北京市监狱《关于印发〈关于各类获奖先进集体及个人表彰、奖励的实施办法（试行）〉的通知》中的相关规定进行奖励；

（2）日常检查考核情况和年终考核结果还将作为评选先进单位、对监区、分监区领导和干警年终考核评优以及向上级推荐先进的重要依据。

第五章 狱侦工作管理

一、罪犯"五知道"卡片手册

"五知道"包括罪犯的基本情况、家庭及主要社会关系、犯罪事实、改造表现以及心理特征等五个方面,干警准确、全面掌握所管罪犯"五知道"情况是对一线干警的基本要求,也是基本技能,是干警管理教育罪犯最基础的工作。日常工作中,干警往往对此不是很重视,干警了解罪犯"五知道"情况方法单一、简单,掌握的情况简单、不深不细,与此同时,对了解的情况备案、需要时查询以及对干警在这方面的工作情况进行考核都存在问题,如何解决这些问题,笔者进行了这方面的研究,并将其规范化,制定了"罪犯'五知道'卡片手册",并在日常管理、监狱检查、考核、备案保持等方面提出了具体工作方法,既服务了一线干警的工作,又推动了基层基础工作的规范化。

罪犯"五知道"卡片手册包括对手册内容排序、罪犯"五知道"表格、填写说明以及手册保管等内容。

（一）罪犯"五知道"卡片手册内容

1. 本手册为 20 页，分管干警将所分管班罪犯的卡片全部放入手册，每个塑封袋内装两页。

2. 第一页放封面。

3. 第二页放罪犯"五知道"卡片填表说明，既第一页背面。

4. 第三、四页放"罪犯班分管干警工作职责"。

5. 第五页开始放罪犯"五知道"卡片。

（二）相关要求

1. "五知道"卡片及手册内容，要严格按照监狱局域网内"监管改造系统"中每名罪犯相关情况、罪犯心理咨询档案和"罪犯'五知道'卡片"填表说明认真填写，罪犯"五知道"卡片手册相关内容要按本通知"一"中的要求顺序装填。

2. 干警填写罪犯"五知道"卡片手册，一律通过计算机填写打印成文，再装入手册中。

3. 因分管干警调整，不再负责所管罪犯班的，罪犯"五知道"卡片手册要通过分监区移交给其他负责干警，同时手册封面也要及时更换。

4. 罪犯调班的，要及时调换罪犯"五知道"卡片；罪犯调整分监区的，罪犯"五知道"卡片随着罪犯及时调整或从狱政科"罪犯'五知道'卡片"文件夹中下载；罪犯调监、假释、保外、刑满释放的，罪犯"五知道"卡片即日作废；新入监的罪犯，要在入监一个月内按本通知要求完成罪犯"五知道"卡片填报工作。

5. 罪犯"五知道"卡片手册，由分管班干警个人保存，但要妥善保管，不得无故损坏和丢失，以备检查考核。卡片纸不能挪作他用，手册正常损坏或卡片纸用完的由分监区到狱政科更换或领取。

6. 各分监区干警分管班和罪犯，以上报狱政科罪犯互监小组花名册为准，干警、罪犯调整的要及时上报花名册。

附件 5-1

罪犯"五知道"卡片

<table>
<tr><td rowspan="4">基本情况</td><td>姓名</td><td></td><td>出生日期</td><td></td><td>文化程度</td><td></td><td>级别</td><td></td></tr>
<tr><td>家庭住址</td><td colspan="3"></td><td>身体情况</td><td></td><td>刑期</td><td></td></tr>
<tr><td>案 情</td><td colspan="3"></td><td>刑期止日</td><td colspan="3"></td></tr>
<tr><td>捕前职业</td><td></td><td>前科</td><td></td><td>重控</td><td></td><td>特管</td><td></td></tr>
<tr><td rowspan="5">家庭及主要社会关系</td><td>姓名</td><td>关系</td><td colspan="4">职 业</td><td colspan="2">关系程度</td></tr>
<tr><td></td><td></td><td colspan="4"></td><td colspan="2"></td></tr>
<tr><td></td><td></td><td colspan="4"></td><td colspan="2"></td></tr>
<tr><td></td><td></td><td colspan="4"></td><td colspan="2"></td></tr>
<tr><td></td><td></td><td colspan="4"></td><td colspan="2"></td></tr>
<tr><td colspan="2">主要犯罪事实</td><td colspan="7"></td></tr>
<tr><td rowspan="2">现实改造表现</td><td colspan="2">减刑情况</td><td colspan="3"></td><td colspan="2">处分情况</td><td></td></tr>
<tr><td colspan="2">具体表现</td><td colspan="6"></td></tr>
<tr><td colspan="2">心理性格特征</td><td colspan="7"></td></tr>
</table>

罪犯"五知道"卡片填写要求:

1. 家庭住址栏:现住址。
2. 身体情况栏:有无重大疾病或残疾。
3. 刑期止日栏:最后一次减刑后日期。
4. 捕前职业栏:捕前所从事的主要职业,一个也可多个。
5. 前科栏:曾被判刑、劳教情况、拘留。
6. 家庭及主要社会关系栏:配偶、父母、子女、兄弟姐妹。

家庭及主要社会关系人员职业:要详细写清具体行业部门和所从事的职业,分清企事业或个体，个体私营业是什么行业。

关系程度：关系是否密切。

7. 主要犯罪事实：犯罪时间、人身损害程度、财物损失数量、是否团伙、犯罪实施的手段、方法等。

8. 减刑情况：减几次刑，共减多少年。

9. 处分情况：几次处分，什么处分。

10. 现实改造表现：

（1）是否认罪服法、遵规守纪、服从干警管理。

（2）改造思想是否端正、稳定、一贯表现好。

（3）能否积极参加各项改造活动。

11. 心理性格特征：统一填写艾森克个性测验中的 E 项（即内外向）。

二、狱内侦查工作

2001年之前，监狱狱内侦查工作比较薄弱，对狱内发生的一些重新犯罪、行凶、闹事等严重违纪案件的查处不规范、没有专门的人员负责处理，也没有相应的制度依据。狱内案件的侦查和处理工作全凭借干警以往的经验和一些传统做法行事，对狱内各类案件没有起到有效的预防和打击作用。针对以上问题，笔者总结狱内侦查工作经验，结合工作实际，将狱侦工作系统化、规范化，特别是提出成立专职狱内侦查机构和人员，明确了狱内侦查工作流程，推动监狱狱侦工作走向专业化发展的道路，随着监狱发展形势的变化，有些方面进行了调整，但是，此项工作至今仍然是狱侦工作开展的基础规范，而且有效打击狱内各种破坏监管秩序和违法犯罪活动，为维护监狱的持续安全稳定作出了重要贡献。

第五章 狱侦工作管理

狱内侦查工作是中国监狱依法赋予的侦查权，在狱内设置侦查机构、组织力量，依法运用必要手段实施狱内侦查职责，防范和打击狱内犯罪活动的一项专门工作，是监狱监管改造罪犯、确保监狱安全的特殊手段，是监狱管理的重要组成部分。狱内侦查工作主要是对狱侦工作的任务、组织机构设立、专职狱侦干警建立、狱情分析、罪犯互监小组以及如何发挥狱侦秘密力量等方面进行明确和规范。

（一）基本原则

1. 狱侦工作应贯彻"预防为主，防破结合，及时发现，迅速破案"的工作方针。

2. 狱侦工作应遵循"广泛摸排与专项侦破相结合，防范与打击相结合，奖励与惩处相结合，专职干警与基层干警相结合"的原则。

3. 狱侦工作的任务是及时准确地掌握狱情动态，打击狱内各种破坏监管秩序和违法犯罪活动，维护监所的安全与稳定。

（二）狱侦工作的组织机构和队伍建设

1. 省市监狱管理局应设立狱侦处，押犯在1000人以上的单位，应设立狱侦科；不足1000人以下的，应设立狱侦组。其中狱侦处编制不少于5人，狱侦科编制不少于4人，狱侦组编制不少于3人。分监区设置专、兼职狱侦干警各1名。

2. 狱侦机构和专职狱侦干警在分管局长、分局长、所在单位分管领导和狱政部门的领导下，专司狱侦工作。监狱狱侦队伍应保持相对稳定，调整狱侦科长，需征求监狱管理局分管局长意见，调整专职狱侦干警，需征求监狱管理局主管处室意见。

3. 狱侦干警应具备开展狱侦工作的基本能力和业务素质。未经过专业培训的，应参加司法部或监狱管理局组织狱侦专业培训。监狱管理局每年组织1—2批狱侦干警进行业务培训。监狱管理局狱政处要掌握狱侦干警基本情况和培训、奖惩情况。

（三）狱侦干警的职责及获取狱情途径

分监区狱侦干警职责：

1. 对所管罪犯的思想动态和现实表现进行全面摸排、分析和归类，摸排出有各类危险隐患和事故苗头的罪犯，确定重点对象，随时掌握他们的动态变化，改造表现。有下列情形之一的应列为摸排分析的重点：

（1）有脱逃或其他狱内重新犯罪记录的；

（2）有狱内行凶、闹监、自伤自残、吞食异物、牢头狱霸等严重破坏监管秩序记录的；

（3）累犯、入监前有违法罪犯记录的罪犯，现实表现较差的；

（4）新入监或保外收监后不满1个月，思想不稳定的；

（5）不认罪、不服管或认为判刑过重，情绪不稳的罪犯；

（6）违纪受处理或与他犯发生矛盾后内心不满的；

（7）因涉嫌余漏罪被监狱或公检法机关提审，情形不稳的；

（8）未转化的"法轮功"类罪犯；

（9）思想情绪、言行出现明显异常的罪犯；

（10）罪重刑长，患有严重疾病，对前途悲观失望的；

（11）家庭关系紧张，或长期无人接见，或无家可归，情绪低沉的；

（12）家庭出现重大变故（如配偶离异、亲属伤残死亡、家庭遇到重大灾难等），思想负担过重的；

（13）心理测试有心理障碍和危险倾向的；

（14）性格孤僻，长期不暴露真实思想的。

2. 对顽危、异常罪犯布置包夹监控，所谓包夹就是分监区对这部分罪犯安排其他表现积极的罪犯对其危险行为进行控制，对思想、言行及时汇报，定期检查监督包夹监控措施的落实情况，随时掌握这类罪犯的动态。

3. 对顽危、异常罪犯布置任务，随时搜集反映，及时掌握动向。

4. 搜集事务犯、班组长反映。事务犯是指在分监区从事值班、卫生等零散事务的罪犯。

5. 落实罪犯互监小组制度，监督掌握互监组长工作情况，通过互监组长了解罪犯情况。

6. 使用和教育包夹罪犯、互监组长、秘密力量，并对他们的设置、撤换、奖惩等工作提出建议。

7. 协助监狱狱侦科（组）查办各类违纪问题、监管事故和案件。

8. 了解罪犯对敏感问题或监狱管理局、监狱组织的重大活动的反映。

9. 发现安全隐患、事故苗头，及时报告监区、分监区和狱侦科（组），并提出建议；发现案件线索后，扩大线索，查找证据，深挖根源，消除隐患。

10. 建立《工作日志》，记录每日开展工作的情况和狱情，做到有事实、有数据、有分析。

狱侦干警搜集的狱情有监区（未设监区的由分监区汇总）汇总，每周向监狱狱侦科（组）书面汇报，重要情况立即报告。

监狱狱侦科（组）职责：

1. 对分监区狱侦工作进行业务指导和监督检查。

2. 建立和教育使用复线秘密力量、狱外秘密力量，搜集汇总狱情动态；复线秘密力量及狱外秘密力量主要指狱侦科（组）在狱内、狱外建立自己使用的了解狱内、外情况的耳目。

3. 搜集掌握顽危、异常罪犯、重要罪犯思想动态和包夹措施落实情况。

4. 监督检查监区、分监区对秘密力量、互监小组长的建立、教育、使用、撤换和奖惩，对罪犯档案统一管理。

5. 查办狱内各类违纪问题和案件。

6. 发现违纪现象和事故隐患，扩大线索，深挖根源，全面掌握狱情。

7. 考核监区、分监区的狱侦干警，并向政工部门提出奖惩意见。

8. 组织召开狱情分析会，每月编写狱情动态。

9. 建立《工作日志》，并每周检查监区、分监区狱侦干警的《工作日志》。

10. 每日下午5点前，监狱狱侦科（组）将狱内发生的监管事故和发现的隐患、罪犯当日受处分情况、秘密力量反映的较为重要的情况、重点掌握对象的重要情况等狱情，书面向分管管教工作的领导报告，并留存1份备查；每周汇总本监狱的狱情动态，于周五下午4时30分前向监狱局狱政处传真，重要狱情及时报告。

未设立狱侦科（组）的监所，由狱政科一名副科长组织狱侦员开展狱侦工作，履行上述职责。

监狱管理局狱侦处职责：

1. 负责对各监所狱侦工作的监督、检查、指导。

2. 组织全局狱侦干警进行培训。

3. 建立复线秘密力量和狱外秘密力量，搜集重要狱情；建立专案秘密力量，协助侦破重要案件。

4. 定期组织召开狱情分析会，及时汇总各监所狱情，定期编写狱情动态简报，重要情况及时报监狱管理局领导。

5. 负责局内重要线索的追查，重要案件和领导交办的案件侦破工作。

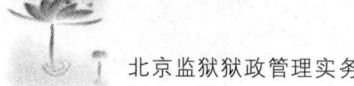

6. 对全局狱侦干警进行考核，并向监狱管理局政工部门提出奖惩意见。

狱侦干警工作途径：

1. 通过查阅罪犯档案了解情况。

2. 直接观察罪犯的动态和表现。

3. 向责任干警、狱内外秘密力量、互监小组成员、杂务、班组长了解情况、搜集反映。

4. 找有违法违纪行为的罪犯、临近刑满的罪犯谈话。

5. 通过社会人员来信来访、罪犯来往信件、亲情电话、法规专线了解情况。

6. 通过监听监控罪犯会见、亲情会见。

7. 其他有利于掌握狱情、侦破案件的方法和途径。

对狱侦干警的奖惩按照北京市监狱《狱侦干警奖罚细则》执行。

（四）狱情分析

1. 分监区、监狱、监狱管理局召开狱情分析会前，各级狱侦组织应及时汇总所管罪犯的动态，对各类罪犯思想情况和违纪罪犯变化情况做出定性定量分析，为狱情分析会提供依据。

2. 狱情分析会由狱侦科（组）或狱侦干警汇报所管罪犯狱情动态，由分管管教工作的领导组织与会人员，针对当前狱情反映的主要问题和罪犯违纪违法案件，分析特点及规律，研究对策。通过摸排分类，确定重点控制对象，研究制定下一阶段监管工作重点和对重点人的监管监控措施；分析狱情工作状况和改进办法。

3. 监狱狱情分析每月召开一次，狱情分析情况向监所党委汇报，监所党委应专题研究狱情动态；监狱管理局狱情分析会每季度召开一次，各监所党委应在监狱管理局季度狱情分析会召开后的3日内召开专题会议，及时传达贯彻监狱管理局狱情分析会精神，研究落实措施。

（五）秘密力量建设

1. 狱侦秘密力量分为控制秘密力量、专案秘密力量、狱外秘密力量三种。

控制秘密力量：主要用于搜集罪犯预谋暴狱、劫持、脱逃、行凶、非正常死亡等案件以及其他严重破坏监管秩序的线索、情报，及时发现和监视有各类危险的罪犯。

控制秘密力量监控的对象：顽危、异常罪犯、特管罪犯中的重要罪犯、

特岗罪犯、整编班、零散摊点、易发事故劳动现场。

专案秘密力量：主要用于侦破已发现和已发生的各类案件，监视、控制和了解侦查对象的活动情况、犯罪事实和犯罪意图，为破案提供线索和搜集证据。

狱外秘密力量：主要用于侦破狱内外人员相互勾结的案件。狱外秘密力量由监狱狱侦科（组）、监狱管理局狱侦处在罪犯亲友、刑满释放人员中建立，对为狱外秘密力量提供线索和情报的狱内罪犯，可参照狱内秘密力量的奖励办法兑现相关奖励；对狱外秘密力量应给予物质奖励。

2. 控制秘密力量由监区、分监区狱侦干警物色的，经监狱狱侦科（组）审核批准，监狱狱侦科（组）建立的秘密力量，报狱政科长审批；专案秘密力量由专案人员物色，报请批准立案的监狱领导审批；狱外秘密力量由监狱狱侦科（组）物色，报监狱分管领导批准；监狱管理局狱侦处建立的狱外秘密力量，报狱政处领导批准。建立狱情秘密力量应由责任狱侦干警填写北京市监狱《狱内秘密力量建立使用审批表》一式两份，并经领导批准。

3. 监狱管理局狱侦处按照一定的比例，在各监狱建立复线秘密力量，每个监所按照一定数量建立狱外秘密力量；监狱狱侦科（组）在每个分监区按照一定数量建立复线秘密力量，按照每三个分监区建立狱外秘密力量；监区、分监区做到秘密力量不空班，重要部位有秘密力量。

4. 建立或使用秘密力量的原则：

（1）"秘密力量"是监管工作内部使用的专用名词，不得向秘密力量本人宣布；在公开场合及内部文件中狱内秘密力量一律使用代号、编号，其代号或编号由狱侦科（组）统一编定。

（2）建立秘密力量坚持注重质量的原则。

（3）建立狱内秘密力量应当坚持个别吸收的原则，谁物色、培养，由谁使用。秘密力量之间不准发生横向联系，不准利用秘密力量领导秘密力量或利用秘密力量发展秘密力量。

（4）女秘密力量由女干警物建、领导和使用。

（5）未成年犯中不得建立和使用秘密力量。

（6）秘密力量必需作证时，应经过监狱主管领导批准，做好秘密力量的思想工作，以检举人或以坦白、自首的同案人身份作证，并教育秘密力量严守秘密。

5. 狱内秘密力量应具备的条件：

(1) 认罪服法，愿意为我所用。

(2) 有相关方面的能力。

(3) 有一定的活动能力和观察识别能力。

(4) 能保守秘密。

6. 撤换秘密力量，按照建立秘密力量的审批程序秘密进行，不向秘密力量本人宣布。

7. 每个狱内外秘密力量建立专门档案，档案内的材料包括：建立或撤销秘密力量的审批表、情况汇报记录及处理结果、奖励情况等。

8. 狱内外秘密力量档案由狱侦科（组）统一管理，专人负责，未经狱侦科（组）批准，其他人不得查阅或借出。

9. 秘密力量因违纪、不起作用、释放、转监和狱侦干警调整工作岗位等原因需撤销的，由责任狱侦干警填写《撤销秘密力量报告表》经分管领导批准后，存入档案。

10. 对狱情秘密力量的奖惩依据《狱内秘密力量奖惩细则》执行。

（六）罪犯互监小组管理

1. 罪犯互监小组是监狱在罪犯间建立的相互监督制约的组织，是狱侦工作公开的监控力量。各监所应在罪犯间建立互监小组，做到覆盖罪犯全员，覆盖罪犯活动的所有区域。

2. 罪犯互监小组成员间，应能够相互监督、相互制约；因生产、学习、文体娱乐、会见、亲情会见等活动需要暂时分开的，应纳入干警的监控视线；因阶段性的任务临时组织3名以上罪犯在一起活动，应建立临时互监小组，明确互监小组组长。住院病犯达到3人以上，能够相互监督的，应建立互监小组。

3. 在干警的直接监控下，罪犯可脱离互监小组。罪犯在生活区域出监舍洗漱、上厕所或去库房取东西时，在杂务的监视下可脱离互监小组。

4. 分监区狱侦干警要经常向罪犯互监小组组长了解互监小组罪犯的表现情况，并根据需要布置任务。

5. 狱侦干警对互监小组组长的履行职责情况和互监责任的落实情况进行日常考核检查；对不称职的互监小组组长或起不到互监作用的，及时提出调整意见，经分监区负责管教工作的领导批准后，报监所狱侦科（组）备案。

6. 监区、分监区狱侦干警、监狱狱侦科（组）应对罪犯互监小组组长的基本情况、责任狱侦干警情况进行登记，并实行动态管理，随时掌握互监

第五章 狱侦工作管理

小组组长的变化情况。

7. 对互监小组组长及成员的奖惩，按照监狱管理局规定公开处理。

（七）狱侦设备和器材的配备

监狱狱侦科（组）应逐步配齐、配强狱侦设备和器材。其中监狱管理局、清河监管分局狱侦科应配备勘察车、摄像机、录像机、录音机、照相机、洗像设备、勘察箱等装备和器材。监狱狱侦科（组）应配备摄像机、录像机、录音机、照相机、洗像设备、勘察箱等器材。

狱政科配备密码传真机，主要用于及时传递有关狱情信息，保持狱情畅通。

（八）狱侦工作的保障

狱侦工作所需装备，由监狱管理局装备处列入计划，统筹安排，逐步配齐。

狱侦工作办案经费，列入狱政业务费。

狱侦工作奖励经费，按罪犯每人每月 2 元的标准，从局拨监管安全奖和监狱自筹奖金各提取 50% 安排使用。

监狱管理局评选出的优秀狱侦干警，奖励经费由局解决。

案例 5-1

> **一、基本情况**
>
> 罪犯夏某，男，1973 年出生，大学文化，因诈骗罪，被判处有期徒刑 15 年，刑期自 2005 年 3 月 4 日至 2020 年 3 月 3 日，该犯在某监狱管理局外籍罪犯遣送分监区从事"杂务"工作。
>
> **二、事实经过**
>
> 2010 年下旬，罪犯夏某在服刑期间以帮助请托干警在狱内照顾为由，骗取同监舍罪犯李某（男，44 岁，大学文化，诈骗，4 年）人民币 5000 元。李某发现问题后向干警检举了夏某骗取钱款的情况后，监狱高度重视，立即启动狱内案件办理程序，对此案进行立案调查，并对相关证据进行搜集，通过监狱侦查，最终夏某因诈骗被法院判处有期徒刑十个月，并将李某的 5000 元追缴发还。

三、评价分析

监狱狱侦工作是维护监狱正常改造秩序和狱内安全稳定的基本保障,通过狱侦工作的开展,有效打击狱内各种破坏监管秩序的行为和违法犯罪活动,为维护监狱的持续安全稳定作出了贡献。

第五章 狱侦工作管理

三、狱情分析工作

近年来由于工作中凭经验办事、狱情分析工作标准不一等现实问题，造成分析内容、分析质量、参加人员、措施安排、狱情上报、处理、狱侦干警的工作及管理等一直以来处于不规范的状态，狱情分析工作处于低水平，无法适应监管安全工作的需要，以至于失去狱情分析应有的作用，为此，笔者深入研究了司法部的相关规定，分析了监狱狱情分析工作的现状，根据监管形势的发展和变化，从2004年起，期间经过三次较大调整，并逐步地加以完善，形成了具有北京市监狱特点的"狱情分析工作规范"，从干警所管班组罪犯的分析、分监区的狱情分析到监狱的狱情分析，从狱情分析工作的人员、时间、内容、形式、质量五个方面得到了充分的保障，还创新了许多工作方法，不仅在近十年监狱监管安全稳定方面发挥了积极的、重要的作用，许多创新理念及做法还被北京市监狱管理局所采纳和推广。

狱情分析工作是指监狱人民警察对获取的狱情信息资料深入地进行剖析与研究，加以科学地归纳和提炼，从而透过现象看本质，客观地揭示罪犯的思想及行为特点和规律，以便主动采取针对性的对策措施，及时消除罪犯违规抗改思想，有效预防狱内案件发生，促进罪犯积极改造的一种活动。狱情分析工作是确保监狱安全稳定的基础性工作之一，对强化监管防范、促进罪犯改造、确保监狱安全、实现监狱专政职能有着十分重要的意义。笔者在狱情分析工方法中着重从狱情的搜集与排查、狱情的分析与研讨、周和月狱情动态简报、狱情的处理以及对违反狱情分析工作规定的追究和处罚等五个方面进行规范。

（一）狱情的搜集与排查

1. 监狱狱政部门具体负责监狱的狱情分析工作，并对分监区实施指导、监督和检查；监区、分监区长对本单位的狱情分析工作的落实负第一位的责任，管教副分监区长主抓分监区的狱情分析工作，专职狱侦干警具体负责。

2. 狱情是指所管罪犯的思想、现实表现中存在的各种危险倾向、不稳定因素、苗头和反映；干警各项管理工作中存在的漏洞、隐患和问题；警管警戒设施中存在的安全问题、隐患等。

3. 狱情分析主要是对狱情出现的原因、性质、状况、发展变化趋势、危害结果等进行分析和预测，以及提出要采取的防范对策和措施等。

4. 每月向监狱党委报告一次监狱狱情整体情况。主要是利用监狱每月一次的监狱狱情分析研讨会，由押犯分监区主要职能科室对当月监狱狱情进行汇报。

5. 全体干警都要树立高度的安全意识，不但在日常工作中注意观察和发现，而且要利用多种途径和渠道搜集、排查狱情。作为狱侦干警应是其主要工作职责。渠道和方式主要有：

（1）查阅罪犯档案等有关材料，包括罪犯正档、副档、健康档案等；

（2）观察罪犯的日常言行表现、情绪变化，每名管号干警每天早晨要到罪犯监舍进行每天的"早例会"谈话，目的就是最直接地了解罪犯情况，及时发现罪犯情绪变化；

（3）找罪犯进行个别谈话，有针对性地了解罪犯各类问题；

（4）通过罪犯的来往信件和包裹的检查：干警通过罪犯日常与亲属通信、邮寄物品，能够直接了解到罪犯家庭关系情况，同时罪犯书信中"字

里行间"也能够捕捉到罪犯思想及情绪变化;

（5）通过罪犯的会见、亲情会见、亲情电话的监听：主要是通过监听，了解罪犯的关注点和存在的问题，有无使用隐语、暗语；

（6）通过班组长、耳目等积极力量的汇报和反映：干警定期对班组长、耳目等积极力量进行谈话，能够从罪犯内部准确了解押犯的思想动态和关注点；

（7）通过社会人员来信、来访等反映；

（8）通过罪犯亲属了解和反映：分监区每月罪犯会见日要安排一名分监区领导到会见登记室与本分监区罪犯亲属进行见面，解答罪犯亲属的问题，每季度组织一次监狱与服刑人员及其亲属共同参与的"三方座谈会"，以此通过服刑人员亲属间接了解罪犯情况；

（9）通过心理测试和心理咨询了解：罪犯入监教育一个月内监狱要组织新入监罪犯进行心理测试，同时罪犯服刑期间可以申请心理咨询，通过罪犯心理测试结果以及罪犯与心理咨询师的沟通了解思想；

（10）通过有关的工人和外协人员了解；

（11）罪犯的揭发、检举等；

（12）其他的渠道和方式。

6. 狱情的搜集、排查和分析应做到：

（1）要有高度的警惕性、敏感性，要有强烈的责任意识、安全意识；

（2）及时、准确、全面、深入、细致；

（3）善于从罪犯点滴的思想、情绪变化，行为、言语变化中发现问题；

（4）对确定排查、分析的重点罪犯，要从其成长经历、捕前所从事的职业、家庭情况、社会关系、身体情况、性格特征、心理状态、犯罪过程和事实、现实改造表现、与干警、罪犯的关系等进行全面分析；对问题要从不同的角度、不同的侧面去看、去联系、去对比、去甄别；对狱情力求做到分析得透、分析得实、分析得准。

（5）罪犯中排查、分析的重点是：

①有预谋逃跑、行凶、破坏、闹监或其他犯罪嫌疑的罪犯；

②"二进宫"以上罪犯；

③有狱内重新犯罪史、脱逃史、自杀史、自伤自残史或危险倾向的罪犯；

④严重违反监规纪律，多次受到行政处分的罪犯，特别是近三年内屡犯

监规、多次打架斗殴、抗拒管理教育或结伙违纪、聚众闹事的罪犯；

⑤罪重刑长又无家可归或长期无人探视的罪犯；

⑥违反法律、法规，被收回的假释、暂予监外执行的罪犯；

⑦打击先进、拉拢落后、经常散布有碍改造言论的；

⑧无正当理由经常逃避学习和劳动的；

⑨家庭重大经济、财产问题长期得不到解决的罪犯；

⑩拒不认罪或认为判刑过重，流露不满情绪且现实表现异常的及长期申诉、控告或无理缠诉的罪犯；

⑪经心理医师诊断，有严重心理问题、存在心理或精神障碍的及边缘心理且言行反常，经心理干预无明显改变，存在危险倾向的；

⑫恶势力罪犯、"三涉"（涉毒、涉枪、涉黑）团伙犯罪的骨干或首要分子及上级指定的重要罪犯及邪教类罪犯；

⑬危害国家安全罪犯；

⑭对干警管理不服出现与干警矛盾或与他犯发生矛盾后情绪明显异常的；

⑮有重大犯罪嫌疑的或因涉嫌余漏罪被监狱或公检法机关提审或解回再审，情绪不稳的；

⑯隐瞒真实姓名、身份的或性格孤僻，长期不暴露真实思想的；

⑰涉嫌违纪拒不交待或证据不足未受处理的；

⑱家庭关系紧张或家庭出现重大变故（如配偶离异、亲属病危、伤残死亡、家庭遇到重大灾难等），思想负担过重的；

⑲身患重病，久治不愈，思想压力大的；

⑳其他需要重点排查、分析的罪犯。

(二) 狱情的分析与研讨

1. 监狱狱情分析会。

（1）时间：每月召开一次，具体时间一般在每月25日至月底前召开。

（2）参加人员：监狱领导班子成员；狱属各机关科室、各监区、分监区主要领导；驻监武警部队、检察室领导；其他相关人员。每个季度最后一个月的狱情分析会狱侦干警、心理咨询干警也要参加。

（3）会议内容和形式：基本采取狱情汇报、通报；重要狱情和典型案例分析、专题研讨；传达学习有关文件、领导讲话、观看影视资料等。具体内容和形式根据当期狱情和监管安全形势确定。

（4）监狱狱情分析会前，各监区和分监区要组织领导和专兼职狱侦干警对本单位狱情情况进行研究、分析和汇总。汇报以监区长和分监区长为主，要做到有事实、有数据、有原因、有分析、有措施以及搜集、排查和分析狱情中好的做法和经验，把本单位狱情真实、全面地反映出来。

（5）狱政部门每月对各分监区上报的狱情情况和日常所掌握的狱情进行全面的汇总，做出定性、定量分析，并提出建议和要求，在监狱狱情分析会上进行通报。

（6）其他有关科室要根据分管的工作，对涉及监管安全和与狱情分析工作有关的问题、建议和意见，也要在会上进行汇报；同时，对监区和分监区提出的相关问题，做出解释、并负责予以解决。

（7）会议由狱政科负责组织和准备。主要工作有：通常在会前一周以局域网的形式下发会议通知、为有关领导提供材料、会场布置、会议记录、对会上各监区、分监区提出的有关问题进行汇总整理并提出整改和落实建议后报主管领导、会后向监狱、市局发送信息或简报等工作。

2. 监区的狱情分析会。

（1）根据北京市监狱目前监区的具体情况和工作实际，监区的狱情分析会由监区长分别到所属各个分监区指导、监督分监区狱情分析会的召开。

（2）监区长每半月应将监区的主要狱情情况进行汇总和分析，提出具体措施和要求，向所属分监区进行通报。

（3）监区长参加分监区狱情会的情况、每半月狱情通报情况、提出的要求与措施要在分监区狱情分析会记录上进行记录。

3. 分监区的狱情分析会。

（1）分监区的狱情分析会每周召开一次，确保"五个落实"，即：开会时间落实、开会地点落实、开会人员落实、会前准备工作落实、开会质量落实。

①分监区狱情分析会具体召开的时间为每周五上午8点，开会时间不低于1个小时；

②开会地点应设在分监区会议室；

③参加的干警不得少于分监区干警总数的70%；

④每名责任干警会前必须写出对所管班罪犯的书面分析材料；

⑤狱情犯情分析要全面准确、突出重点，制定措施有针对性。

（2）分监区周狱情分析会方式及要求。

①狱情分析会由分监区长主持；

②责任干警分别汇报工作中搜集、发现的狱情情况所管罪犯的思想动态和重控罪犯情况；

③狱侦干警汇报分监区总体狱情情况，对重控罪犯的情况要进行专题分析和研究；

④分监区的主要领导根据一周狱情情况及其特点，提出具体措施并部署下一步工作重点；

⑤及时传达学习有关文件和监狱、市局狱情研讨会议精神，包括：监狱当前主要狱情情况和动态以及狱政部门、监狱领导提出的具体工作要求；同时要在分监区狱情分析会记录本上记录。

（3）分监区狱情分析会内容，由专职或兼职狱侦干警在分监区狱情分析会记录本上认真记录。记录的内容包括：开会的具体时间、地点、参会人员的姓名、主持人、记录人；缺席干警及原因；一周的主要狱情、分析的主要内容和重控罪犯情况以及提出的措施；记录要做到字迹清楚、内容翔实、格式规范。未参加狱情分析会的干警应在会后及时查阅会议内容，并在记录上签字。

（4）会前，分监区领导要做好充分准备，严格控制会议时间，确保会议质量。

为确保每周五上午分监区狱情分析会的召开，各分监区在人员、工作上要合理安排；监狱和科室在布置工作、任务时要作出考虑，无特殊情况，不得挤占，并予以保证。

（三）周和月狱情动态简报

1. 周狱情动态。

（1）狱侦干警根据一周内搜集到的狱情和每周分监区狱情分析会分析出的狱情，汇总、整理后报狱政科。

（2）周狱情动态报告的内容：

①本周新摸排搜集到的狱情。包括：押犯总体思想动态及反映；有价值狱情；重大事故和狱内案件。

②上期延续狱情情况。包括：上周或以往上报的狱情目前状况如何，危险是否消除，问题是否解决，是否有新的变化。

（3）周狱情动态整理完毕，经分监区主要领导审阅后，于每周五上午

11：00前，通过局域网文档上传到狱侦组文件夹。同时，分监区要留存一份，并有分监区主要领导本人签字。

（4）狱政部门对各分监区上报的周狱情，要进行分析、整理、汇总，并形成监狱的周狱情动态，在每周五下午16：30前传真向某市监狱管理局狱侦处报告。

（5）每日发现的重要狱情，狱政部门要向监狱领导报告，同时以信息的形式报送办公室。

2．月狱情动态简报。

（1）狱侦干警对一个月内，通过各种狱侦手段搜集、排查出的重要和一般狱情以及主要动态，经分析、整理、汇总后，形成文字材料，并以简报的形式上报监狱。

（2）月狱情动态简报的具体内容：

①基本情况。包括分监区在册罪犯人数；其中集训、隔离审查、住院、禁闭罪犯各多少人；实押罪犯人数；在押罪犯中一级宽管、二级宽管、普管、二级严管、一级严管各多少人。

②狱情情报分析。本月，搜集有价值狱情共多少件。新搜集的多少件，上月延续的多少件。具体要求按监狱下发的模板进行整理。

③罪犯思想动态。主要包括：影响监管安全稳定和改造秩序的正面或负面的反映，以负面为主。

④重控罪犯情况。包括：本月有无新增或减少，以及落实包夹和教育转化工作情况，具体要求按监狱下发模板进行整理。

⑤狱情犯情分析。根据上述狱情情况，对突出的、典型的和带有普遍性的狱情、犯情出现的原因、特点及其趋势和对策进行全面分析。

⑥下一阶段工作措施。针对本月突出问题和狱情犯情情况，提出下一阶段要抓的重点工作和所要解决突出问题的具体措施。

⑦上报简报的同时要报《年月搜集狱情统计表》、《年月重要狱情登记表》和《狱情动态统计表一、二》。报表中的数据要与狱情记录、周月狱情简报及实际情况相一致，确保真实、准确。

（3）月狱情动态简报要按照北京市监狱《关于认真做好狱情动态和狱侦报表上报工作通知》和《关于进一步规范狱情分析内容的通知》以及监狱的相关要求进行整理。

（4）分监区月狱情动态简报与报表中的内容和数据截止时间为上月21

日至本月 20 日，上报材料经分监区主要领导审阅后，于每月 23 日前通过局域网形式上传至狱侦组文件夹。同时，分监区要留存一份动态简报、报表，并均有分监区主要领导本人签字。

（5）狱政部门对各分监区上报的简报和狱侦报表，要认真进行审核、分析、整理和汇总，并形成监狱的月狱情动态简报，连同各种狱情统计表，在月底前报某市监狱管理局狱侦处。

监区、分监区上报的各种材料要做到字迹工整、语句通顺、内容翔实、数据准确、条理清楚、格式规范。

（四）狱情的处理

1. 分监区、监区、监狱在对搜集、排查出的狱情和主要思想动态认真分析的基础上，都要提出和采取有针对性的、具体的对策和措施，加以防范和解决。

2. 重控罪犯和重要狱情分监区应制定有控制的防范措施，并书面报监狱。

3. 监狱狱政部门对分监区制定和落实措施情况应进行指导和监督。

4. 重大狱情分监区应及时向监狱报告，监狱应及时向某市监狱管理局进行报告。

5. 对狱情采取的防控措施的落实情况以及狱情的变化情况监区、分监区应在下月监狱的狱情分析会和狱情动态简报上要进行汇报。

（五）对违反狱情分析工作规定的追究和处罚

1. 出现以下问题的应予以追究和处罚。
（1）对狱情迟报、错报、瞒报的；
（2）有关人员无正当理由不参加监狱狱情分析会的；
（3）不按规定组织召开监区、分监区狱情分析会的；
（4）对重控罪犯、重要狱情不认真制定和落实防控措施的；
（5）不按规定上报狱情材料的；
（6）由于狱情分析工作形式化、表面化，对狱情不掌握，而发生较大监管安全事故的；
（7）出现其他影响监管安全和狱情分析工作问题的。

2. 出现上述问题的，视情节按照北京市监狱《监管安全工作考核办法（试行）》、北京市监狱《监狱考核工作细则》规定追究有关干警和领导的责任。

四、狱情报告工作

  及时准确上报狱情，是狱情分析、狱情处置的基础与前提，只有及时上报狱情，处理问题才能赢得先机和主动，使问题消灭在萌芽状态，才能减少不必要的损失，但实际工作中由于我们没有明确的具体工作要求，致使应该及时上报的狱情，由于干警敏感意识不强或存在避羞、怕事的想法，而不能及时上报、甚至是谎报、瞒报问题，给工作带了被动，给解决问题增加了难度。为此，笔者在借鉴司法部《关于对监狱、劳教所发生重大问题及时上报的规定》和北京市监狱管理局《关于加强狱情报告制度的通知》等相关工作规定的基础上，结合监狱实际，重点从狱情报告的内容、狱情报告的程序、狱情处置、对违反狱情报告制度的处理等方面进行了明确和要求，为进一步规范和细化狱情报告的内容和相关工作程序，确保各类狱情的及时发现和妥善处置提供了依据和保障。

狱情报告主要包括报告的内容、报告的程序、狱情处置、对违反狱情报告的处理等四个方面内容。

（一）狱情报告的内容

1. 重大狱情：

（1）发生罪犯脱逃的；

（2）发生罪犯自杀的；

（3）发生罪犯3人以上结伙闹事、闹监、袭击干警或殴打他犯造成1人以上（含1人）符合轻伤以上鉴定标准的；

（4）发生重大疫情、食物中毒或传染病大面积流行，造成人身伤亡的；

（5）发生罪犯工伤致伤、致残或死亡的；

（6）组织、实施违法犯罪活动既遂的；

（7）其他突破"四无"目标或造成恶劣影响、严重后果的重大事件或问题。

2. 重要狱情：

（1）罪犯脱逃未遂的；

（2）罪犯自杀未遂的；

（3）组织、实施违法犯罪活动未遂的；

（4）发生食物中毒或传染病疫情，未造成人身伤亡的；

（5）罪犯因工受伤未达到伤残鉴定标准的；

（6）违反北京市监狱管理局《对破坏监管秩序罪犯惩处的规定》所列情形应受到行政处分处理的；

（7）其他介于重大狱情和一般狱情之间的均为重要狱情。

3. 一般狱情：

（1）因身体疾病、家庭变故或对法院判决和干警管理、处理不满等原因，引发思想波动的；

（2）存在精神或心理问题，言行异常的；

（3）违反司法部《服刑人员行为规范》和北京市监狱管理局《罪犯计分考核规定》一次或累计被扣30分（含30）以上的一般违规违纪问题；

（4）其他未造成影响和后果的一般性问题或事件。

第五章 狱侦工作管理

（二）狱情报告的程序

1. 发生重大狱情的，分监区值班干警应立即通过对讲机或报警器向监狱总值班室报告。

2. 发生重要狱情的，分监区带班领导应在5分钟内，向狱侦科电话报告。

3. 发生一般狱情的，分监区狱侦干警通过每周的周狱情动态向狱侦科报告，问题复杂或一时无法处置的，应及时电话报告。

（三）狱情处置

1. 发生重大狱情的，值班监狱领导应及时向市局报告，并立即启动突发事件应急处置预案，处突小分队队员立即进入战备状态，按相关预案要求，进行妥善处置。

2. 发生重要狱情的，狱侦科应立即向监狱领导报告情况，同时向市局狱侦处报告，并迅速开展调查和处置工作。

3. 发生一般狱情的，由狱侦科汇总整理后，以"上周狱情"的方式在监狱长办公会上向监狱领导汇报。

4. 节、假日或非正常工作期间，分监区应向狱政科值班室报告狱情，属重大或重要狱情的，由狱政科值班领导按照相应的狱情报告程序和处置要求进行报告和处置，并做好工作记录，向狱侦科反馈。

5. 狱侦科应建立狱情报告记录台账，对狱情报告的时间、地点、报告人、报告内容、采取的措施、问题的处置情况进行详细记录，并对狱情的发展变化情况进行全程的跟踪问效、直至狱情消除、问题得到妥善解决。

6. 发生重大或重要狱情的，由狱侦科协同有关部门具体负责问题的调查、处置和善后工作，并整理相关情况报告上报市局。

（四）对违反狱情报告制度的处理

凡违反上述狱情报告内容所列情形，发生狱情迟报、漏报、谎报、隐瞒不报或在狱情处置过程中消极应付、弄虚作假阻碍对问题调查、处理的，监狱将视情节对责任单位的领导和干警，依据《北京市监狱干职绩效奖金扣罚办法（试行）》和《监管安全工作考核办法（试行）》进行扣罚，造成严重后果或有违法违纪情节的，将依法、依规追究干警责任。

案例 5-2

一、基本情况

罪犯耿某,男,1978年9月16日出生,因犯强奸、抢劫、抢夺、故意伤害,于1998年12月15日判处有期徒刑20年,曾先后因不服管理、辱骂干警、殴打他犯等严重违纪问题被处分处理5次。

二、事实经过

2009年3月10日,六分监区罪犯耿某与其父母会见结束后,其父母到监狱狱政科反映,会见过程中罪犯耿某向父母讲:"2009年2月13日在分监区车间被他犯殴打,希望监狱对当时罪犯进行处理。如果监狱处理不好将向上级机关或媒体反映此事。"后经监狱狱政科调查核实:2009年2月13日中午临收工时(大约11点30分左右),罪犯李某、张某、乔某三名罪犯与耿某闹着玩,张某骑在耿某的腰上,三名罪犯准备往地上墩耿某。后罪犯耿某说自己腰疼,警告三名罪犯不要闹了,但三名罪犯没有理睬,后耿某开始骂道:"操你妈。"这时罪犯李某问:"你还闹不闹,骂什么人啊。"并抬手打了耿犯右脸一个嘴巴,这时耿犯站起来后嘴里还继续骂人,罪犯张某上前再次打了耿犯左脸一个嘴巴,后分监区在没有上报监狱的情况下,认为耿犯这样的人平时就惹人嫌,被人打是常有的事,所以就简单地采取了批评教育、扣分、道歉处理,既没有及时向监狱对狱情进行报告,也没有按照规章制度公平、公正地对问题进行处理,最终导致一起罪犯亲属信访问题的发生,险些酿成严重的不良影响。

三、案例评析

狱情报告是确保监狱正确决策、准确及时处的关键和前提,但以往由于相关规章制度不健全、干警敏感意识不强等原因,造成狱情报告不及时或不上报,罪犯耿某的问题就是如此,罪犯涉嫌严重违纪问题,

第五章 狱侦工作管理

> 分监区应及时向监狱进行报告,而监狱介入调查后,鉴于罪犯李某、张某殴打他犯的违纪事实清楚,情节严重,证据确凿充分,因此,给予罪犯李某、张某惩教6个月,处理后监狱及时向罪犯亲属反馈了有关情况,得到了家属的肯定和认可。

五、罪犯互监小组管理

从近年来各地监狱发生的罪犯行凶、打架甚至是脱逃、自杀等问题的分析来看，罪犯在实施这一行为时不是脱离互监小组"放单"，就是互监小组成员之间三两成群沆瀣一气实施犯罪，因此，作为预防罪犯和制约罪犯违法违纪问题的最基础单元的互监小组能否发挥作用就成为预防和减少上述问题的关键，笔者近年来经过深入调查、研究，重点从互监小组构成、罪犯互监组长的确定审批、互监组长职责纪律、互监小组成员的职责、纪律、奖惩、互监小组的管理考核等方面对罪犯互监小组相关工作进行了梳理和规范，为强化罪犯互监小组管理，充分发挥互监小组互相监督、互相制约的作用，防止罪犯"放单"问题的发生，确保监管秩序稳定提供了保障。

罪犯互监小组，是指监狱机关为了预防和减少狱内的监管、生产等安全事故，便于监狱民警对罪犯进行直接、有效管理而在罪犯中实施的旨在促进罪犯间互相监督、互相学习、互相进步的一项管理制度。罪犯互监小组管理主要包括互监小组构成、互监组长的确定审批、互监组长职责纪律、互监小组成员的职责、纪律、奖惩、互监小组的管理考核等六个方面的内容。

（一）互监小组构成

1. 每个监狱设立多个分监区，每个分监区约140人，分为12个罪犯监舍，每个监舍关押12名罪犯。分监区应在罪犯中建立互监小组，其中互监组长1名、成员2—4名。

2. 罪犯互监小组应确保做到覆盖全体罪犯、覆盖罪犯活动所有区域，包括生活、劳动、学习等。

3. 因病住院的病犯和有各种危险倾向被列为重控罪犯的，应与护理罪犯或包夹罪犯组成互监小组。

（二）罪犯互监组长的确定审批

1. 罪犯互监组长主要负责罪犯互监小组内各项活动的协调组织。罪犯互监组长应符合以下条件：

（1）入监时间一年以上，思想稳定，现实表现良好；

（2）认罪服法，认真遵守监规纪律，年度内没有受到行政处分，连续三个月没有因违纪被扣分的；

（3）具有一定的观察、识别和明辨是非的能力，能够及时发现罪犯中出现的各种异常情况和问题；

（4）服从干警管理教育，能够积极主动地向干警反映罪犯中的真实情况；

（5）黑恶势力罪犯、危害国家安全罪犯、重控罪犯及狱内重新犯罪或因余罪、漏罪解回再审被加刑的罪犯，不得作为互监组长使用。

2. 互监组长的审批。对符合上述使用条件的罪犯，经分监区研究拟作为互监组长使用的，分监区狱侦干警应填写《互监组长使用审批表》一式两份，报狱侦科审批，经狱侦科审批备案后方可作为互监组长使用。

（三）互监组长职责纪律

1. 服从干警管理，发挥互监小组作用，带头履行互监小组责任书内容，不搞阳奉阴违、不搞特殊化。

2. 认真履行互监职责，确保互监小组成员始终在干警的监控之下，始终在规定的活动区域之内。

3. 要在日常的改造生活中，主动与组内成员开展谈心，了解组内成员的真实思想，协助干警做好有思想波动罪犯或有问题罪犯的帮教和矛盾化解工作，并及时向干警反映。不准弄虚作假或知情不报、打击报复他犯。

4. 除受干警单独指派外，白天正常改造活动中的洗漱、上厕所、到库房领取工具等其他临时性事务，由互监组长负责组织，至少两人以上同行，严禁罪犯放单。

5. 每周以书面形式向责任干警汇报小组内成员一周综合表现情况，内容包括：互监小组内成员周内表现、有无思想波动、有无违纪或其他问题等。

（四）互监小组成员的职责、纪律

1. 认真履行互监小组责任书内容，互相监督、互相制约。

2. 未经干警允许，严禁脱离互监小组擅自行动。

3. 白天正常改造活动中的洗漱、上厕所、到库房领取工具等其他临时性事务，应听从互监组长的安排，至少两人以上同行。

4. 就寝后因上厕所等原因，可脱离互监小组，但应与值班事务犯组成临时互监小组，并由值班事务犯履行互监职责。

5. 因看病就医、离监探视、会见、亲情会见或参加监狱组织的各项改造活动，需暂时脱离互监小组的，应纳入干警监控视线，由干警直接管控。

（五）奖惩

1. 罪犯在担任互监组长期间，本人和组内成员连续半年以上没有一次或累计被扣30分以上违纪情形的，可优先作为班长后备人选。

2. 如实向干警反映他犯违法违纪问题，罪犯受到纪律处分或被追究刑事责任的，依据相关规定予以相应奖励。

3. 处罚。

（1）对未履行互监小组组长职责，违反本规定中互监组长职责、纪律所列情形的，除按相关规定予以扣罚外，应立即撤销其互监组长。

（2）互监小组成员违反互监小组成员职责、纪律所列情形的，除按相关规定进行扣罚外，分监区应组织相关罪犯进行不少于两周的互监小组职责、纪律强化学习。

（六）互监小组的管理考核

1. 分监区要将互监小组管理纳入罪犯日常管理、考核重点内容，严防罪犯放单，同时将互监小组作为了解、搜集狱情的重要渠道，加强管理。管理和考核内如包括：

（1）互监组长确定、撤销手续的审核、报送。

（2）互监小组责任书的签订、落实。

（3）互监小组成员的编排和名册的制定。

（4）互监组长的管理、教育和考核，每周收集、整理互监组长情况汇报，了解小组成员思想，收集有价值狱情，每两周召开一次互监组长会议，了解互监小组工作开展情况，布置下一阶段工作任务。

（5）互监小组责任书内容的抽查、考核。

2. 狱侦科负责各分监区互监小组工作落实情况的检查、考核，内容包括：

（1）互监组长确定、撤销以及互监小组责任书、互监小组花名册等相关手续的审批和备案。

（2）每周对各分监区互监小组工作落实情况，通过视频监控和现场检查的方式进行一次抽查，每次抽查不少于两个分监区，每月进行一次全面检查，内容包括：互监小组制度落实情况，有无罪犯放单或脱离互监小组擅自行动的情形、互监小组责任书内容是否掌握，互监小组确定撤销手续是否齐全，互监组长情况汇报是否齐全、有价值，是否按时召开互监组长工作会议等。

六、包夹罪犯使用和管理

包夹罪犯因与被包夹对象24小时零距离生活改造在一起,使干警不能触及的一些时空间由他们来协助干警完成,为监管安全稳定发挥了积极作用。实践证明,这一措施是行之有效的,但由于没有较完善制度来规范,也出现了包夹罪犯职责任务不明确、不认真负责、干警管理缩手缩脚、奖惩不明确等问题,造成包夹落实不到位,被包夹罪犯发生监管安全问题。为解决这一问题,确保这部分危险罪犯的安全,笔者结合实际,充分运用现有相关制度空间,大胆摸索,从包夹罪犯选用、职责任务、被包夹罪犯的分类、分级、奖惩等方面进行了规范。这一工作方法不仅强化了干警的管理,而且,更充分地调动了包夹罪犯积极性,更有效地维护了狱内的安全稳定。

包夹是指一种监狱、劳教所内特有的监护制度。对于存在现实危险或有危险倾向的罪犯,管理者安排表现好的劳教人员全时段监视控制,一同起居、劳动、休息,控制其行为并汇报其表现。包夹罪犯是我们使用的罪犯中的积极力量,用来协助干警对有严重危险倾向罪犯日常言行、思想进行观察、了解、监视,对可能发生的自伤自残、打架斗殴、脱逃等危险进行实时的控制。包夹罪犯使用和管理主要包括罪犯的选用条件、职责任务、罪犯纪律及包夹过程中应注意的问题、被包夹罪犯的分类和包夹级别、包夹罪犯管理、教育、计分奖惩以及责任书等七个方面的内容。

(一)包夹罪犯的选用条件

1. 认罪服法,服从管理,愿意从事包夹罪犯工作。
2. 自觉遵守监规纪律,一贯表现较好,近三年内没有受到刑事、行政处罚,包括狱内加刑、严重违纪等。
3. 改造态度端正,积极靠拢政府,责任心强,能向干警反映被包夹罪犯的真实情况。
4. 有一定的观察、判断和人际交往、沟通的能力。
5. 身体条件能够胜任,无传染病(被包夹罪犯是传染病犯的,应优先选择患有同类疾病,且有包夹能力的作为包夹罪犯)。
6. 不能自理的病残罪犯、心理障碍罪犯、黑恶势力罪犯、危害国家安全罪犯、诈骗犯及其他可能影响履行包夹职责的罪犯,禁止选用为包夹罪犯。

(二)包夹罪犯的职责任务

1. 包夹罪犯应了解被包夹罪犯的基本情况(年龄、民族、刑期、案情、家庭情况、身体状况)和性格特点、改造表现、生活习惯、兴趣爱好以及确定重控罪犯的原因,以便于更好地接近被包夹罪犯,履行包夹职责。
2. 确保被包夹罪犯在包夹视线之内,不得擅自脱离包夹岗位。
3. 注意观察了解被包夹罪犯的异常言行,包括:对干警管理或处理不满、对判决不满、与他犯发生口角或矛盾、家庭出现重大变故以及不吃饭、不睡觉等异常言论或行为,属一般性问题或情况的应及时向干警汇报,紧急或重要情况的应立即向干警报告。
4. 及时发现和制止被包夹罪犯正在实施或预谋实施的各种违法、违纪问题,并立即向干警如实汇报。

5. 遇有下列情形之一的，应及时向干警汇报，并通过聊天、谈心的方式稳定被包夹罪犯思想，协助干警做好其思想疏导工作，消除其不良情绪：

（1）对干警的扣分、管理或批评教育不满，产生抵触情绪或不满言论的；

（2）因日常琐事与他犯发生口角或矛盾的；

（3）因家庭、婚姻或其他原因出现思想波动或反复的；

（4）因包夹任务需要，干警安排的其他需要包夹罪犯与被包夹罪犯聊天、谈心的。

6. 完成干警安排、布置的其他工作或临时性包夹任务。

（三）包夹罪犯纪律及包夹过程中应注意的问题

1. 在履行包夹任务时，不准将包夹任务告诉被包夹罪犯。

2. 不准对包夹罪犯的违规违纪行为不闻不问，知情不举。

3. 发现被包夹罪犯异常言行，应如实向干警汇报，不准与被包夹罪犯串通，隐瞒事实，弄虚作假，欺骗干警。

4. 不准在履行包夹任务时，擅自离开包夹岗位或做与包夹工作无关的事。

5. 不准对被包夹罪犯实施打骂、体罚、勒索等违法违规行为。

6. 与被包夹罪犯搞好人际关系，不准与被包夹罪犯因各种原因发生矛盾，有问题应通过干警解决处理。

7. 不准借履行包夹任务之机，参与实施各种违法违纪问题。

8. 根据被包夹罪犯的具体情况，灵活地做好包夹工作。

一经发现包夹罪犯有上述行为的，应立即予以撤换；构成违法违纪的，按相关规定予以严肃处理。

（四）被包夹罪犯的分类和包夹级别

1. 根据被包夹罪犯的确定原因、存在的危险情况，将被包夹罪犯分为三类，分监区可视情况安排"明包夹"或"暗包夹"：所谓"明包夹"就是安排专人对被包夹人进行24小时的控制，被包夹人能够感觉到自己受到重点关注和控制；"暗包夹"是指对被包夹人采取暗中关注的方式搜集被包夹人的言行；

一类被包夹罪犯指：因存在脱逃、行凶、闹事、自杀、自伤自残及其他影响监管秩序稳定言行，随时有可能发生危险或问题，需要安排包夹罪犯进行包夹监控的。

二类被包夹罪犯指：因精神、心理异常存在异常言行或身患严重疾病生活不要能自理，有较大思想波动或存在现实危险性苗头、倾向的，需要安排包夹罪犯进行包夹监控的。

三类被包夹罪犯指：按市局相关规定要求，需被列为重控罪犯进行包夹监控的，如：黑恶势力罪犯、邪教类罪犯、危害国家安全罪犯等。

2. 根据被包夹罪犯的危险程度，分为三级包夹级别：

一级包夹指：负责包夹一类被包夹罪犯的为一级包夹，对一级包夹的罪犯分监区应安排4—6名包夹罪犯对其进行24小时"贴身"包夹控制，原则上不安排包夹罪犯及被包夹罪犯出工劳动，确保被包夹罪犯24小时内都有包夹罪犯监视和控制，同时，其管班责任干警的确定、班组成员和床铺位置的安排，应考虑被包夹罪犯的具体情况，合理安排，便于包夹罪犯更好地履行包夹职责。

二级包夹指：负责包夹二类被包夹罪犯为二级包夹，对这部分罪犯分监区应安排2—4名包夹罪犯对其进行包夹，并根据情况确定是否需要24小时包夹，确保被包夹罪犯参与各种改造活动期间都有包夹罪犯监视和控制。

三级包夹指：负责包夹三类被包夹罪犯的为三级包夹，分监区应安排至少2名包夹罪犯对其进行包夹控制，注意观察其劳动、学习、生活期间的异常言行，夜间休息时由互监员进行重点监控。

（五）包夹罪犯管理、教育

1. 为使包夹罪犯更好地履行职责，应将包夹罪犯与被包夹罪犯安排在同一班组或同一劳动岗位，并根据包夹任务需要，予以适当调整。

2. 负责包夹一类被包夹罪犯的包夹罪犯，其日常管理教育、包夹任务的布置以及包夹罪犯反映情况的收集由管班责任干警和一名分监区领导共同负责，负责包夹二类、三类被包夹罪犯的包夹罪犯，其日常管理教育、包夹任务的布置以及包夹罪犯反映情况的收集由管班责任干警具体负责，并定期向包夹罪犯了解被包夹罪犯情况和包夹任务的完成情况，布置下一阶段的包夹任务。

3. 对包夹罪犯上报的有价值线索或重要情况责任干警应及时向分监区领导和狱侦干警反馈，积极采取防范和处置措施，并向监狱狱政科报告情况。

4. 每月定期组织对包夹罪犯进行培训、教育。为确保不暴露包夹罪犯的身份，使其更好地发挥作用，对包夹罪犯的培训、教育，应采取个别谈话和日常管理教育等灵活多样的形式进行，培训、教育的内容应结合包夹工作

需要,包括:如何正确履行包夹职责,完成包夹任务;如何处理与被包夹罪犯的关系;如何准确搜集和掌握被包夹罪犯的异常言行;如何处理包夹过程中出现的突发问题等内容,对包夹罪犯教育情况及包夹罪犯汇报的重要情况应在被包夹重控罪犯管理教育情况记录本中做好记录。

(六)包夹罪犯的计分及奖惩

罪犯计分考核办法是指监狱根据《监狱法》及其他有关法律法规的规定,遵照一定的标准和程序,对罪犯在一定时期内的改造表现进行综合考查和评定,然后根据考评的结果给予罪犯奖励的一项基本的刑罚执行制度。

1. 对包夹罪犯的计分考核、奖励:

(1)负责包夹一类罪犯的包夹罪犯,日常计分考核按一级劳动岗位考核计分,并视完成任务情况每两个月安排一次与家人亲情会见;

(2)负责包夹二类罪犯的包夹罪犯,日常计分考核按二级劳动岗位考核计分,并视完成任务情况每季度安排一次与家人亲情会见;

(3)负责包夹三类被包夹罪犯的包夹罪犯,日常计分考核按二级或三级劳动岗位考核计分;

(4)包夹罪犯及时汇报或制止被包夹罪犯脱逃、行凶、自杀、自伤自残或其他严重违纪问题的,可视情况按照相关规定给予包夹罪犯行政奖励或奖有效分;

(5)年终对能够认真履行包夹职责,在确保重控罪犯安全稳定中发挥作用明显且积极改造的,可作为评选"改造标兵"的主要条件优先考虑。服刑人员改造标兵是指认罪服法、一贯表现较好,监狱每年评选出的具有榜样作用的罪犯,被评为"改造标兵"的罪犯将按照相关规定给予计分奖励。

2. 责任干警每月要对包夹罪犯履行职责情况进行检查,狱政科每季度对包夹罪犯履行职责情况进行检查。包夹罪犯没有完成规定包夹任务或不按要求履行包夹职责,致使被包夹罪犯发生违规或监管问题,应视情况及时予以撤换或按相关规定予以扣分、处分,并根据实际情况对责任干警、罪犯班长给予相应连带处理。

(七)包夹罪犯责任书

每名包夹罪犯在履行包夹职责前,都要签署包夹罪犯责任书,并对责任书内容熟知、熟会,进一步强化包夹罪犯责任意识。

附件 5-2

包夹罪犯责任书

根据北京市监狱《包夹罪犯使用、管理暂行办法》规定，罪犯：_____负责对罪犯_____进行包夹，并严格遵守包夹职责：

（一）认真了解被包夹罪犯的基本情况（年龄、民族、刑期、案情、家庭情况、身体状况）和性格特点、改造表现、生活习惯、兴趣爱好以及确定重控罪犯的原因，以便于更好地接近被包夹罪犯，履行包夹职责。

（二）确保被包夹罪犯在视线之内，不擅自脱离包夹岗位。

（三）注意观察了解被包夹罪犯的异常言行，包括：对干警管理或处理不满、对判决不满、与他犯发生口角或矛盾、家庭出现重大变故以及不吃饭、不睡觉等异常言论或行为，属一般性问题或情况的应及时向干警汇报，紧急或重要情况的应立即向干警报告。

（四）及时发现和制止被包夹罪犯正在实施或预谋实施的各种违法、违纪问题，并立即向干警如实汇报。

（五）遇有下列情形之一的，及时向干警汇报，并通过聊天、谈心的方式稳定被包夹罪犯思想，协助干警做好其思想疏导工作，消除其不良情绪：

1. 对干警的扣分、管理或批评教育不满，产生抵触情绪或不满言论的；

2. 因日常琐事与他犯发生口角或矛盾的；

3. 因家庭、婚姻或其他原因出现思想波动或反复的；

4. 因包夹任务需要，干警安排的其他需要包夹罪犯与被包夹罪犯聊天、谈心的。

（六）完成干警安排、布置的其他阶段或临时性包夹任务。

（七）如不能按要求完成包夹任务、履行包夹职责，致使被包夹发生违纪或监管问题，自愿接受处理。

分监区：　　　　　　　　　　罪犯：

　　　　　　　　　　　　　　年　月　日

案例 5-3

一、基本情况

罪犯张某，男，1985年8月16日出生，北京市人，因故意伤害于2007年11月，被判处无期徒刑，2010年4月减为有期徒刑19年6个月，刑期自2010年3月18日至2028年1月17日止，在某监狱服刑。

二、事件经过

2012年1月5日，罪犯张某出现胡言乱语等异常言行，称："自己要升天、马上就能自由"等，后经医院部门初步诊断为兴奋、妄想状态，并医嘱服用药物治疗，但仍有异常。针对该犯情况，监狱立即按照北京市监狱《包夹罪犯使用、管理暂行办法》挑选9名罪犯分三组对该犯进行24小时包夹控制，同时每天对包夹罪犯进行教育，重点强调防止该犯自伤或伤人问题发生，2013年1月14日下午，14时48分40秒，该犯在监舍内坐在窗前休息时，突然用右手肘部将监舍窗户玻璃击碎，双手拿起一块碎玻璃，向颈部划去，此时在该犯身边履行包夹职责的3名罪犯，发现该犯异常举动后，迅速将该犯按住，并抢夺手中的玻璃，在问题发生后仅用3秒钟就将张犯控制，有效地避免

了一起狱内非正常死亡问题发生。如果没有安排包夹罪犯或包夹罪犯意识不强,那后果不堪设想。

三、评价与建议

罪犯狱内服刑期间因各种原因出现思想波动或异常言行问题较为突出,而对着这一问题,我们除了开展教育工作外,较为常用做法就是安排罪犯进行包夹,但由于没有相关的规定或规范性的规定,往往造成包夹罪犯履行包夹职责不清、包夹任务不明确、包夹罪犯不知如何包夹等现象,最终导致问题发生。

第六章

警用装备使用与管理

一、执法仪使用与管理

在法制社会不断进步和发展的新形势下,对于监狱——刑罚执行机关来说依法治监、依法管理面临着更高的要求,而且,罪犯及其亲属的法律意识也在不断增强,如何确保干警公平、公正执法和管理,强化干警的法律意识、增强法律观念是必要的,但同时,利用科技手段和设备来提升和保证干警在执法和管理上的严肃性和公正性也是十分必要的。例如,有的监狱干警将服刑人员带至办公区进行谈话教育,由于是一对一谈话,缺少第三方,导致服刑人员举报干警对其打骂的事件时有发生。由于办公区没有监控设备,无法查证,常常是服刑人员和干警各执一词,给监狱带来不好影响。现在运用执法记录仪,明确规定处理服刑人员打架、闹事、不服管教等违规违纪问题时必须携带执法记录仪进行,同时在进行谈话、批评、教育等也要携带执法记录仪,一方面是为了增加执法透明度,预防违法违纪行为的发生;另一方面也是从最大限度上保护干警。笔者作为监狱狱政管理部门的领导,在已经清醒地认识

第六章 警用装备使用与管理

到这一问题后,积极学习和借鉴相关执法部门的有效做法,提出为基层干警配备警用执法记录仪的建议。"执法仪"是为干警方便日常执法工作而佩戴的一种录像、录音设备,干警在日常管理工作中可随身携带,及时、便捷留存影音证据,为日后罪犯违纪问题的调查处理留取第一手证据资料,一方面保护干警,约束、监督干警的执法和管理;另一方面打击罪犯违法违纪行为。工作实践证明,这一措施不仅深受一线干警的好评,成为干警工作的得力助手,而且,也发挥了现代科技手段在监狱实践工作中的应用,其意义不言而喻。

执法记录仪（以下简称执法仪）集录音、摄像、照相功能于一身，可自由佩戴于肩部、腰部，无需手持，一键式操作。

执法仪使用管理工作主要包括执法仪的保管、使用范围、使用要求以及数据保存等四个方面的主要内容。

（一）执法仪的保管

1. 配发执法仪的各部门要按照警用装备管理规定进行管理，存放在专用警用装备柜内。

2. 使用执法仪结束后，要及时将执法仪交给专职的保管员进行检验后，入柜保存。

3. 执法仪要妥善保管，注意避免出现磕、碰、摔，防止受潮、进水、丢失等，避免执法仪出现人为损坏。

（二）执法仪使用范围

以下情况至少有一名干警佩戴执法仪且处于开机状态。

1. 处理罪犯打架、闹事、不服从管理等严重违规违纪时使用。

2. 对罪犯使用戒具、约束警具等执法活动时使用。

3. 对有问题的罪犯进行个别谈话、讯问罪犯、调查取证等情况下使用。

4. 对罪犯的特殊会见、亲情会见的情况下使用。

5. 对罪犯的清监、特许离监探视等情况下使用。

6. 处理罪犯工伤事故、因病抢救等紧急情况下使用。

7. 督察应急分队进行警务督查时使用。

8. 罪犯出现问题时与罪犯家属座谈、沟通情况、协商、处理问题或接待家属来访时使用。

9. 劳动现场和大型集体活动现场佩戴和使用。

10. 其他应该使用执法仪的执法管理活动。

（三）执法仪的使用要求

1. 干警在使用过程中，应严格按照执法仪使用说明正确使用，充分考虑现场情况，与被录制对象的距离、角度、光线等条件，确保录音质量和图像效果，确保完整性。

2. 禁止在本办法规定的使用范围以外使用执法仪进行录音录像。

3. 一线干警要全员熟悉执法仪的操作程序、掌握使用方法、数据保存等功能。

4. 劳动现场和大型活动现场干警佩戴的执法仪，只有在出现问题时及时打开使用，其他时间可处于关闭状态。

5. 禁止将执法仪带出监区，防止泄密。

6. 如果在使用中发现执法仪出现故障要及时向狱政科汇报进行维修。

7. 对于因工作失误、失职未及时有效对应当使用执法仪进行录音录像并对数据进行保存而出现问题的，要追究责任干警和相关领导的责任。

（四）执法仪的数据保存

1. 配发执法仪的单位要确定一台电脑，专门用来储存执法仪数据。

2. 使用执法仪结束后，应按照程序及时将数据完整地保存在电脑中，本次录制的内容如没有异常情况的，可在一个月内将电脑中的数据删除。

3. 为系统、完整地保存数据，对于存储在电脑中且需要长期保存的数据狱侦干警应定期根据录制数据的大小和光盘的容量，刻录成光盘保存，与此同时应在刻录的光盘中要注明存储数据的时间、内容、责任干警等，以便备查。

4. 光盘由狱侦干警保存，保存过程中应避免出现受潮、损坏和丢失，确保光盘齐全、完备和有效。

5. 重要的资料，狱政科和分监区要双保存。

二、视（音）频下执法管理工作

随着监狱行刑理念的不断变化，对干警公正文明执法要求不断提高，且罪犯维权意识逐渐增强，干警传统的执法管理手段已经不能满足现在的执法管理要求，尤其是近年来发生的云南"躲猫猫"事件、呼和浩特第二监狱"特大杀警越狱案"等引起了全社会对监狱、看守所的关注。监狱应该适应执法环境的变化，最大限度减少监管问题和事故的发生。过去常有一些干警将罪犯带至办公区进行谈话教育，由于是一对一谈话，缺少第三方监督，因此罪犯举报干警事件时有发生。由于办公区没有监控设备，无法查证，罪犯和干警各执一词，给监狱带来不好的影响。这种情况下，给监狱执法管理工作提出了新的挑战。为此，笔者积极探索、研究、学习、借鉴先进的管理理念和手段，提出推行"阳光下执法"的建议措施，即干警的相关执法和管理活动要在固定的场所并配备有监控、录音设备的情况下开展执法活动。此举增强了监狱干警执法的透明度，促进干警公正、文明、廉洁执法，预防违法违纪行为的发生，提升了干警公正文明执法管理水平。

视（音）频下执法是监狱人民警察在与罪犯接触的执法过程中，全部在视（音）频下进行，部分情况下，还将完整视频资料进行存档管理。视（音）频下执法管理工作主要包括必须视（音）频下执法的情形、视（音）频资料的留存以及执法管理工作的相关要求等内容。

1. 严禁干警将罪犯带入干警办公室、分监区监控室。
2. 严禁干警将罪犯带至无视（音）频监控区处理、解决问题等执法活动。
3. 下列执法活动必须在视（音）频监控下进行：
（1）处理罪犯打架、闹事、不服管教的违规违纪问题。
（2）对罪犯使用警棍、加戴手铐、脚镣、约束警具等执法活动。
（3）对罪犯的个别谈话、讯（询）问罪犯、调查取证等。
（4）罪犯的特殊会见、亲情会见。
（5）罪犯在分监区的常规服药。
（6）其他应当在视（音）频下进行的执法活动。
4. 对于抢救急、重、危罪犯和处置车间工伤罪犯，监狱相关部门应当将抢救及处置全过程的音像资料进行保存。
5. 凡干警处理罪犯违规违纪问题的，监狱必须将完整视（音）频监控硬盘录像截留，制成光盘，作为重要资料保存。

对于第3项（2）至（6）款，监狱视情况予以留存视（音）频监控硬盘录像资料，必要时可制成光盘保存。

6. 遇有视（音）频监控系统损坏或者没有视（音）频监控条件的，监狱信息办应进行全程录像，并制成光盘保存。
7. 涉及处理罪犯违规违纪问题的音像资料，由监狱狱政科负责保存；涉及处置罪犯工伤事故的音像资料，由监狱生产科负责保存；涉及抢救罪犯急、重、危过程的音像资料，由监狱医院负责保存。音像资料的保存按档案管理规定的要求执行。
8. 监狱信息办应加强对视（音）频监控系统的检查、维护和保养，确保监控系统始终处于良好的运行状态，严禁人为制造视（音）频监控系统故障或故意调整视（音）频监控探头规避监控。
9. 凡发生罪犯诬陷干警的，监狱狱政部门应当依据有关规定对罪犯严厉惩处。
10. 违反上述规定，一律从严查处。对主观故意躲避视（音）频监控，侵犯罪犯合法权益，造成严重后果的，对责任干警严肃处理、事发单位领导

严厉问责。

案例 6-1

> 罪犯张某，因盗窃入狱，2011 年 8 月 9 日，张犯在劳动车间时擅自从质检组串岗到包装组，分监区长薛某发现后问张犯干什么，张犯说"有点私事，你管不了"，薛某听后让值班干警将张犯带出车间。在给张犯加戴戒具期间，张犯叫喊，干警魏某挥手打了张犯一巴掌，用手捏紧张犯的脚镣，之后又踹了张犯两脚。
>
> **评析**：处理罪犯擅自串岗，属于管理罪犯工作中一件常见的事情，可以按照相关规定进行处理，但是干警魏某却为此大动干戈，对罪犯"动手动脚"，且整个过程没有在视（音）频下进行，导致违纪问题的发生。

三、警用装备的管理与使用

监狱是一个特殊的场所，罪犯又是一群具有十分危险性的特殊人群，确保监狱的安全是监狱各项工作的前提和保证，要实现这一目标，监狱围墙、电网、武装警戒是重要设施保障，但仅靠干警自身的工作和努力也是很难完成的，还必须为干警配备完成管理任务所必要的警戒具、警用装备等。那么，要使这些先进的装备能够发挥应有的作用，管理好这些装备就是一项十分重要的工作；在日常管理、使用过程中，经常出现警用装备损坏甚至丢失，设备不能时刻处于良好状态，干警不按规定佩带等问题。为了进一步规范警用装备的管理使用，确保警用装备时刻处于良好状态，在确保监管安全中发挥应有的作用，笔者针对以上情况和问题，结合工作实际，提出对警用装备的使用管理工作进行规范的建议，明确使用管理的责任部门、责任人，并对警用装备的配备、日常管理、使用、出现问题的责任追究等方面提出了具体要求，有效防止了各种违规使用警用装备情况的发生。在上级部门没有明确规定的情况下，笔者结合具体工作实际完善了警用装备的管理，这对于防止干警乱用警戒具、有效处置各类突发事件、确保监狱安全与稳定都有重要意义。

监狱人民警察警用装备是指监狱人民警察在执勤中随身配带的个人警用装备、日常监管改造、处置狱内突发事件所配备的各类器材,包括警棍、警笛、强光手电、对讲机和多功能腰带、盾牌、防刺背心、防暴头盔等。为进一步规范监狱人民警察防暴防护装备的使用与管理,根据《中华人民共和国人民警察法》(以下简称《人民警察法》)、《监狱法》、《中华人民共和国人民警察使用警械和武器条例》(以下简称《人民警察使用警械和武器条例》)、司法部《监狱人民警察警用装备配备标准(试行)》及有关法律法规,结合监狱工作实际,将警用装备管理使用归纳如下。

警用装备管理使用主要包括使用管理的责任部门、警用装备的范围、警用装备管理员、存放及保管、使用审批以及追究责任等十一项内容。

1. 狱政科负责监狱警用装备的购置、发放、登记、保养更新、日常检查、使用培训等管理工作,并设专人具体负责。

2. 警用装备包括:(1)分监区公用警用装备:包括对讲机及附件(本单位为1信道、2.3为全局共用信道)、手铐、脚镣、警棍、应急灯、停车牌、警用手电、金属探测器及附件等;(2)分监区干警个人警用装备:包括斜背带、小型电警棍及警棍套、警笛及警笛包、手铐及手铐包、钥匙包等;(3)监狱处置突发事件小分队装备;(4)监狱配发给机关科室的警用装备。

3. 分监区要设立警用装备管理员,并报狱政科备案,机关科室的警用装备也要指派专人负责,具体负责警用装备领用、保养、管理和日常检查工作,责任干警调离或工作分工调整的要由单位领导组织做好交接工作。

4. 分监区的警用装备统一存放在监狱配发的警用装备专柜,并按规定有序摆放;警用装备柜的钥匙一把由分监区管理员携带,一把放在分监区指定位置,且保持拿取和开启及时方便。

5. 监狱配发给分监区公用和干警个人的警用装备分监区应分别建立台账,对警用装备的数量、种类、型号、配发的时间、使用干警及使用情况等进行详细登记,记录要与监狱的台账保持一致。

6. 分监区负责警用装备的干警对公用警用装备和干警个人警用装备每两周进行一次检查,检查结果在警用装备检查表上记录,并按时上报狱政科。

7. 狱政科对各分监区警用装备台账、记录等要统一样式,同时不定期对分监区和干警个人保管、使用、佩带警用装备情况进行检查,并作为监管安全考核的内容。

8. 警用装备要严格保管、正确使用、按规定佩带，确保警用装备时刻处于良好状态；不得私自转借或在规定之外存放、不得私自带出监区或带离监狱、不得使用警戒具开玩笑、不得私自拆卸或改变使用功能，严禁无故损坏和丢失。

9. 警用装备在使用过程中出现正常损坏、故障的，应及时向狱政科报告，进行修复或更换；发生丢失的要书面说明原因，狱政科查明原因后按相关规定处理。

10. 分监区干警工作调动的，如在监狱各分监区之间调动的，干警个人警用装备自行携带到新的分监区，调出分监区要注销，调入分监区要重新登记；调离监狱或调入科室工作的，一律将个人警用装备上交到狱政科。

11. 干警应严格执行司法部《中华人民共和国人民警察使用警械和武器条例》和监狱《关于警戒具管理使用的规定》，严格警戒具使用审批手续；如遇有罪犯逃跑、暴狱、破坏、行凶等紧急情况，来不及请示审批的，事后要补办手续；违反规定使用警戒具，要追究相关人员的责任。

四、无线对讲机的使用与管理

随着监狱安全形势发展的需要,一些高科技装备被引入监狱日常工作中,无线对讲机就是其中之一,它是监狱重要警用装备和通讯设备,具有机动、灵活和使用方便等特点,对讲机无论在日常监管工作中,还是处置突发事件、外出押解过程中,随时保持各单位之间的信息沟通、情况报告,发挥着其他通讯设备不可替代的重要作用。然而,在日常使用过程中,对讲机易发生丢失和损坏等现象,也存在失泄密等问题,为规范对讲机使用管理工作,更好地正确使用对讲机,发挥即时通讯作用,确保监管安全,笔者总结日常使用情况,结合各部门工作实际,对各种点、工作岗位提出配发对讲机数量意见和建议,同时在对讲机使用方法方面进行了详细说明,包括通信使用、充电时间、注意事项等方面进行了规范管理,确保了对讲机始终保持最佳工作状态,保持通讯畅通,为保障监狱内部通讯安全工作奠定了基础。

第六章 警用装备使用与管理

无线对讲机的使用与管理主要包括对讲机的配发、保管和使用要求等内容。

（一）配发安排

1. 分监区对讲机配发要求，一般按照干警值班岗位、执勤摊点、工作任务等情况进行具体分配。

（1）一、二、三、四、六分监区每个分监区各配发6台：其中分监区长配1台、分监区监控值班室配1台、值班处突小分队员配1台、车间劳动现场配2台、机动1台。

（2）五分监区配发8台：其中分监区长配1台、分监区监控值班室配1台、值班处突小分队员配1台、车间劳动现场配2台、礼堂配1台、食堂配1台、机动1台。

（3）七分监区配发7台：其中分监区长配1台、分监区监控值班室配1台、值班处突小分队员配1台、车间劳动现场配2台、花房配1台、机动1台。

（4）八、九分监区各配发4台：其中分监区长配1台、分监区监控值班室配1台、值班处突小分队员配1台、机动1台。

（5）十分监区配发7台：其中分监区长配1台、分监区办公室配1台、亲情会见楼配1台、登记室配1台、会见接送罪犯家属干警配1台、二门值班配1台、机动1台。

2. 各监区长每人配发1台。

3. 机关科室对讲机配发要求。机关科室除主要领导办公室配备1台外，在总监控室配1台、狱政值班室配1台、行政科电工班配1台、行政科车班配1台、医院值班室配1台、医院监区内医务室配1台、教育科编辑部配1台、监察科督察队配2台、机关值班小分队队员配1台。

（二）对讲机使用要求

1. 各单位要严格执行北京市监狱《警用装备管理使用办法》和对讲机配发要求，带罪犯劳动以及各种活动干警必须按规定携带对讲机。

2. 配发给各单位、干警和领导的对讲机要按本通知要求，在规定的工作时间内，随身携带对讲机并时刻保持充足电量，处于开机状态，音量要适当，确保通话及时、顺畅。

3. 不能随意改装对讲机，不能在不确定需要发射时按PTT键。

4. 在通信时绝不能使对讲机的天线距离身体的裸露部位太近，尤其是

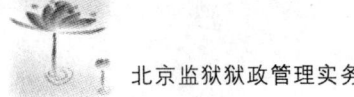

脸部和眼睛。在对讲机的麦克风与嘴之间的距离在 5—10 厘米时，通话质量最好。

5. 不能将对讲机暴露在大雨中或浸在水中，如果不小心将电池弄湿了，在使用前一定先擦干，不能使用湿电池或给湿电池充电。

6. 不能使用非配套提供的电池组或充电器，否则会影响对讲机的性能，也会使各种保证无效。

7. 不能在极热的环境下给电池充电，如靠近明火、炉子等环境下，这是电池的保险装置和保护电路会阻止充电或者被损坏，从而可能导致发热、爆炸或失火。

8. 新电池初次使用时，要将余电耗尽，再进行充电。前三次充电必须保证 8—12 小时，充电完成应及时取下电池，不可以长时间充电。

9. 在使用对讲机时，应手握机体。在运动过程中，不要手握天线来回摆动，这样既容易损坏天线，也极易将对讲机抛出从而使对讲机造成损坏。

10. 各单位警用装备管理员，应按相关规定对对讲机及时进行检查，确保对讲机状态良好，发生问题及时报告，严禁无故损坏或丢失。

五、警戒具使用与管理

监狱干警对罪犯使用警戒具是一项严肃的执法活动,警戒具的使用范围在《监狱法》当中虽有原则性规定,但这么多年以来在监狱实际工作中却没有具体使用管理办法,干警在日常执法活动中使用警戒具却很难操作、很难把握,出现不敢用、乱用、甚至滥用等现象,不仅影响了干警的正常的执法活动,而且,也极易造成问题的发生;因此,十分有必要对警戒具的使用工作进行规范。笔者针对以上存在的这一现实突出问题,从保障监狱人民警察依法正确使用警戒具,及时有效地制止罪犯违法犯罪活动,维护监管的稳定和安全出发,根据《人民警察法》、《监狱法》及《人民警察使用警戒和武器条例》的规定,结合使用警戒具工作实际情况,对警戒具使用提出了具体工作要求,解决了长期困扰基层干警工作的难题。此项措施不仅规范了干警警戒具的使用与管理,确保了干警公正文明执法行为,而且,也为干警工作提供了制度保障。

警戒具是指监狱人民警察按照规定装备的警棍、手铐、脚镣、警绳等警用器械。主要是制止和防范罪犯危险行为的发生。

警戒具使用管理主要包括警戒具的使用情形、使用审批程序、特殊情形、使用的相关要求以及责任追究等九个方面的内容。

1. 罪犯在狱外就医、狱内晚上就医、离监探视、转监调动、参加监狱组织的狱外学习、帮教、现身说法活动押解罪犯，罪犯有脱逃[①]、行凶、自杀、闹事等危险需临时采取控制措施等情况可使用警具或戒具。例如，在狱外就医时给罪犯加戴手铐、脚镣，避免发生罪犯脱逃，确保安全。

2. 干警使用警戒具必须填写《警戒具使用审批表》，并认真及时填报。

3. 罪犯狱外就医、离监探视、转监调动及参加监狱组织的狱外学习、帮教、现身说法等活动押解罪犯应事先将《警戒具使用审批表》填写完毕，在罪犯出监前将审批表报狱政科审核，狱政科应及时报监狱领导审批。

4. 罪犯狱内晚上就医使用警戒具来不及审批的，可先行电话向狱政科汇报，次日将《警戒具使用审批表》上报狱政科；罪犯中发生脱逃、行凶、闹事、自杀等紧急危险情况，需使用警戒具采取控制措施的，可按规定先行使用，后及时补报手续。

5. 对罪犯使用警戒具时，要根据具体情况正确合理使用，对于身体处于生命垂危的，原则上可以不使用戒具；对于身体有严重疾病、伤残等情况，不能行走、自理的原则上可不带脚镣；老年罪犯、身体有较严重残疾的罪犯，精神、心理异常罪犯以及患有心脏病、高血压病等不宜使用警具的罪犯，不得使用警具。

6. 警戒具的使用是一项严肃的执法工作，无特别危险、紧急情况的严禁使用背铐、紧铐、紧镣，严禁使用警戒具变相体罚罪犯，不得无故伤害罪犯身体，对于违反规定使用警戒具的，要依据相关规定严肃追究相关领导和干警的责任。

7. 《警戒具使用审批表》是执法文书，填写使用时除领导签字外，一律使用打印版，内容一定要具体、翔实、理由充分、依据准确。

8. 《警戒具使用审批表》一式两份，一份分监区保存，一份狱政科备案。《警戒具使用审批表》应妥善保存，定期装订，狱政科要对审批表的填写及保存情况进行监督检查。

---

① 《中华人民共和国监狱法》。

参考资料

1. 《中华人民共和国监狱法》。
2. 《中华人民共和国刑事诉讼法》。
3. 《中华人民共和国刑法》。
4. 《最高人民法院关于办理减刑、假释案件具体应用法律若干问题的规定》2012年。
5. 北京市高级人民法院、北京市人民检察院、北京市公安局、北京市国家安全局、北京市司法局、北京市监狱管理局《关于对监所罪犯假释工作的规定（二）》（京高法发［2012］375号）。
6. 北京市高级人民法院、北京市人民检察院、北京市公安局、北京市国家安全局、北京市司法局、北京市监狱管理局《关于对监所罪犯减刑工作的规定（二）》（京高法发［2012］374号）。